國家社會科學基金重大項目『長沙走馬樓西漢簡的整理與研究』（項目號 17ZDA181）成果

『古文字與中華文明傳承發展工程』項目『長沙走馬樓西漢簡整理與研究』（G1414）成果

『簡牘高質量整理出版工程』項目成果

凡例

一、本文字編資料來源，以《長沙走馬樓西漢簡牘》（全四卷）爲基礎，取紅外掃描原件，經過重新整理編輯合成。彙編文字以筆畫清晰、形體特徵鮮明爲錄入原則，字形殘泐不堪、字跡模糊者不予收入。彙編之字嚴格按照紅外圖版掃描原件，經過電腦處理，保留背景，對開裂的文字進行拼合，過暗背景調亮處理，不添不改，儘量保持字形原貌。

二、全書包括正文和附錄兩部分。正文部分由單字、合文、符號、未識字等部分組成，其中合文還包括合寫或者聯繫緊密的兩個文字，每類符號仅選錄代表性的，未識字爲原簡字跡清晰而未能釋出或存疑者。附錄包括拼音檢索表、筆畫檢索表。

三、全書按《説文解字》部首分卷，共分爲十四卷，收錄已釋或可以隸定的文字，每一字頭皆依原字形隸定，均以楷體字爲字頭。字頭排列以《説文》爲序，不見於《説文》的新附字則附於相應部首之後，其左上角標注星號（＊）。部分字頭同時出現《説文》本字和異體字兩種寫法，則合併字頭，在《説文》字頭左下方加注小號楷體異體字。凡《説文》所載之字，字頭下一欄列出《説文》小篆字形，若《説文》無或字頭爲《説文》異體，則空缺，以示區别。

四、每一字形下附字頭所屬簡號，同一字頭下，原則上統一按照《長沙走馬樓西漢簡牘》壹至肆卷圖版簡號順序先後排列，部分根據字形情況調整位置，再按照簡號順序先後排列。所有文例參考圖版。

五、正文部分還收入未識字、合文和符號，均按其所屬簡號先後順序排序。

六、附錄中拼音檢索表按釋文讀音爲准編制；筆畫檢索表的筆畫計算參考《漢語大字典》，笔畫相同的字按照其在文字編中的頁碼順序排序。

前言

長沙走馬樓西漢簡牘是西漢武帝時期長沙國的一批官府文書，其時代在漢武帝時期第二代劉姓長沙王劉庸在位的公元前126年至前120年間，其具體内容大都是長沙國不同的司法案例。經整理研究，一共大約有20餘個不完整的案例，它們從不同角度反映了長沙國的吏治、賦稅、制度、習俗等多方面的内容，是研究漢武帝時期諸侯國的政治、司法、賦稅、郵驛等方面的珍貴資料。

早在2017年，當國家社會科學基金重大課題『長沙走馬樓西漢簡的整理與研究』立項之初，我們就將《長沙走馬樓西漢簡牘文字編》的編寫列進了課題的子課題之一，安排了具體的整理人員負責這方面的編撰工作。但這部《文字編》的編寫有點特殊，因爲它是與課題組的整理工作同步進行的，故在選取字頭的時候，其簡牘的編連和釋讀尚没完成，故在詞例的選取上頗費周折。由於簡牘多有殘缺，内容的編連解讀本身就遇到了不同程度的挑戰，這樣，也給《文字編》的編排造成很大困擾。當《文字編》初稿出來時，我們發現，其詞例的選取多有不確定的情況，而這種不確定又不是短時間内可以確定下來的，因此，我們覺得，與其給讀者一個不確定的詞例，還不如不給，所以，我們在字頭之下，只注明出處，即注明其原始編號，以便於大家查找。

我們在選取字頭時盡可能地遵循以下三個原則：一是窮盡性原則，即盡可能地搜集全部可辨識的字頭，全部按《説文解字》的體例進行編排；二是完整性原則，即儘量選擇比較完整的字頭，凡僅存筆劃或文字無法確認者，概不收入；三是保真性原則，即全部選用紅外綫高清圖版，力求字形筆劃清晰可辨，凡有筆劃不清晰者，亦不填不補，以確保其文字形體的原始面貌。

長沙走馬樓西漢簡牘的文字書體中既有很有特色的古隸，也有草隸或草書，更有可稱之爲八分隸書的漢隸，可以説，文字書體非常豐富。但由於這些書體都由不同的書手書寫於公元前126年至前120年的六年之間，我們且無從確定其書寫時間的時間先後，故在同一個字頭下的編排時，僅按其原始簡號排序，又考慮其版面的整齊和美觀，凡字體拉得很長的字，我們都將其排在最後。

本書的所有字頭都取自《長沙走馬樓西漢簡牘》第壹至肆卷的紅外綫圖版，我們在選取字頭的時候都做了去背景的消影處理，但其處理效果並不理想，故在不影響文字形體清晰的基礎上，統一添加了同一色調的底色，這雖然不是原簡牘的背景色，但相對比較統一，而更便於觀覽。

參加本書編輯的有謝偉斌、周俊卿、李蓉、黄鑫等在讀博士和陳守琪、游於洋、譚鎮吾、王儼思、黄木榮、繆瓚、張瀛兮等在讀碩士，其中謝偉斌、周俊卿負責統籌和字頭整理分類，四位在讀博士負責初審，六位在讀碩士負責摳圖和插圖，其中繆瓚、張瀛兮還負責了檢索表的編排，最後由謝偉斌、周俊卿負責全書的統籌和審校。可以説，本書的編撰是各位在讀碩博士共同努力、通力合作的成果，同時也是他們在攻讀碩博士學位期間一次難得的學術歷練。當然，本書的出版也是他們在學習期間所取得的科研成果之一，雖然他們大部分都已經畢業走向不同的工作崗位，但本書的出版也是對他們在校學習和研究成果的一種特别肯定。

本書的出版得到岳麓書社的大力支持，特别是責任編輯邱建明的高度負責和精心編校，在很多程度上保證了本書的編輯品質和學術水準，在此謹致衷心的感謝。

『長沙走馬樓西漢簡的整理與研究』課題首席專家　陳松長

2024年5月28日記於嶽麓書院

目錄

一

第一卷 一部

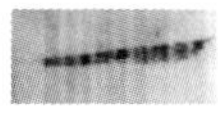
0005

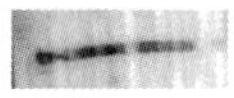
0005

0005

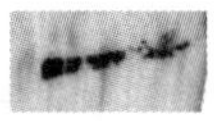
0013

0019

0021

0022

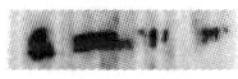
0023

0026

0026

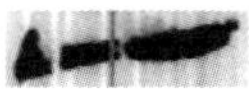
0026

0027

0027

0027

0028

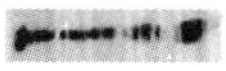
0030

0030

0030

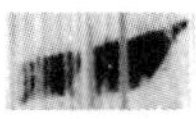
0031

0037

0037

0037

0037

0049

0049

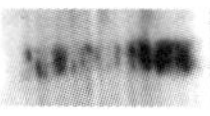
0054

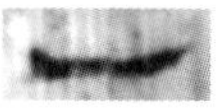
0056

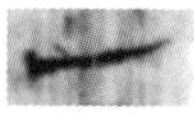
0056

0056

0056

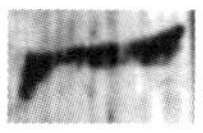
0057

0077

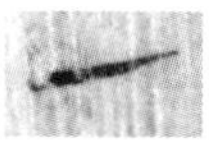
0078

0078

0080

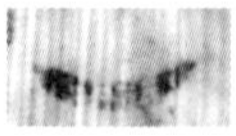 0517	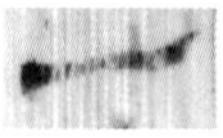 0502	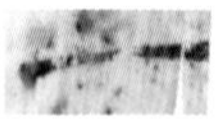 0387	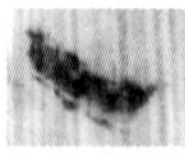 0274	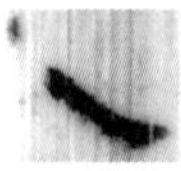 0197	 0153	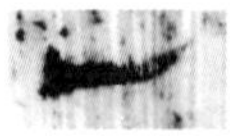 0115	 0081
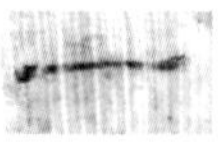 0521	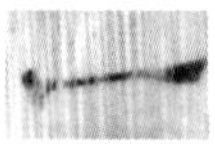 0504	 0387	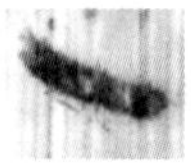 0274	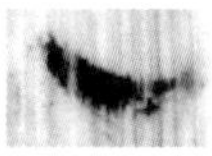 0197	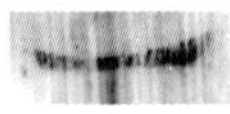 0175	 0119	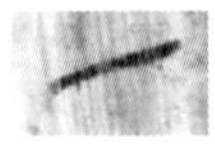 0081
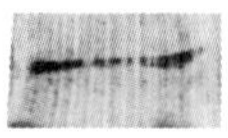 0521	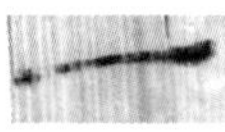 0505	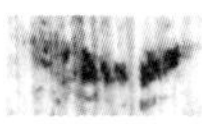 0402	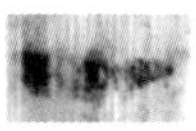 0275	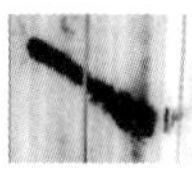 0197	 0175	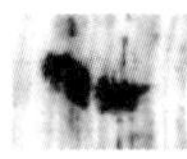 0119	 0081
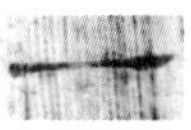 0523	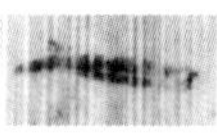 0507	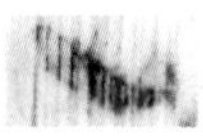 0402	 0297	 0217	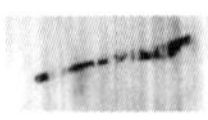 0177	 0130	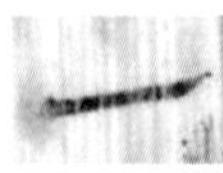 0081
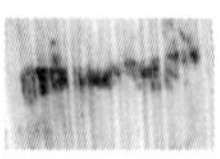 0527	 0508	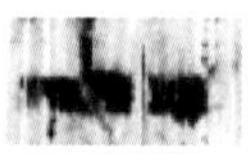 0495	 0329	 0239	 0191	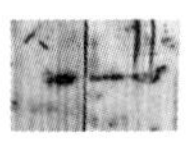 0146	 0081

 1584	 1413	 0890	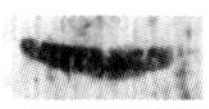 0648	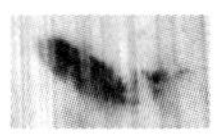 0588	 0587	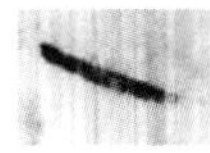 0552	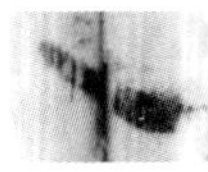 0534
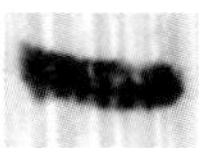 1611	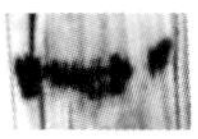 1496	 0982	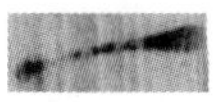 0657	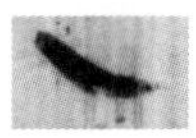 0593	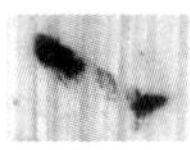 0587	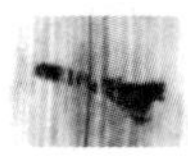 0559	 0535
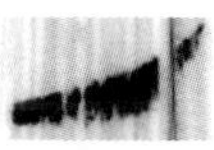 1792+0017	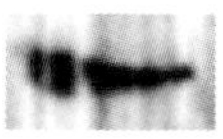 1536	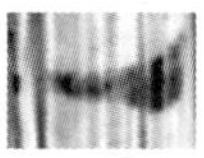 1147	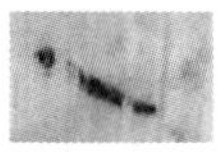 0729	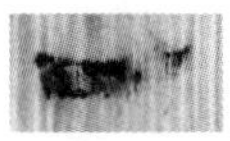 0600	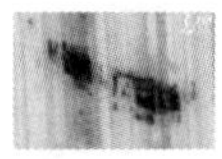 0587	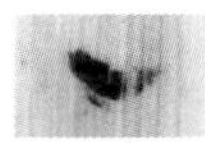 0559	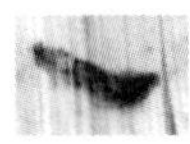 0535
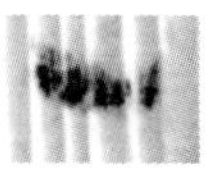 1802	 1539	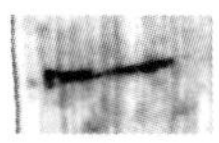 1287	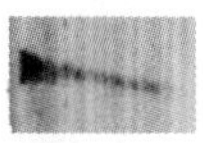 0851	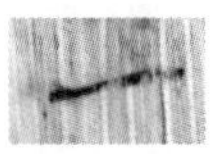 0618	 0587	 0584	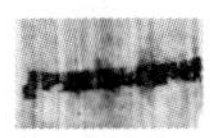 0536
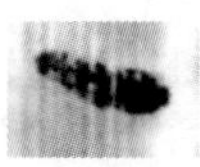 1857	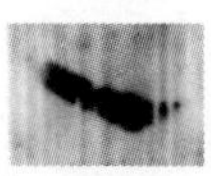 1557	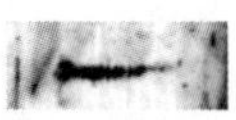 1413	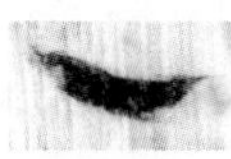 0888	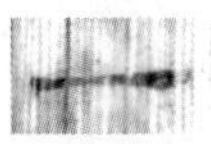 0635	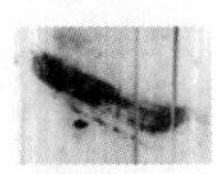 0588	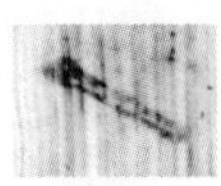 0585	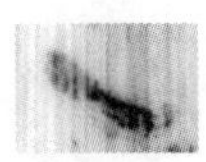 0549

吏　　元

吏					元		
0481	0378	0243	0104	0040	0633	0133	1875
0509	0384	0245	0129	0057	2015	0250	1926
0509	0394	0260	0143	0080	0190	0395	1978
0528	0397	0271	0194	0087		0399	1978
0532	0401	0302	0238	0100		0408	2127

上

丄

 0296	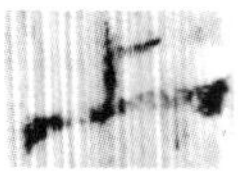 0201	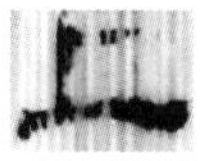 0029
 0298	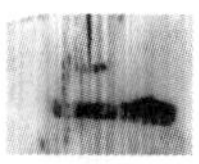 0207	 0029
 0299	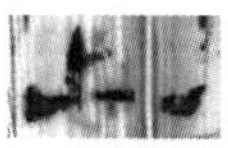 0229	 0040
 0346	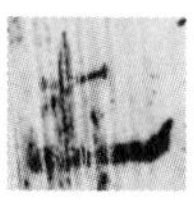 0234	 0101
 0370	 0260	 0122

丄部

 0165	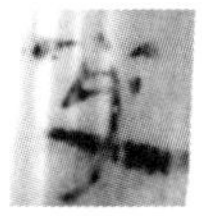 1804	 0894	 0545
 0227	 1812	 1325	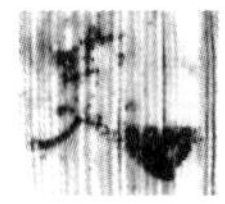 0579
 0416	 2019a	 1333	 0609
 0911	 2069	 1556	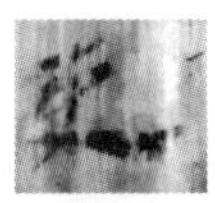 0773
 1118	 0079	 1575	 0773

帝

帝							
 0722	 1394	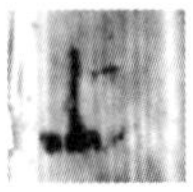 1274	 1013	 0764	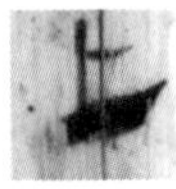 0575	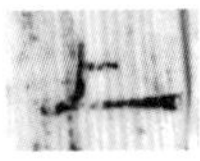 0519	 0416
 1646	 1549	 1283	 1069	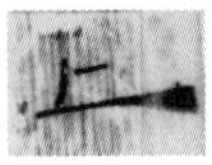 0803	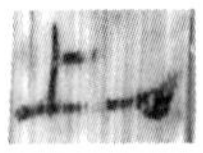 0584	 0520	 0425
	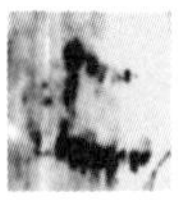 1915	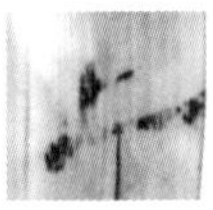 1308	 1717	 0810	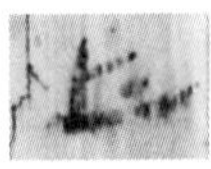 0666	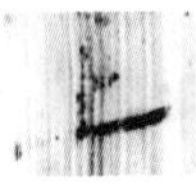 0528	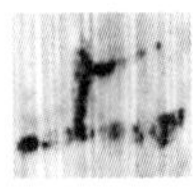 0502
	 1919	 1374	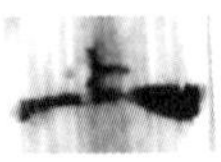 1176	 0943	 0667	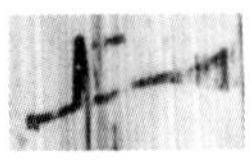 0546	 0504
	 2125	 1392	 1184	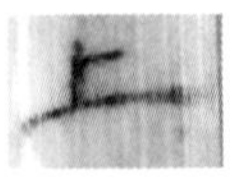 0960	 0727	 0559	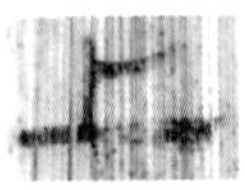 0508

旁

0195

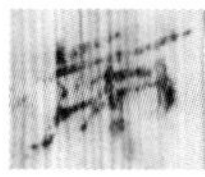
0579

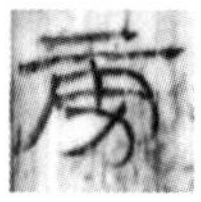
1938

2116

0739

下

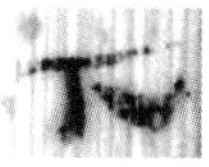
0005

0033

0034

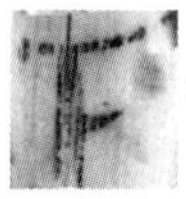
0043

0056

0077

0080

0084

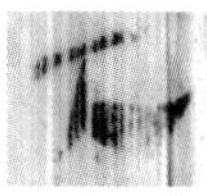
0088

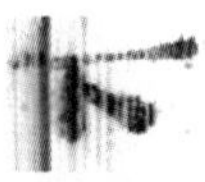
0090

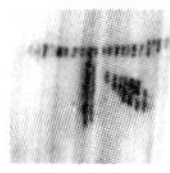
0195

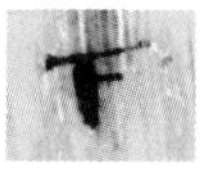
0165

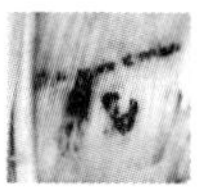
0332

0347

0364

0379+0391

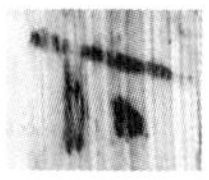
0379+0391

0399

0416

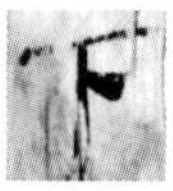
0497

0503

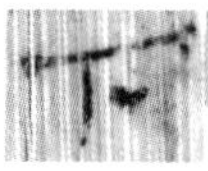
0506

0928

1463

1561

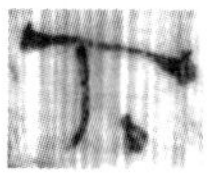
2046a

2124

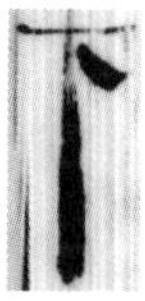
0050

1002

	禁	祠	祭	福	禄
三部					
	 0187	 0158	 0379+0391	 0150	 1352
	 0503	 0669		 0150	
	 0504			 0257	
	 0505			 0277	
	 0917			 0599	

示部

2114

2114

三

三

0001

0007

0008

0013
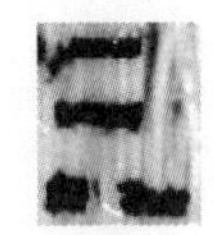
0022

0027
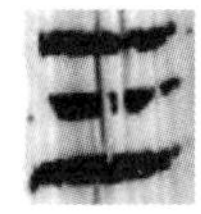
0029

0029

0030
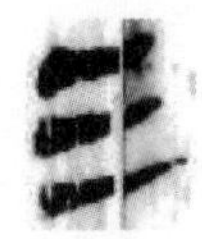
0037

0047

0052

0056

0056

0056

0056

0076

0078

0081

0081

0081

0081

0081

0130

0132

0133
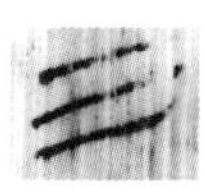
0177
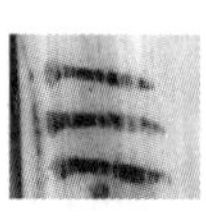
0194
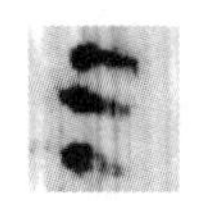
0197

0209
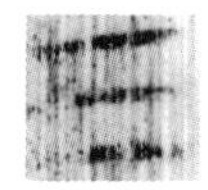
0239

0349

0368

0399

0406

0521

0527

0528

0539

0628

王

王部

王

0240

0025

0525

0026

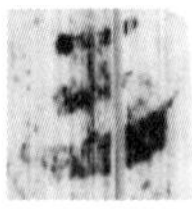
0583

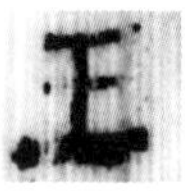
0045

0591

0118

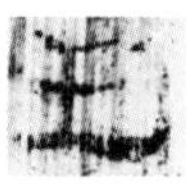
0597

0232

2015a

1527

1009

0908

0657

1599

1268

0914

0773

1694

1273

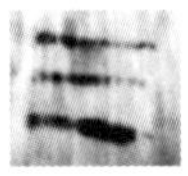
0974

0859

1957

1408

1002

0874

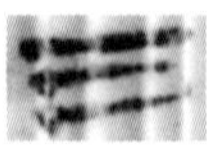
2015

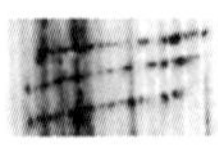
1493

1009

0892

理			環		王部	皇	
0866	0384	0143	0819	0048		0011	0797
1608	0397	0185	0866	0080		0080	0922
	0397	0189	1792+0017	0185		1919	0932
	0668	0189		0185			1942
	0730	0222		0475			2123

士

士		
 0077	 0048	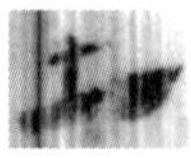 0003
 0080	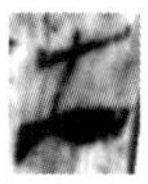 0057	 0005
 0080	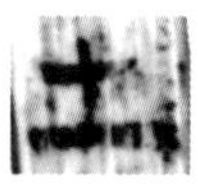 0072	 0010
 0080	 0077	 0011
 0117	 0077	 0040

士部

气

巛		
 0848	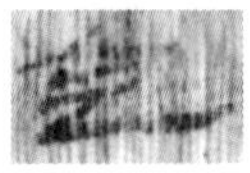 0562	 0186
 0852	 0562	 0318
 1975	 0620	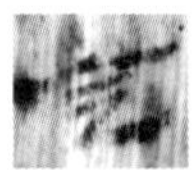 0400
	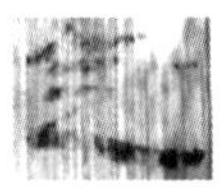 0621	 0405
	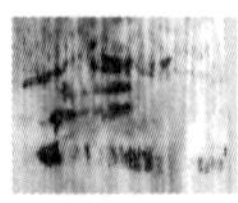 0848	 0423

巛部

壯 婿壻

壯	壻						
 0284	 0080	 1792+0017	 1720	 0803	 0535	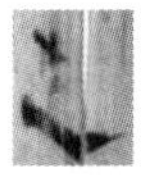 0299	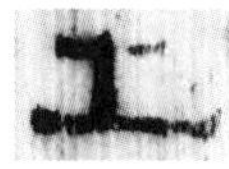 0133
 1447	 0001	 1808	 1792+0017	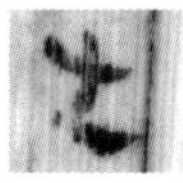 0810	 0546	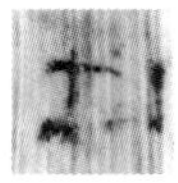 0339	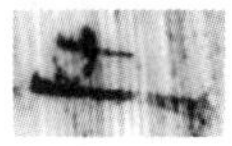 0137
 1553		 2134	 1792+0017	 1329	 0585	 0383	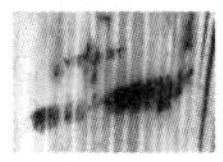 0161
			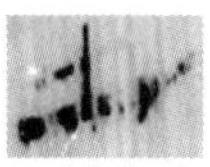 1792+0017	 1483	 0589	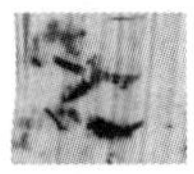 0518	 0197
			 1792+0017	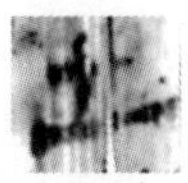 1506	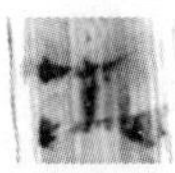 0623	 0529	 0259

中

中

|部

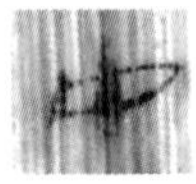 0010	 0016	 0028	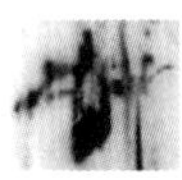 0042	 0057
 0057	 0059	 0077	 0080	 0080
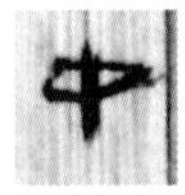 0084	 0102	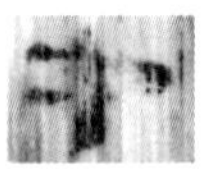 0103	 0133	 0143
 0177	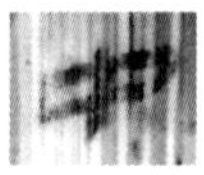 0189	 0210	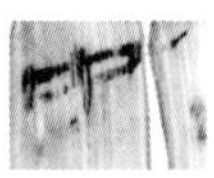 0222	 0254
 0254	 0254	 0296	 0302	 0340
 0353	 0358	 0384	 0395	 0404
 0408	 0501	 0509	 0525	 0536

屮部

 0563					
 2133	 2115	 1510	 0861	 0648	 0538
 1002	 2116	 1549	 0874	 0650	 0556
 1390	 2126	 1553	 1008	 0668	 0601
 0406	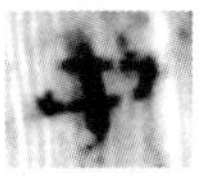 2132	 1645	 1150	 0712	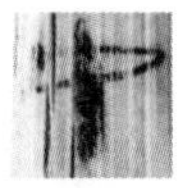 0617
 0436	 2133	 2071	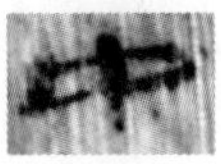 1490	 0797	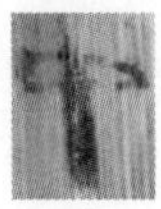 0617

茇	蘭	葵	莊		熏	毒	屯
 0119	 0213	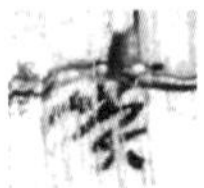 0078	 0024		 0301	 0513	 0702
 0402		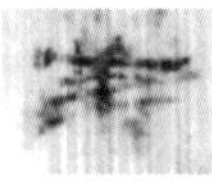 0078	 0033		 0609	 0564	 1597
		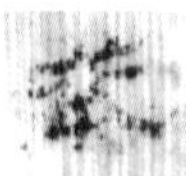 0579	 0406	艸部	 1672	 1801	
		 1321	 2079				
		 1460	 2135				

薄	蔡	苛	苗	蒼	葉	蒲	蘄

 0024	 0101	 1599	 0752	 0620	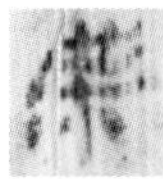 0279	 0540	 0576
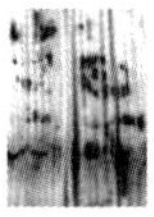 0031	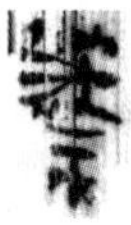 0103	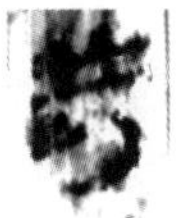 1889		 0766		 0540	
 0143				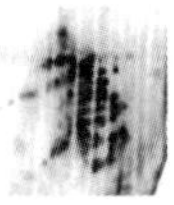 1301			
				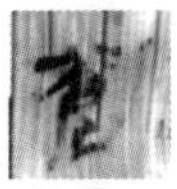 1301			

若

1028　0661　0421　0338　0069
1029　0819　0550　0404　0126
1559　0849　0630　0408　0190
1600　0906　0652　0416　0245
2120　0978　0657　0416　0245

藉

0051　0103　0174　0623

藥

0130　0521　0523　0617　1801a

芳

1143

蓬	折	苣	茹		茭	芻	苴
2103	0658	1175	0508	0141	0181	0669	0941
			0521	0187	0194	0859	1192
			0527	0502	0859	1413	1192
			0893	0503			1324
			0905	0503			

蒠*	蕍*	莁*	葋*	葎*	春	草	葆

 0256	 0015	 0057	 0243	 0477	 0540	 0181	 0190
 0381+1465	 0015	 1285			 0576	 0194	 0250
		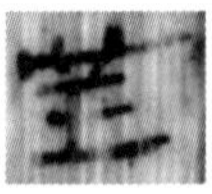 1599			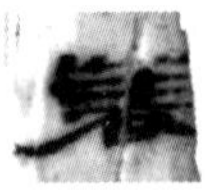 1993	 0049	
		 1934			 2114	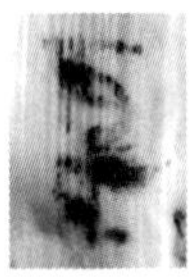 0138	

蒡*

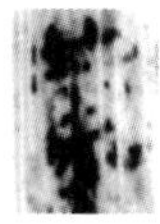

1101

蘚*

0540

0540

茻部

莽

0874

第二卷 川部

小

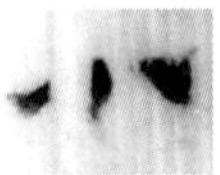
0005

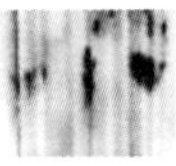
0010

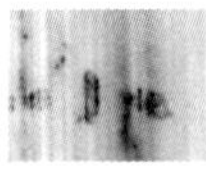
0011

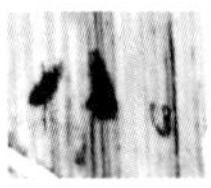
0153

0275

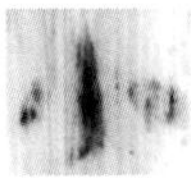
0370

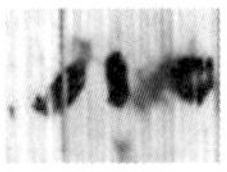
0458

0587

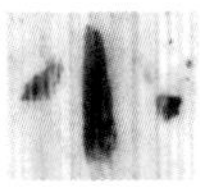
0588

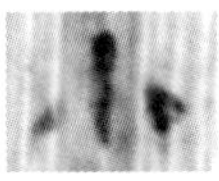
0933

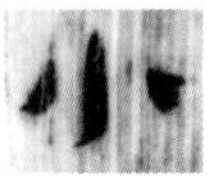
0957

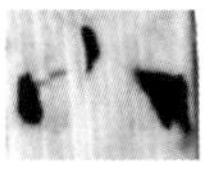
1579

1588

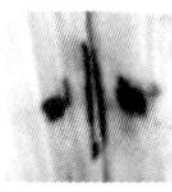
1721

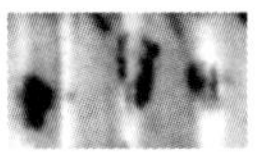
1946

少

1985

0088

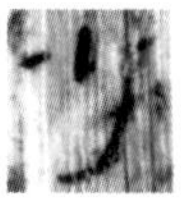
0130

0187

0187

0231

0326

0334

0334

0503

0504

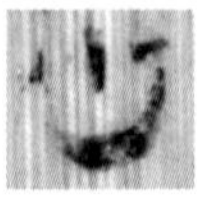
0504

0505

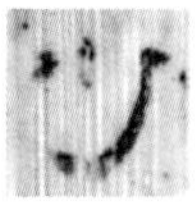
0506

0526

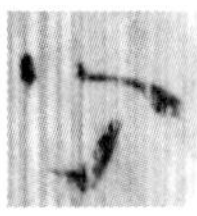
0552

八

八

 0226	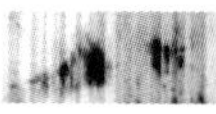 0134	 0077	 0031	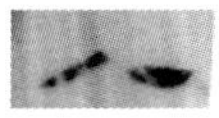 0013
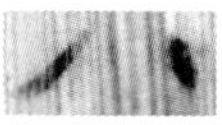 0246	 0148	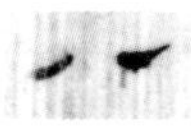 0080	 0056	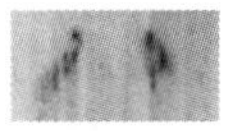 0013
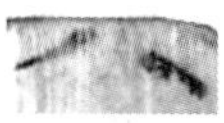 0293	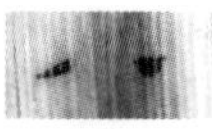 0157	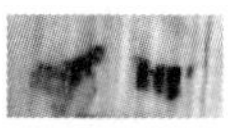 0107	 0056	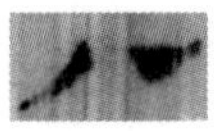 0017
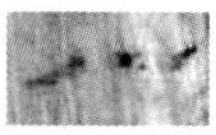 0324	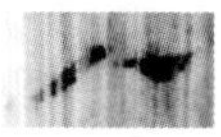 0177	 0119	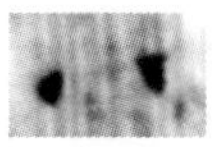 0056	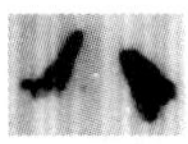 0021
 0324	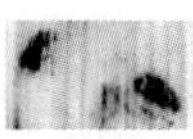 0197	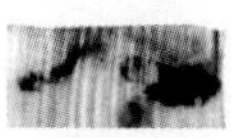 0134	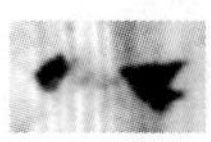 0056	 0024

八部

 1334	 0602
 2132	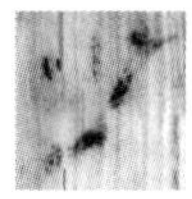 0642
	 0667
	 0768
	 0786

介　尚　分

 1388	 0177	 0010	 2115	 1405	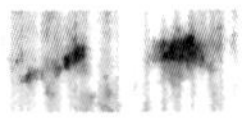 0862	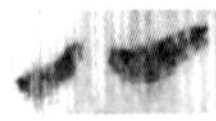 0648	 0428
	 1412	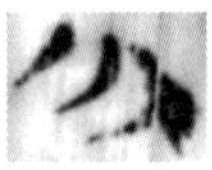 1497	 2123	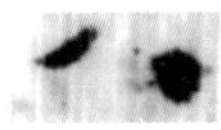 1557	 0888	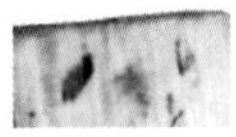 0666	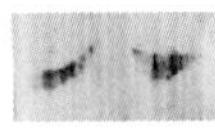 0473
		 0385	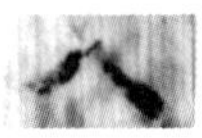 2131	 1575	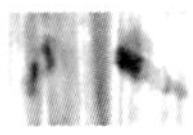 0976	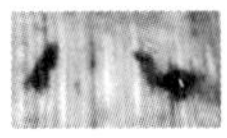 0723	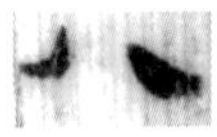 0537
				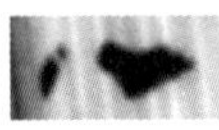 1799	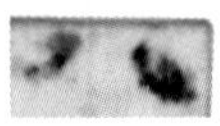 1006	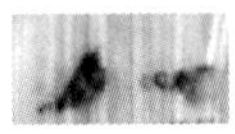 0744	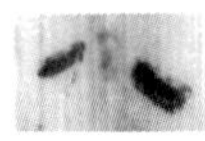 0549
				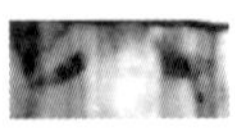 1807	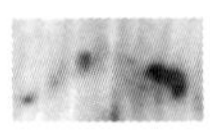 1031	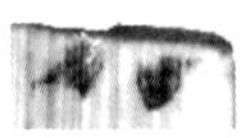 0795	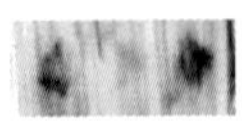 0596

公

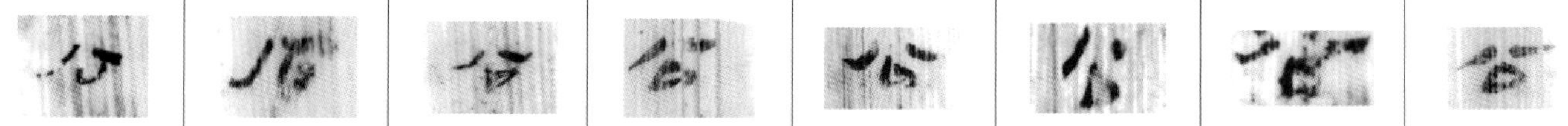

0809	0594	0519	0353	0208	0078	0061	0004

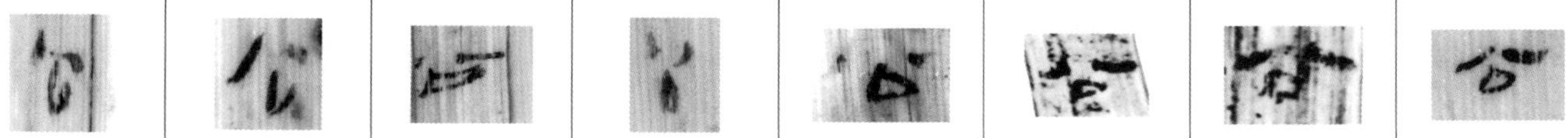

0810	0594	0524	0364	0208	0082	0069	0006

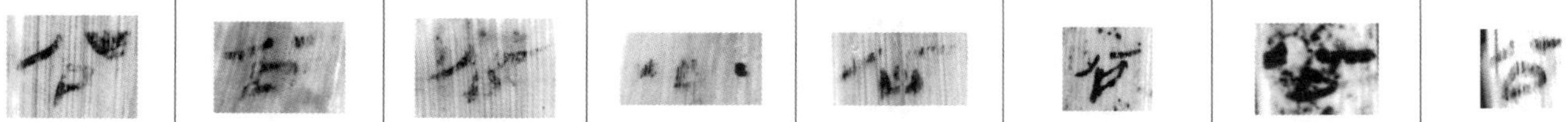

0861	0633	0528	0479	0296	0117	0072	0014

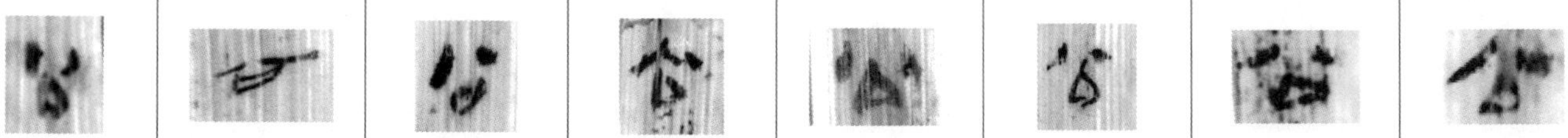

1002	0798	0546	0518	0327	0125	0074	0040

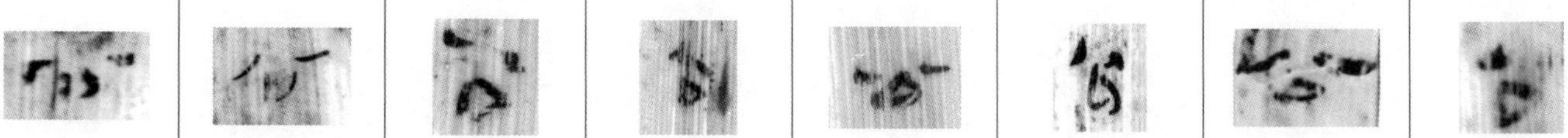

1184	0803	0589	0518	0346	0125	0074	0060

審

 0861	 0562	 0057
 0907	 0562	 0318
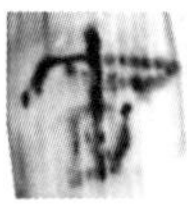 2077	 0621	 0348
 2126	 0661	 0395
 2132	 0848	 0453

釆部

必

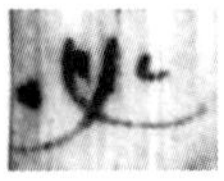 1812	 2043	 1670	 1194
	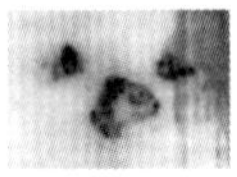 2044	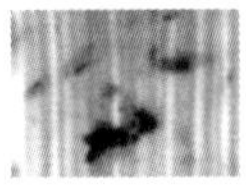 1718	 1377
	 2115	 1725	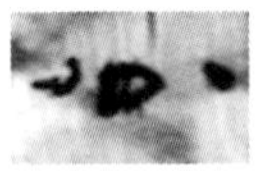 1407
	 2132	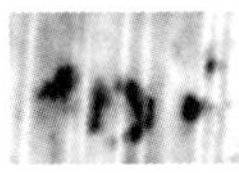 1782	 1463
		 2041	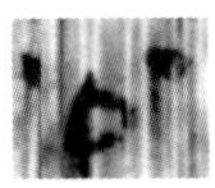 1635

半

0436

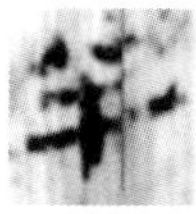
0056

0003

0080

0056

0080

0056

1574

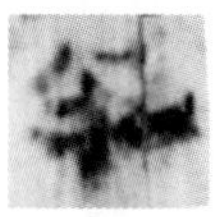
0056

2116

0056

牛部

牛

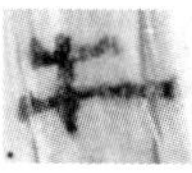
0324

0332

0337

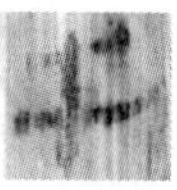
0416

0421

悉

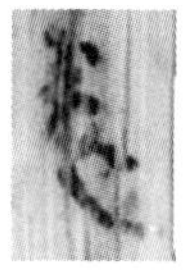
0736

2132

牢	牝			牡			
0119	0036	0027	0020	0029	0026	0019	0663
0207	0036	0028	0021	0030	0027	0020	2008
0225		0029	0025	0036	0027	0021	2054b
0233		0029	0026		0028	0023	
0310		0030	0027		0029	0025	

告

告	
0057	0003
0057	0008
0080	0011
0082	0015
0086	0015

告部

物

物				
0139	0504	0004	0742	0394
0227	0508	0005	0771	0519
0586	0558	0143	0796	0555
0001	0667	0365		0601
	0079	0504		0601

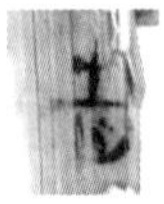 0577	 0536	 0414	 0399	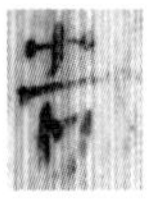 0246	 0189	 0134	 0095
 0580	 0540	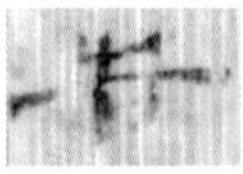 0501	 0404	 0247	 0190	 0142	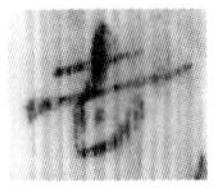 0105
 0583	 0552	 0525	 0408	 0322	 0222	 0143	 0121
 0583	 0558	 0525	 0408	 0343	 0232	 0176	 0129
 0591	 0574	 0531	 0410	 0352	 0232	 0185	 0132

口

曰	曰部						
 0042		 1874	 1516	 1037	 0942	 0723	 0591
 0042			 1575	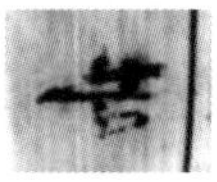 1329	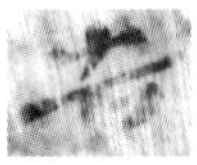 0997	 0797	 0592
 0085			 1781	 1334	 1002	 0814	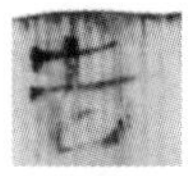 0597
 0085			 1796	 1463	 1022	 0846	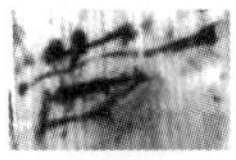 0682
 0165			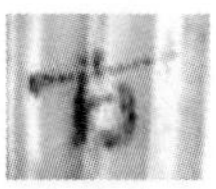 1869	 1516	 1033	 0866	 0711

名

 1791	 0667	 0540	 0373	 0222	 0129	 0014	 0346
 1808	 0979	 0545	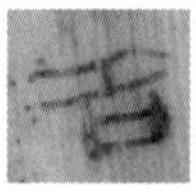 0377	 0245	 0133	 0032	 1537
 1614	 1351	 0584	 0445	 0260	 0136	 0076	
	 1403	 0609	 0479	 0264	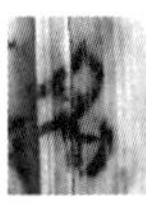 0174	 0090	
	 1612	 0648	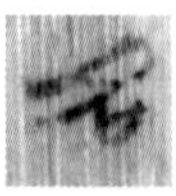 0504	 0332	 0187	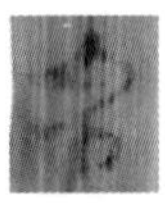 0101	

君

0060

0222

2026

2030

命

0013

0013

0038

0040

0040

0048

0048

0048

0056

0084

0166

0181

0268

0281

0283

0321

0324

0338

0387

0409

0409

0441

0538

0558

0559

0647

0855

0860

0960

1573

1577

1601

2125

2130

0241

問　　召

問			召				
0189	0133	0007	0536	0397	0189	0010	0796
0196	0133	0012	0730	0399	0190	0011	1601
0243	0168	0077	0777	0399	0222	0104	0058
0245	0171	0077	0866	0408	0248	0185	
0267	0187	0086	1325	0408	0352	0185	

咸　　和　　唯

咸	和	唯					
 1526	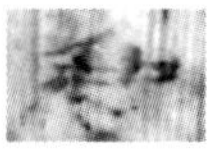 2114	 0165	 1738	 0874	 0741	 0605	 0280
			 1808	 0911	 0762	 0624	 0367
			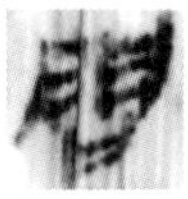 2135	 1017	 0776	 0648	 0458
				 1345	 0778	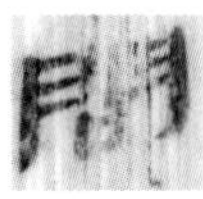 0657	 0504
				 1578	 0861	 0738	 0536

各	吝	唐	周		右		
0003	1066	0344	1492	0013	0905	0503	0119
0004		0522		0077	1234	0507	0326
0005		0681		0077	1697	0508	0412
0021				0080	2125	0549	0482
0023				0544	2125	0680	0501

嚋*	唬	哀					

 0033	 0651	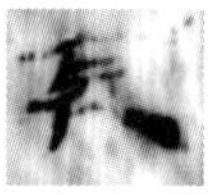 1463	 0657	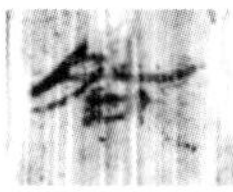 0521	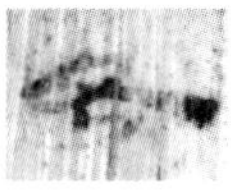 0311	 0080	 0025
		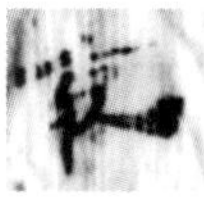 1463	 1363	 0559	 0340	 0128	 0028
				 0587	 0360	 0175	 0036
				 0593	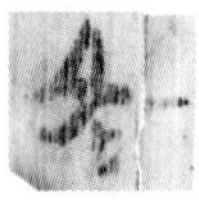 0447	 0217	 0054
				 0602	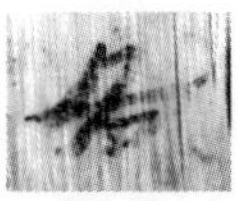 0505	 0310	 0077

吅部

單

0259

0535

0587

0588

0888

哭部

喪

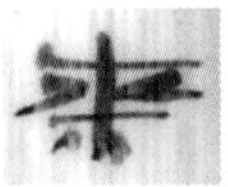
0558

走部

走

0195

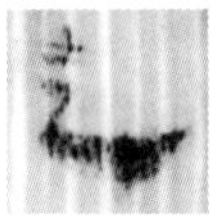
1866

1939

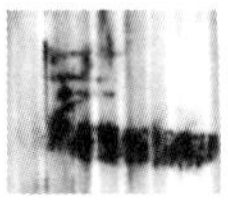
2008

趣

0040

0222

0261

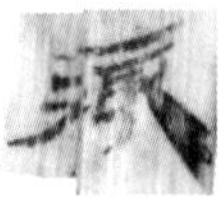
0264

0335

超

0624

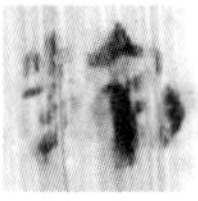
0624

止				止部	起		越

 0807	 0549	 0207	 0013		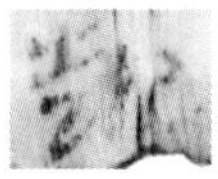 0284	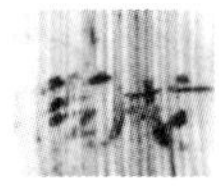 0374	 0069
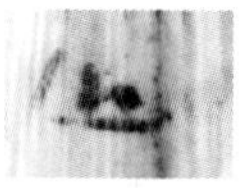 0808	 0560	 0226	 0013		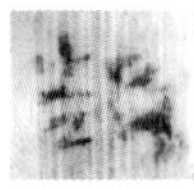 0581	 0380	 0243
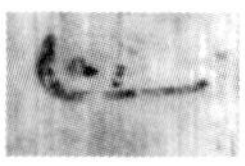 0815	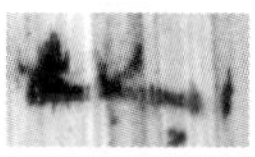 0592	 0365	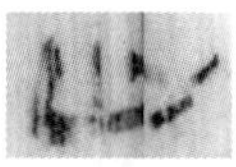 0048		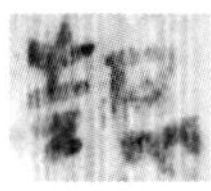 0648	 0812	 0245
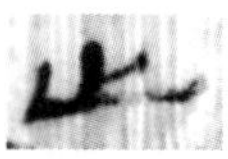 1234	 0620	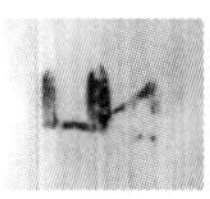 0482	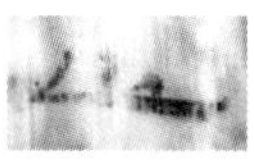 0142		 0952	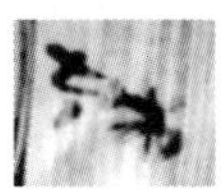 1331	 0256
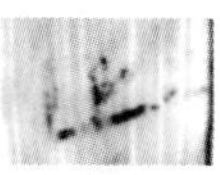 1332	 0680	 0482	 0202		 1018	 1465	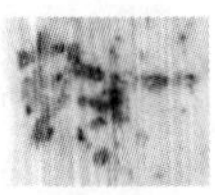 0275

歸　　　　　　前

艸部

	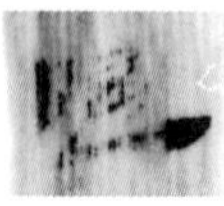					
0267	0008	0575	0349	0228	0016	1412
			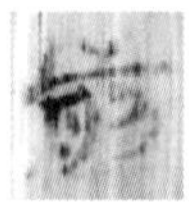	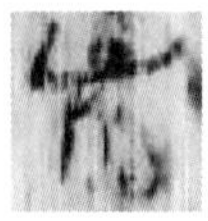		
0296	0056	0581	0380	0233	0051	2125
			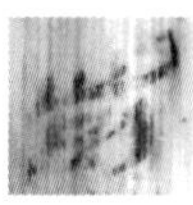	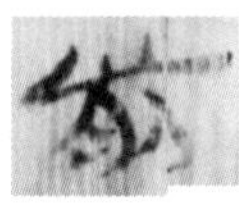		
	0087	2023	0416	0273	0079	2125

	0095		0536	0297	0089	
					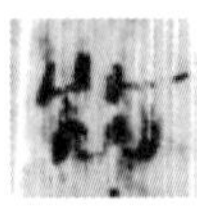	
	0254		0562	0346	0168	

此

0254

0867

0911

1717

2120

此部

歲

1009

1195

1721

1948

2132

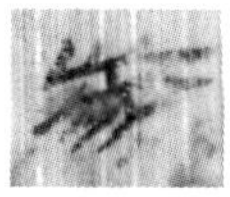
0506

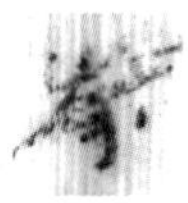
0528

0602

0773

0849

0087

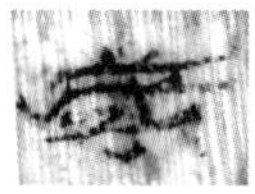
0166

0174

0196

0409

步

0056

0056

步部

登

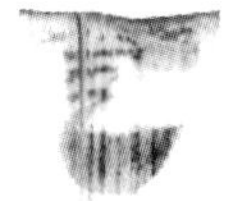
0377

0377

0909

0967

2132

辵部

是

是

0326

0378

0414

0503

0526

0077

0077

0089

0179

0203

是部

正

正

0669

1055

1707

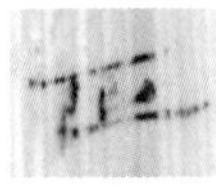
0005

0005

0078

0507

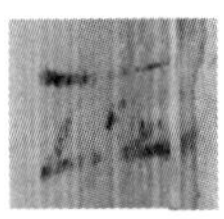
0576

正部

0302

1000

徒　跡

徒

0078　0087　0118　0125　0127

0194　0208　0229　0232　0238

0260　0277　0397　0525　0528

0532　0545　0545　0547　0547

0583　0591　0594　0597　0668

0684　0797　0798　0814　1575

1812　2068　2115

跡

0312　0563　0812　0896

遝		造	進	過			適
遝		造	進	過			適
 0246	 0421	 0051	 2114	 0576	 2126	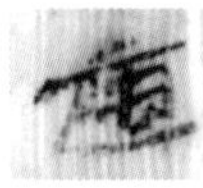 0528	 0053
 0677		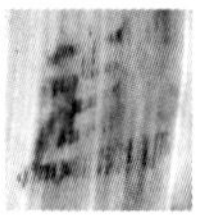 0337		 1268	 2126	 0736	 0199
 0816		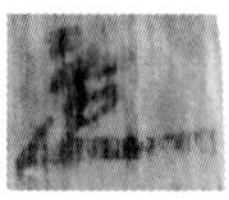 0403		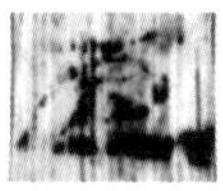 1475		 1065	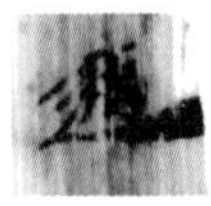 0199
 1806		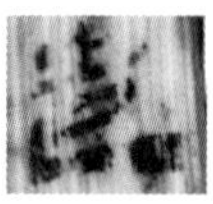 0407				 1195	 0260
 1564		 0416				 1747	 0496

送	遁	運		遷	徙		通

 0717	 0079	 1463	 1736	 0044	 0579	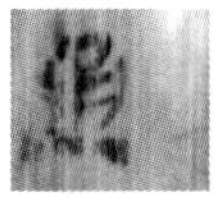 0771	 0057
				 0095	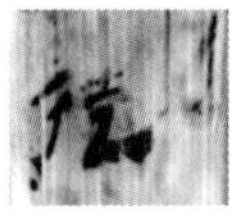 1412	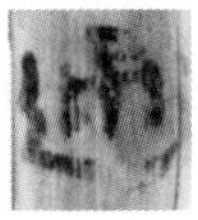 0783	 0385
				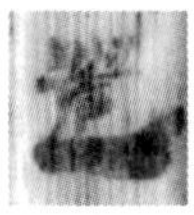 0348	 1812	 1679	 0509
				 0358		 2135	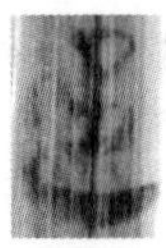 0569
				 0550			 0753

逗

0848

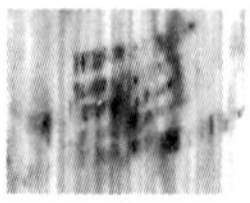
0401

0186

0405

0269

0562

0337

0562

0397

0796

0398

逮

0703

遣

2127

0645

0196

0040

0648

0329

0079

0689

0331

0083

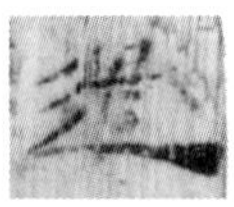
0706

0503

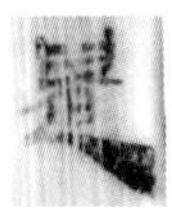
0100

1585

0545

0162

追		遂	遺	連			達
䢔		䢝	遺	䢐			䢒
 0848	 0397	 0480	 2138	 0579	 0107	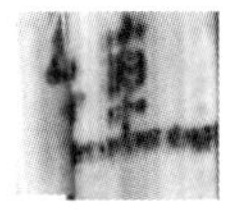 0014	 0537
 1282	 0404	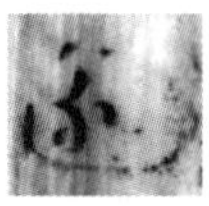 0557b		 0579	 0173	 0014	
 1808	 0408	 0622		 0694	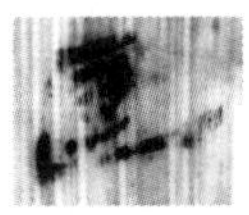 0175	 0037	
 0305	 0630	 0756		 1164	 0188	 0078	
 0386	 0796			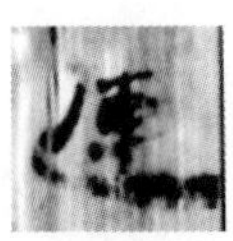 1271	 0353	 0094	

遠

0017

0711

1656

道

0302

0004-1

0349

0088

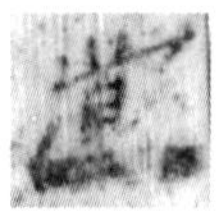
0647

0107

0175

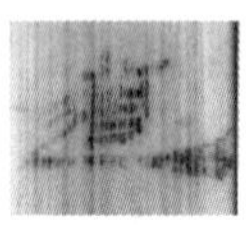
0195

彳部

德

1959

復

0475

0196

0649

0299

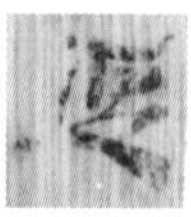
0650

0400

0898

0403

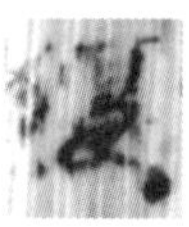
1717

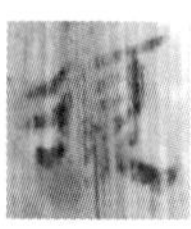
0416

後	徵				往		
後	徵				往		
 0003	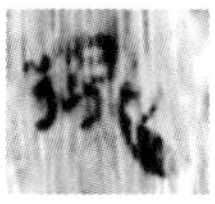 1875	 1968	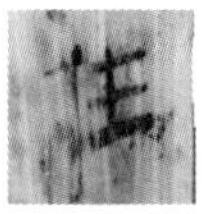 0828	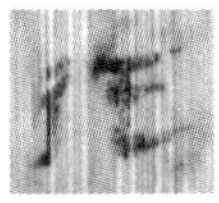 0502	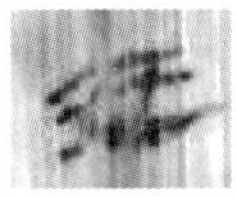 0004	 1599	 0738
 0007		 2116	 0860	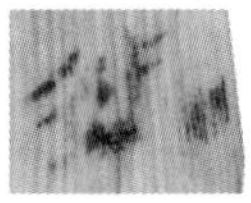 0579	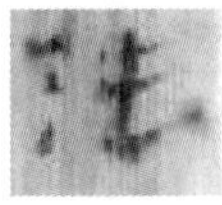 0385	 1862	 0751
 0008		 2123	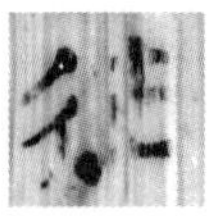 0922	 0711	 0388		 0808
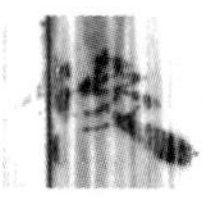 0011			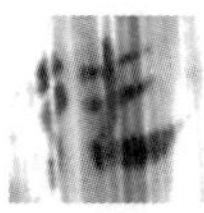 1585	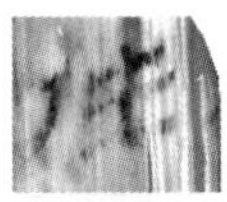 0775	 0408		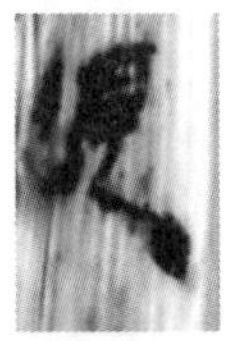 1013
 0013			 1599	 0776	 0433		 1432

得

 0040	 0008	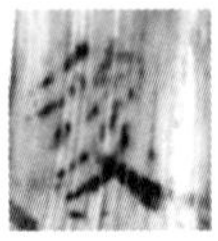 2132	 1573	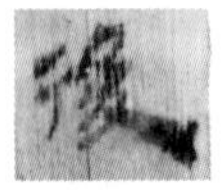 0550	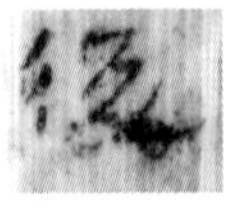 0308	 0085	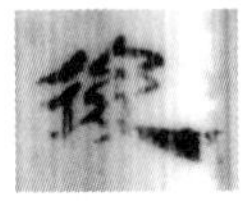 0013
 0057	 0014	 2132	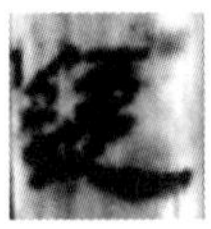 1591	 0661	 0365	 0139	 0036
 0077	 0017		 1646	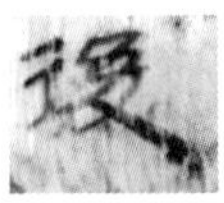 0874	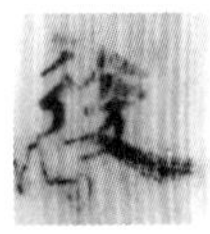 0380	 0230	 0076
 0077	 0017		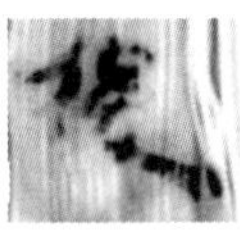 1721	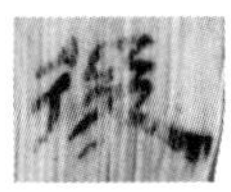 0907	 0405	 0279	 0077
 0077	 0038		 1807	 0945	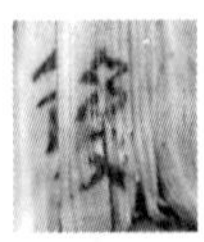 0491	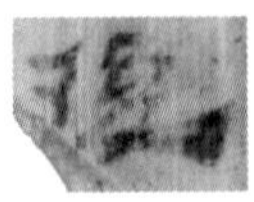 0279	 0077

 0532	 0441	 0332	 0254	 0225	 0181	 0133	 0078
 0532	 0458	 0365	 0260	 0234	 0188	 0139	 0080
 0537	 0516	 0377	 0260	 0238	 0195	 0173	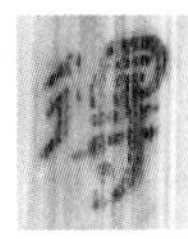 0092
 0545	 0522	 0394	 0263	 0238	 0217	 0177	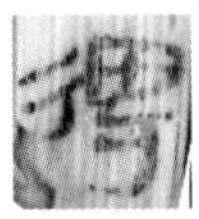 0094
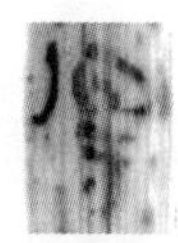 0549	 0528	 0402	 0310	 0245	 0217	 0181	 0102

 1165	 1875	 1501	 1258	 0879	 0684	 0589	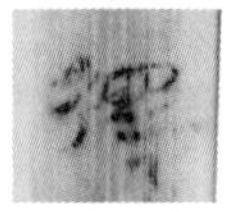 0556
 1790	 1941	 1555	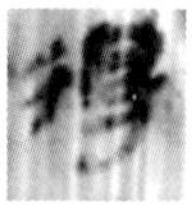 1270	 0911	 0796	 0619	 0558
	 2126	 1656	 1272	 0982	 0855	 0648	 0563
	 0299	 1792	 1444	 1155	 0876	 0651	 0581
	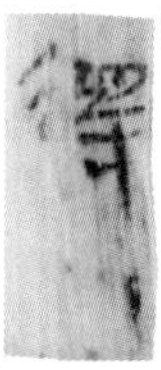 0532	 1812	 1455	 1177	 0879	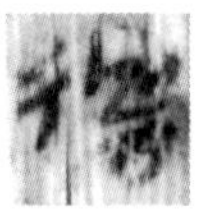 0660	 0582

律

0345

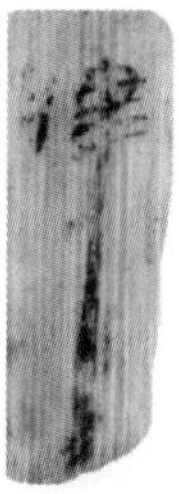
0478

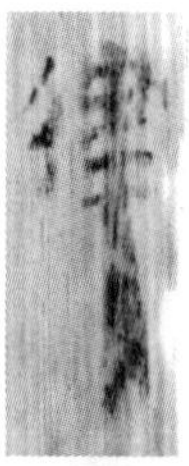
0480

0227

0263

0343

0520

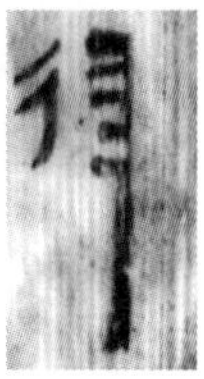
0660

0038

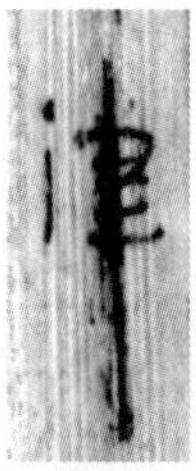
0082

1029

0046

0079

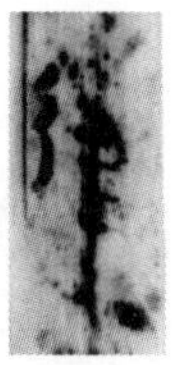
0139

0163

0129

0474

0846

0849

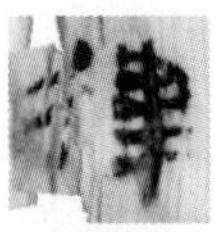
0886

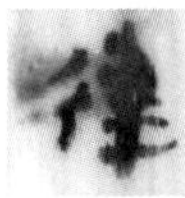
0558

0861

1033

1717

1807

0057

0080

0399

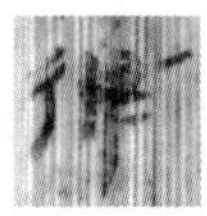
0507

0532

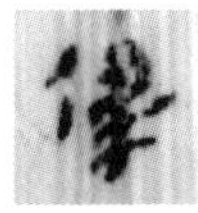
0003

0003

0011

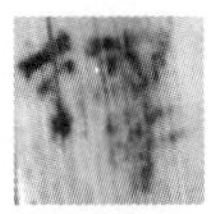
0043

0047

廷

廷	
0247	0084
0250	0143
0334	0185
0368	0222
0397	0222

廴部

御

御				
0886	0574	0177	1806	0586
1326	0578	0177		0590
1777	0635	0303		1167
2128	0649	0379+0391		
	0681	0379+0391		

行	部	延	建				
0013		0760	1952	0335	0730	0615	0404
0079		0943	1680	0702	1646	0617	0414
0086				0885	1685	0635	0503
0090				0913	1808	0648	0506
0095				1073	1931	0669	0581

 1717	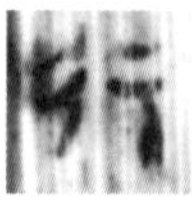 1241	 0649	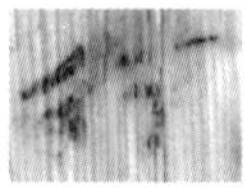 0579	 0528	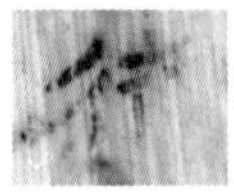 0378	 0261	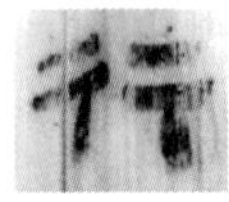 0132
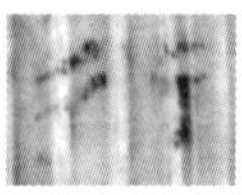 1806	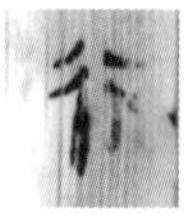 1284	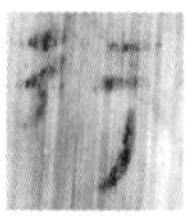 0882	 0590	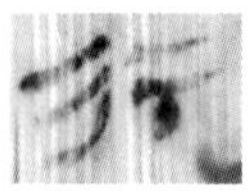 0530	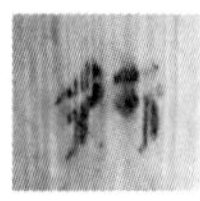 0384	 0263	 0143
 2079	 1367	 0974	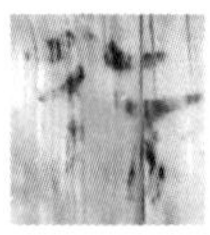 0609	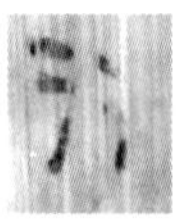 0552	 0441	 0275	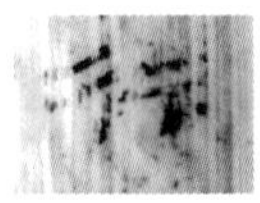 0216
 2128	 1456	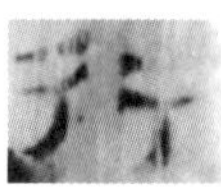 1010	 0620	 0557	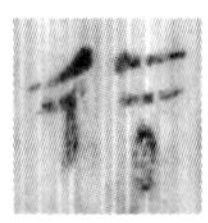 0501	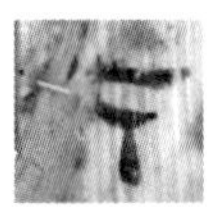 0335	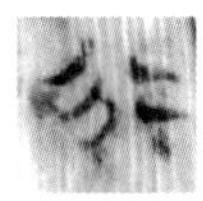 0219
	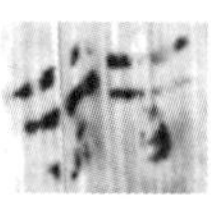 1505	 1026	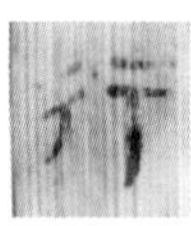 0635	 0557	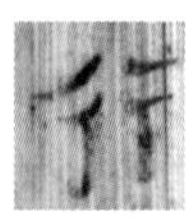 0507	 0374	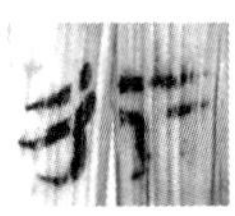 0248

路	足			齒		衡	街
路		足		齒			
 0090	 1980	 0614		 0545		 0868	 0222
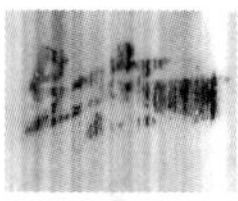 0090	 2044	 0805		 0545		 0037	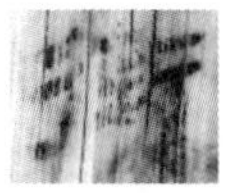 0284
 0267	 2114	 1304	足部	 0556	齒部	 1552	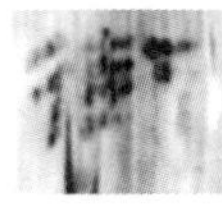 2103
 0267		 1875		 0557			
 0346		 1905					

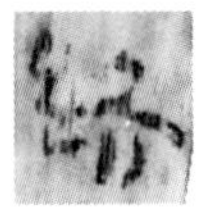

0774

品部

品

品

0273

第三卷 㗊部

器

0177

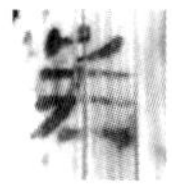
0522

0579

1609

㕯部

商

0033

十部

十

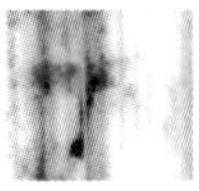
0001

0010

0013

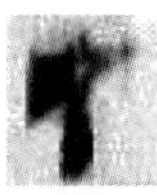
0015

0017

0019

0020

0021

0023

0026

0027

0027

0027

0028

0031

 0686	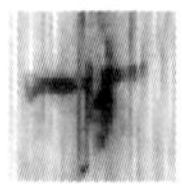 0527	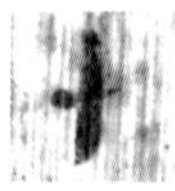 0517	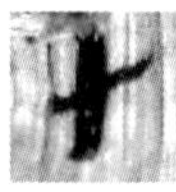 0368	 0228	 0057	 0056	 0037
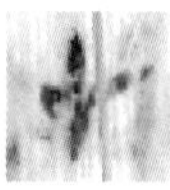 0722	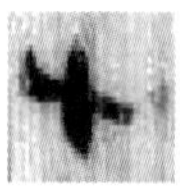 0537	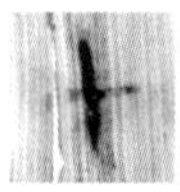 0521	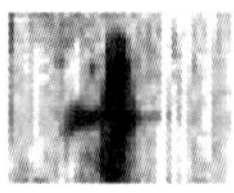 0371	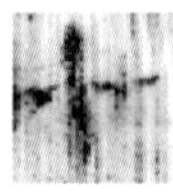 0239	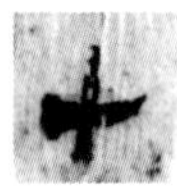 0079	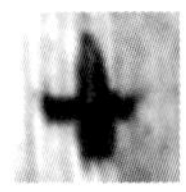 0056	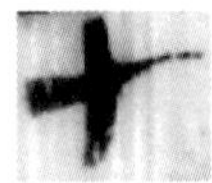 0037
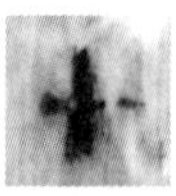 0758	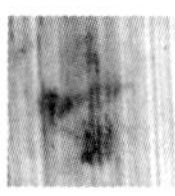 0568	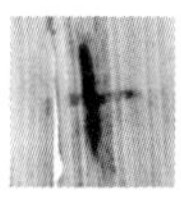 0521	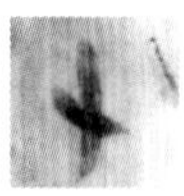 0379	 0244	 0089	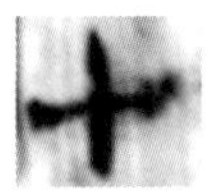 0056	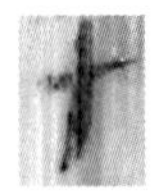 0049
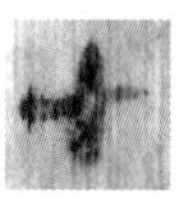 0848	 0585	 0522	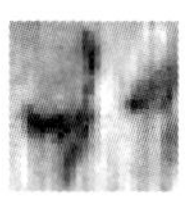 0394	 0257	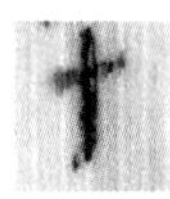 0092	 0056	 0056
 0859	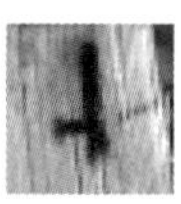 0618	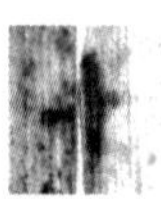 0523	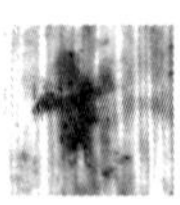 0517	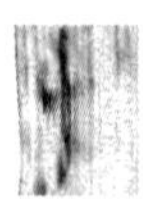 0339	 0197	 0056	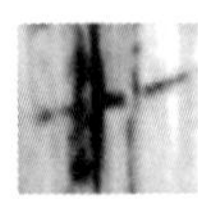 0056

丈

 0028	 0021	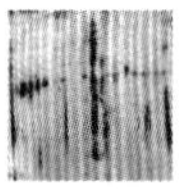 2032	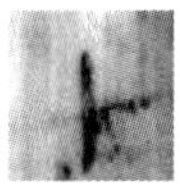 1805	 1521	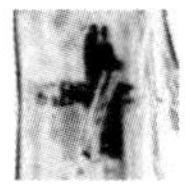 1395	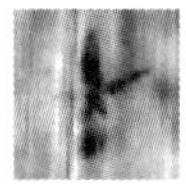 1192	 1019
 0029	 0022	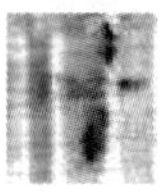 2038b	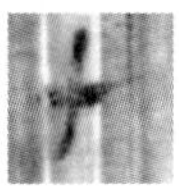 1807	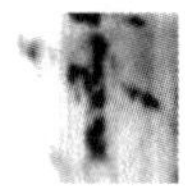 1557	 1466	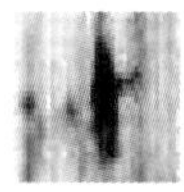 1241	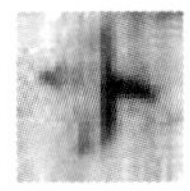 1031
 0030	 0023	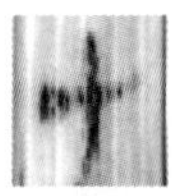 2054	 1853	 1584	 1472	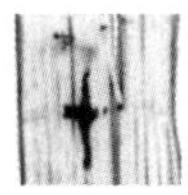 1291	 1081
 0030	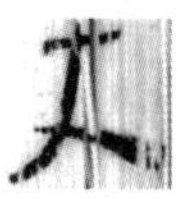 0026	 2092	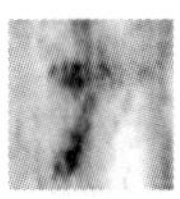 1865	 1635	 1476	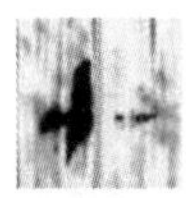 1298	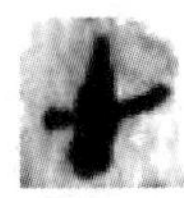 1174
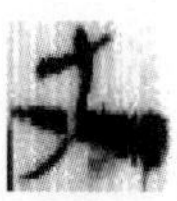 0037	 0027		 2001	 1649	 1512	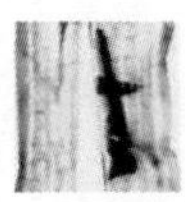 1388	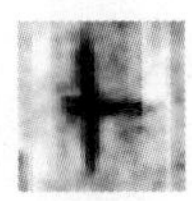 1186

千

 0274	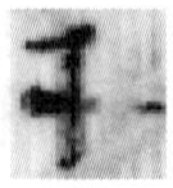 0197	 0108	 0037	 0013	 1598	 0099	 0037
 0349	 0201	 0119	 0037	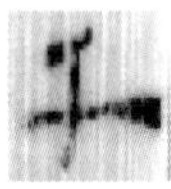 0021	 1667	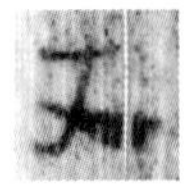 0523	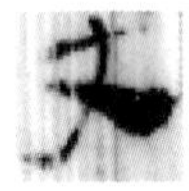 0037
 0368	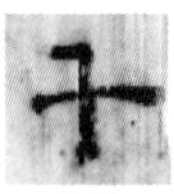 0202	 0119	 0037	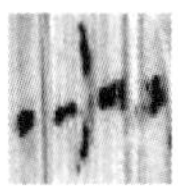 0024		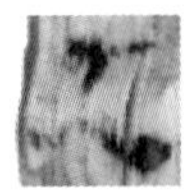 0986	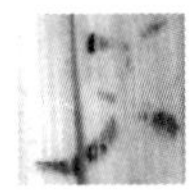 0049
 0402	 0264	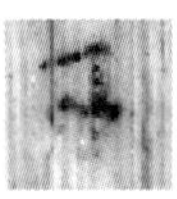 0148	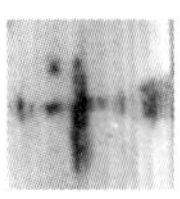 0042	 0031		 1101	 0081
 0504	 0273	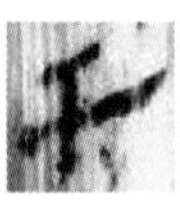 0186	 0099	 0036		 1304	 0349

廿

廿							
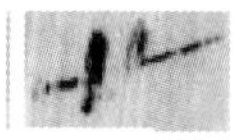 0017	 0003	 2115	 1536	 1134	 0980	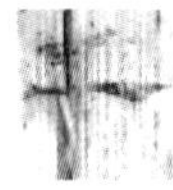 0667	 0549
 0029	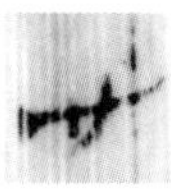 0008		 1557	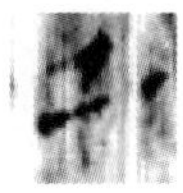 1153	 0995	 0827	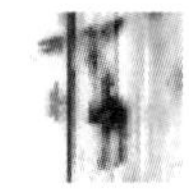 0549
 0030	 0013		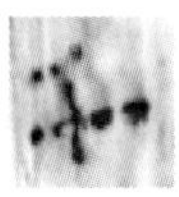 1733	 1178	 0998	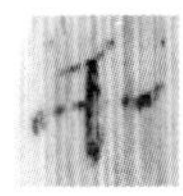 0859	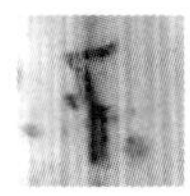 0559
 0036	 0015		 1890	 1178	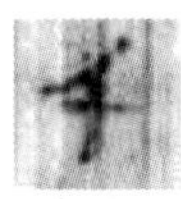 1031	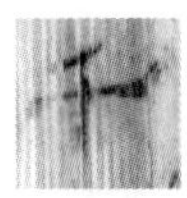 0859	 0642
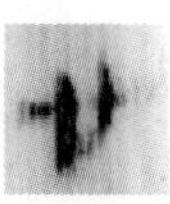 0042	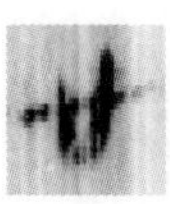 0016		 2105	 1413	 1112	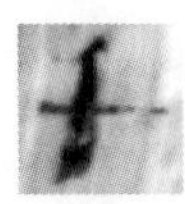 0943	 0657

卌*

0049	0022	1808	0982	0402	0158	0085	0077
0049	0023	1876	1439	0549	0209	0109	0078
0056	0037	1892	1478	0650	0239	0119	0080
0056	0037	1961	1488	0858	0294	0130	0081
0085	0042		1712	0976	0379	0151	0081

言

言

0003

0003

0003

0015

0016

言部

卅

卅

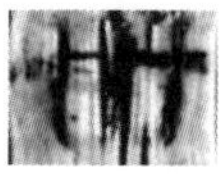
1295

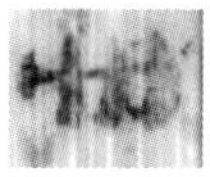
0586

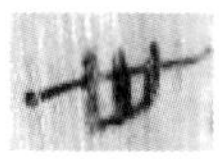
0657

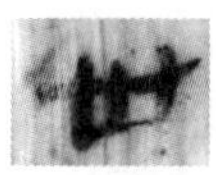
0796

0879

0973

0194

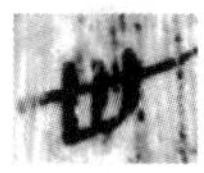
0202

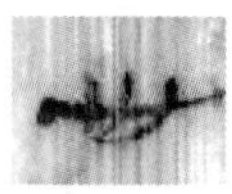
0217

0479

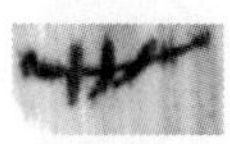
0558

0025

0030

0056

0181

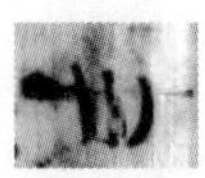
0192

卅部

0349

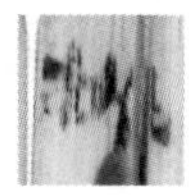
0588

0859

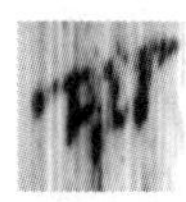
1527

1532

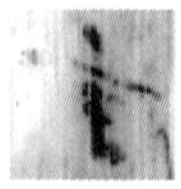							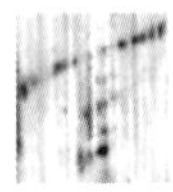
0233	0201	0179	0124	0087	0083	0038	0054
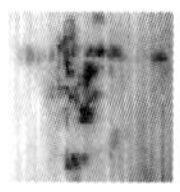		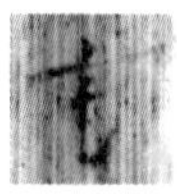		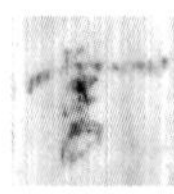			
0235	0201	0187	0143	0106	0084	0038	0057
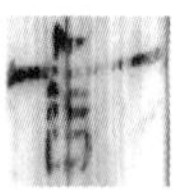			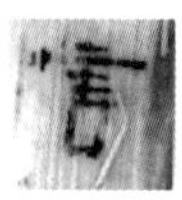	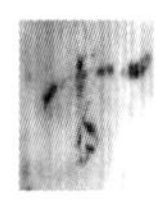			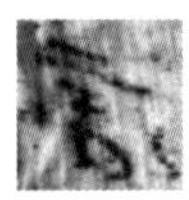
0245	0216	0190	0145	0114	0085	0046	0057
			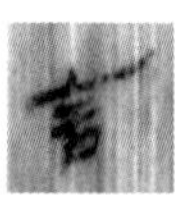	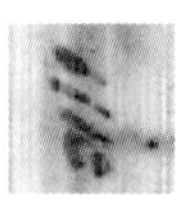			
0245	0222	0192	0179	0121	0086	0047	0079

0246	0231	0194	0179	0124	0087	0052	0082

 0505	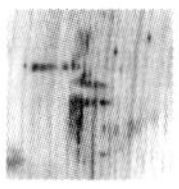 0472	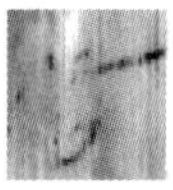 0408	 0369	 0334	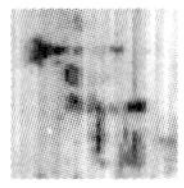 0270	 0248	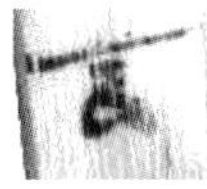 0347
 0506	 0500	 0409	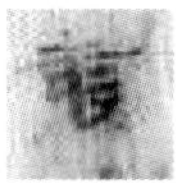 0377	 0335	 0271	 0256	 0364
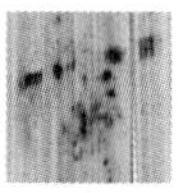 0508	 0501	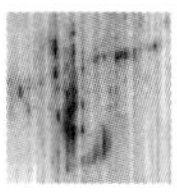 0412	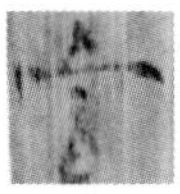 0396	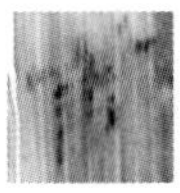 0337	 0273	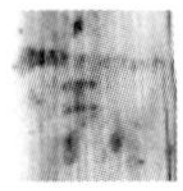 0257	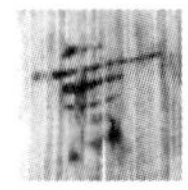 0366
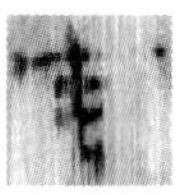 0509	 0503	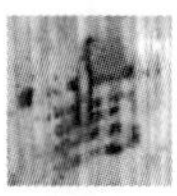 0416	 0397	 0343	 0280	 0258	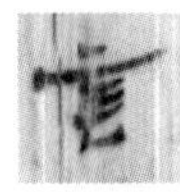 0368
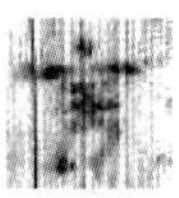 0530	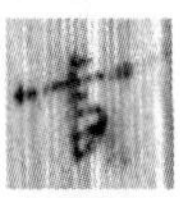 0504	 0458	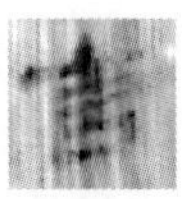 0401	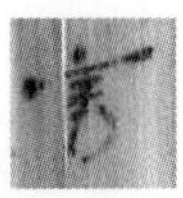 0345	 0293	 0261	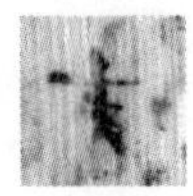 0369

				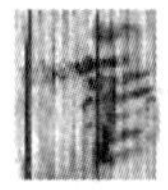		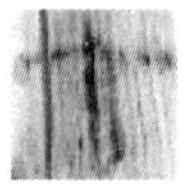	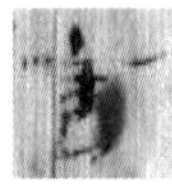
1332	1163	0962	0776	0675	0608	0569	0530
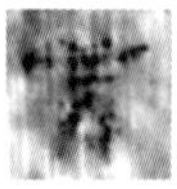			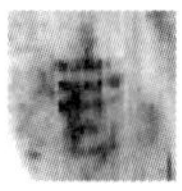			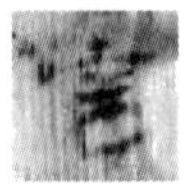	
1338	1223	0987	0778	0706	0618	0581	0534
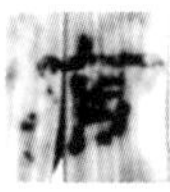		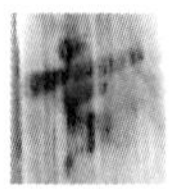		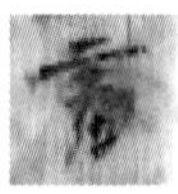		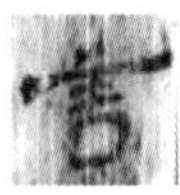	
1372	1284	0991	0779	0707	0619	0581	0536
			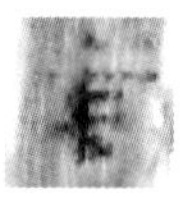	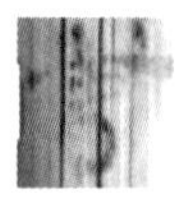	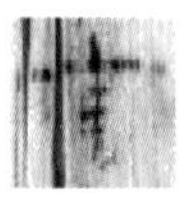	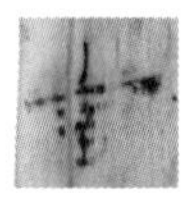	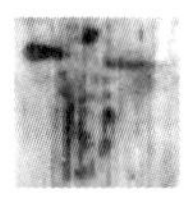
1394	1305	1009	0783	0753	0645	0584	0538
			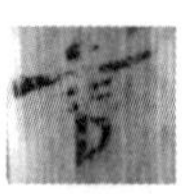				
1407	1331	1011	0802	0753	0651	0608	0556

謂 語

謂		語					

 0232	 0115	 0771	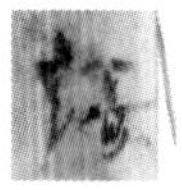 0566	 2023	 1807	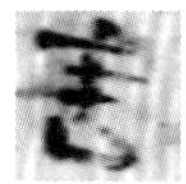 1609	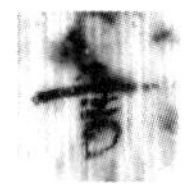 1443
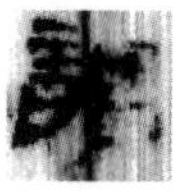 0243	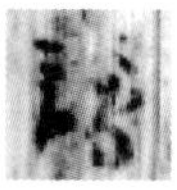 0118	 1155	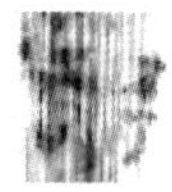 0569	 2045	 1808	 1778	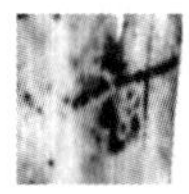 1448
 0254	 0138	 1872	 0619	 2145	 1856	 1792	 1485
 0296	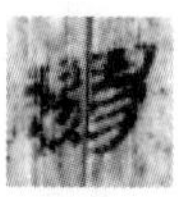 0166		 0707		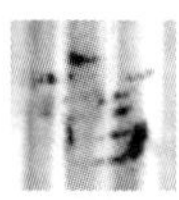 1957	 1805	 1492
 0322	 0176		 0769		 2019	 1805	 1596

請　　諒

請		諒					
 0174	 0003	 0572	 1575	 0796	 0581	 0525	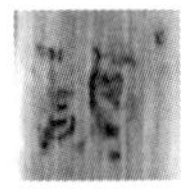 0327
 0196	 0013		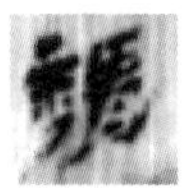 1796	 0797	 0583	 0528	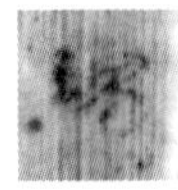 0341
 0196	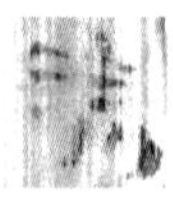 0101		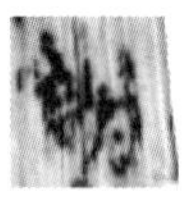 1851	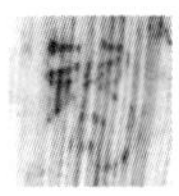 0814	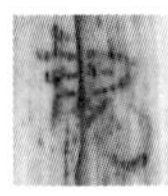 0597	 0547	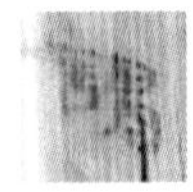 0375
 0229	 0117			 0897	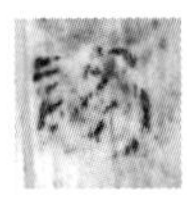 0607	 0574	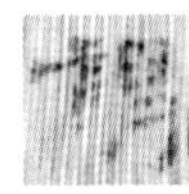 0500
 0247	 0117			 1511	 0648	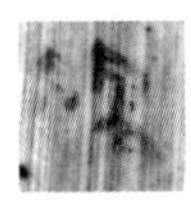 0578	 0507

謁

 0235	 0087	 1808	 0902	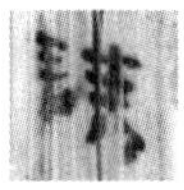 0804	 0584	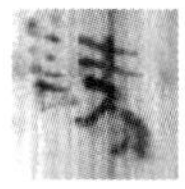 0529	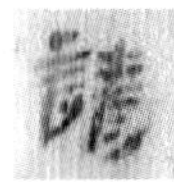 0365
 0268	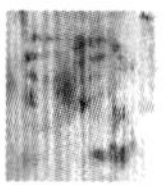 0103	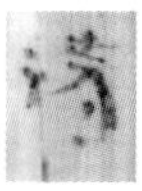 2044	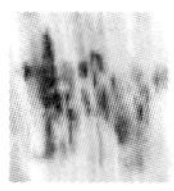 0986	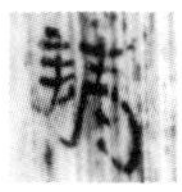 0809	 0724	 0529	 0379
 0281	 0136	 0013	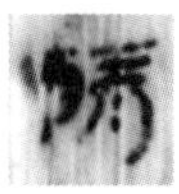 1017	 0810	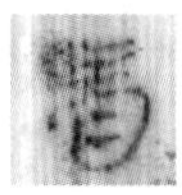 0803	 0546	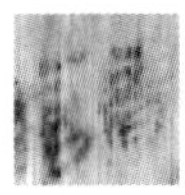 0398
 0345	 0187		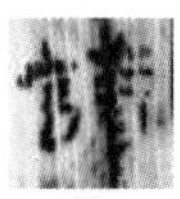 1117	 0810	 0803	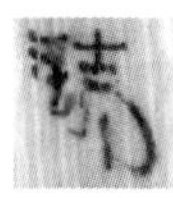 0546	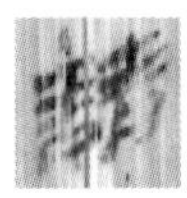 0401
 0403	 0192		 1152	 0848	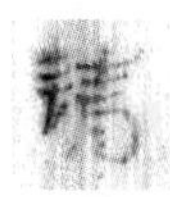 0803	 0546	 0529

諸　讎　諾　許

諸		讎	諾	許			
 0769	 0054	 2010b	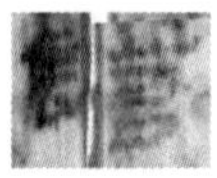 0284	 2128	 0955	 0618	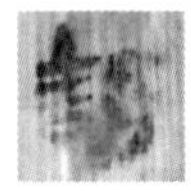 0416
 1388	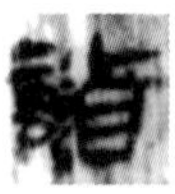 0061		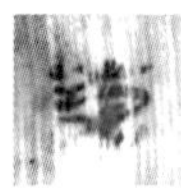 0384		 1150	 0635	 0504
 1749	 0074		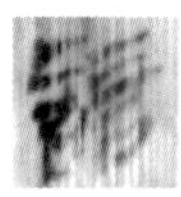 0408		 1808	 0706	 0508
	 0084		 0484		 0079	 0744	 0581
	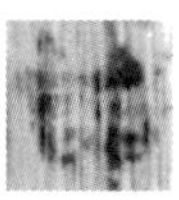 0569		 0651		 0124	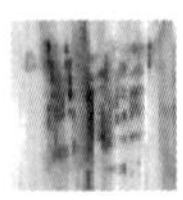 0977	 0584

謀

1580

論

0013　0040　0048　0048　0088
0093　0119　0121　0173　0181
0196　0207　0207　0207　0225
0234　0234　0263　0294　0299
0299　0316　0318　0332　0347
0349　0377　0394　0400　0400
0400　0402　0405　0405　0407

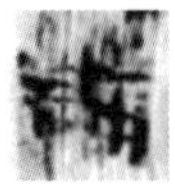 1656	 1270	 0838	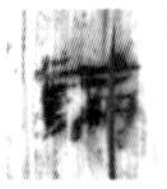 0796	 0649	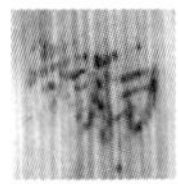 0579	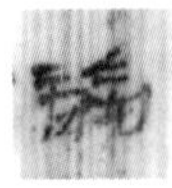 0519	 0409
 1656	 1446	 0852	 0802	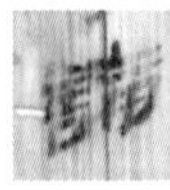 0661	 0590	 0529	 0416
 1918	 1455	 0855	 0808	 0661	 0620	 0538	 0473
 1950	 1573	 0881	 0809	 0666	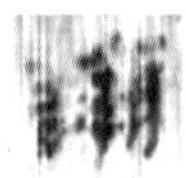 0621	 0549	 0519
 2122	 1596	 1156	 0810	 0795	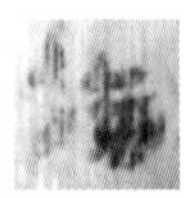 0621	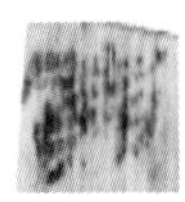 0560	 0519

識 議

識							議
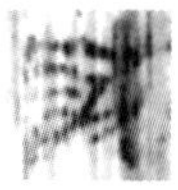 1808	 0798	 0529	 0373	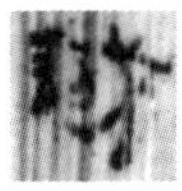 0234	 0174	 0003	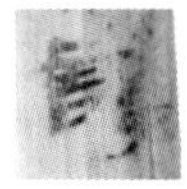 0630
 1808	 0799	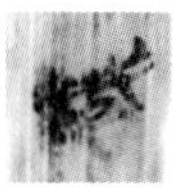 0536	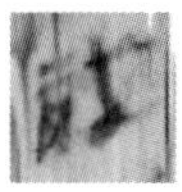 0469	 0234	 0196	 0008	
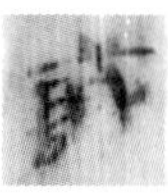 0849	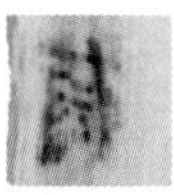 0801	 0590	 0497	 0263	 0207	 0080	
 0861	 0803	 0590	 0519	 0299	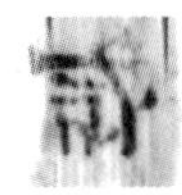 0208	 0117	
 0861	 0808	 0634	 0524	 0350	 0229	 0125	

訊

訊							
2032	0807	0540	0309	0049	0003	2132	0979
2123	0848	0559	0399	0080	0003		1019
2127	0861	0562	0399	0133	0004		1525
	1002	0754	0406	0246	0010		1977
	1416	0787	0441	0279	0011		2127

謹

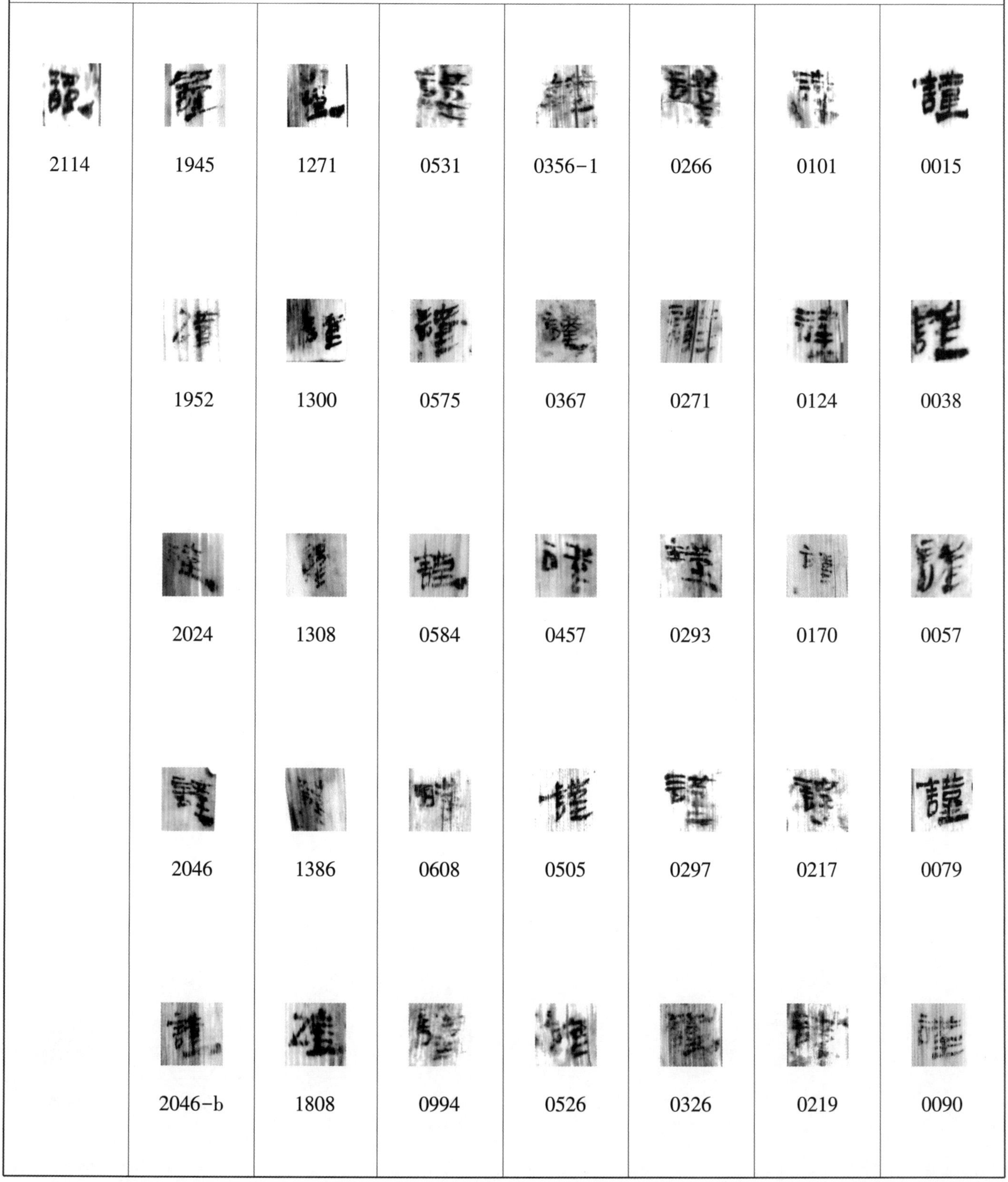
0015
0038
0057
0079
0090
0101
0124
0170
0217
0219
0266
0271
0293
0297
0326
0356-1
0367
0457
0505
0526
0531
0575
0584
0608
0994
1271
1300
1308
1386
1808
1945
1952
2024
2046
2046-b
2114

詔		誠			信		
 1804	 0079	 1148	 0540	 0005	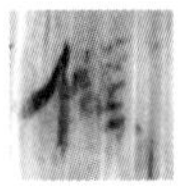 0866	 0399	 0166
	 0108	 2125	 0550	 0032	 0866	 0399	 0238
	 0414		 0647	 0092	 1490	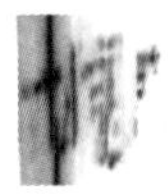 0545	 0248
	 0778		 0661	 0302		 0630	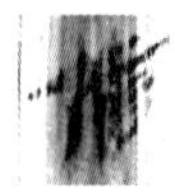 0248
	 0943		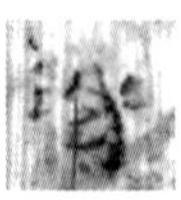 0720	 0411		 0691	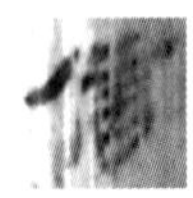 0399

				計	說	訢	諭
0273	0239	0187	0124	0042	0141	0083	0846
0275	0253	0191	0130	0042		0090	
0304	0253	0203	0130	0085		0346	
0334	0266	0203	0141	0085			
0346	0266	0225	0141	0093			

調

0250	1574	0527	0508	0473	0503	0473	0365
0504	1593	0532	0520	0474	0504	0474	0367
0697	2130	0580	0520	0502	0504	0502	0371
	2137	1176	0521	0503	0505	0503	0389
		1396	0523	0503	0505	0503	0412

詐				詣			護
 0995	 0165	 0040	 0006	 0849	 0337	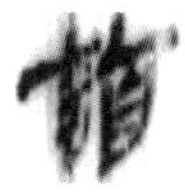 0040	 0079
 2122	 0309	 0048	 0013		 0404	 0084	 0225
	 0545	 0076	 0014		 0630	 0132	
	 0753	 0076	 0032		 0736	 0238	
	 0769	 0092	 0035		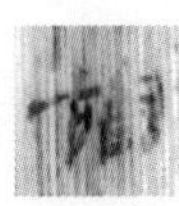 0795	 0247	

證		詰	誶	讞	誤		誣
 0011	 0003	 0531	 1717	 1294	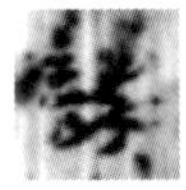 1769	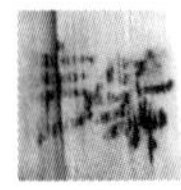 0090	 0405
 0012	 0003	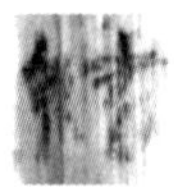 0562			 0141	 0203	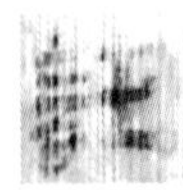 0621
 0080	 0007					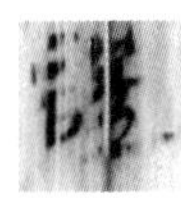 0239	 0621
 0105	 0008					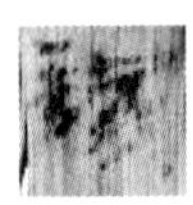 0252	 0698
 0245	 0010					 0504	 0802

譯　　診　誰

譯			診	誰			
 0017	 2124	 0558	 0172	 1034	 1334	 0661	 0349
		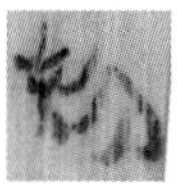 0586	 0276		 1553	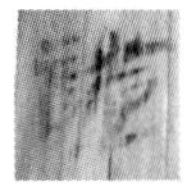 0661	 0463
		 0599	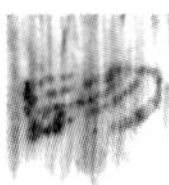 0355		 2132	 0802	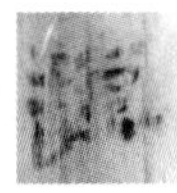 0572
		 0909	 0377			 0861	 0630
		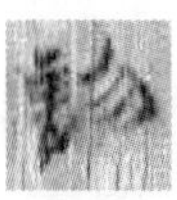 0918	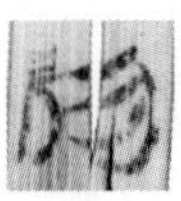 0493			 0963	 0634

音部

章

0501

0562

0848

2133

辛部

童

0017

0648

0762

2125

妾

0384

丵部

對

0007

0012

0077

0089

0185

0190

0414

0534

0537

菐部

僕

 0003	 0005	 0077	 1043
 0003	 0005	 0080	
 0003	 0016	 0088	
 0003	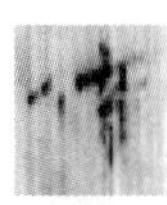 0016	 0105	
 0003	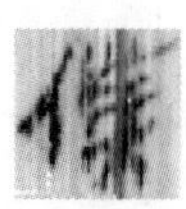 0017	 0796	

廾部

奉

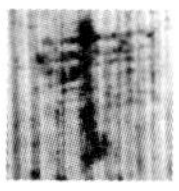 0187	 1492
 0506	
 0623	
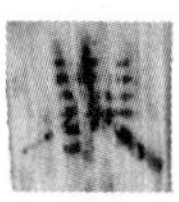 0825	
 0965	

丞

0306	0264	0229	0175	0129	0118	0048	0013
0306	0273	0232	0200	0129	0118	0086	0024
0313	0273	0232	0201	0132	0121	0086	0039
0324	0275	0243	0208	0132	0125	0090	0040
0334	0283	0256	0215	0169	0127	0095	0044

 0555	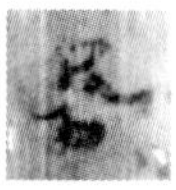 0542	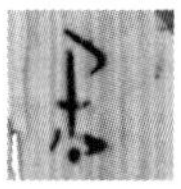 0518	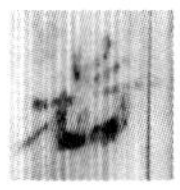 0501	 0395	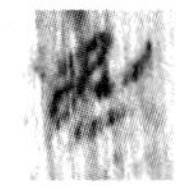 0378	 0351	 0335
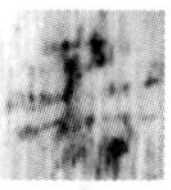 0555	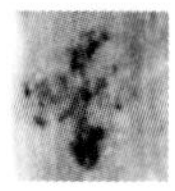 0542	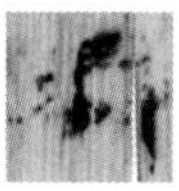 0524	 0502	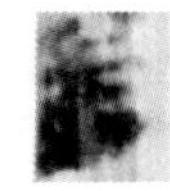 0398	 0379	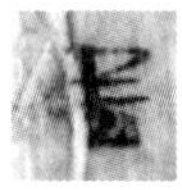 0358	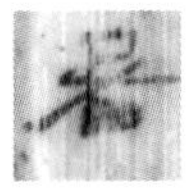 0343
 0555	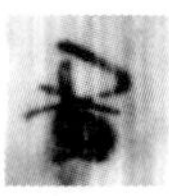 0547	 0525	 0503	 0405	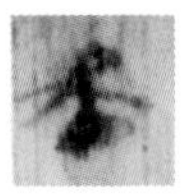 0379	 0372	 0344
 0556	 0547	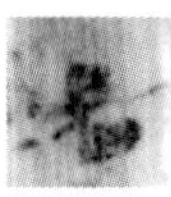 0528	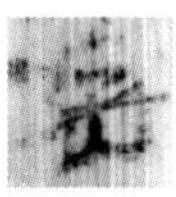 0507	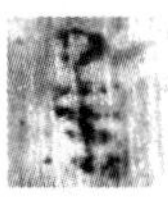 0417	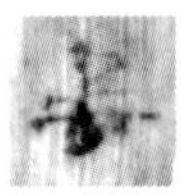 0382	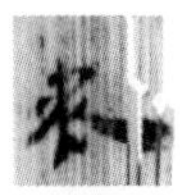 0374	 0347
 0557	 0552	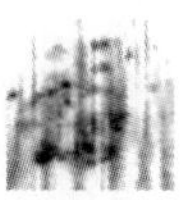 0530	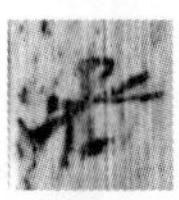 0507	 0425	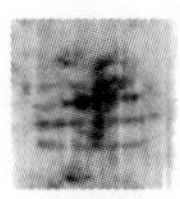 0392	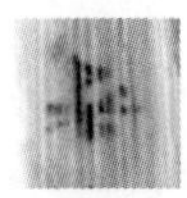 0375	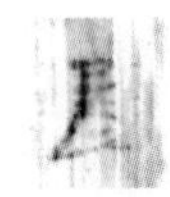 0347

 0895	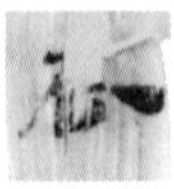 0836	 0798	 0650	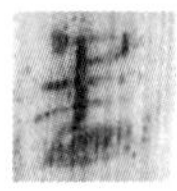 0597	 0583	 0576	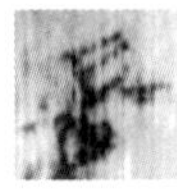 0560
 0967	 0861	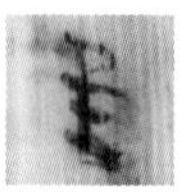 0804	 0763	 0620	 0591	 0578	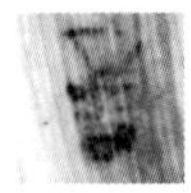 0566
 0987	 0869	 0814	 0796	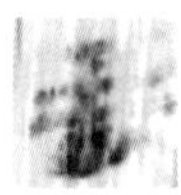 0620	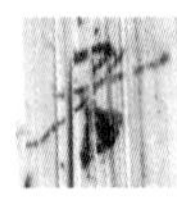 0591	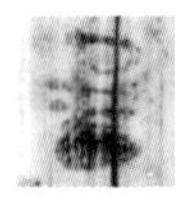 0578	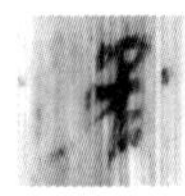 0574
 0995	 0869	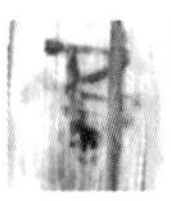 0818	 0797	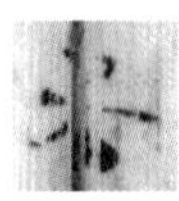 0640	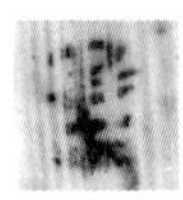 0594	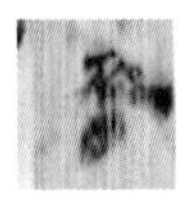 0579	 0574
 0997	 0894	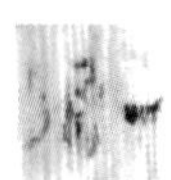 0836	 0797	 0661	 0597	 0583	 0576

具 兵 戒

具		兵	戒				
0051	0010	0513	1522	1800	1560	1173	0997
0078	0011	0563	1523	1805	1575	1204	1006
0076	0014	0617	1533	1807	1723	1272	1024
0092	0026		1645	2119	1771	1272	1053
0093	0027				1796	1448	1143

共

𦥑	𦥑部					
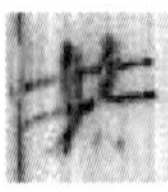 0003		 1337	 0633	 0551	 0335	 0154	 0099
 0003		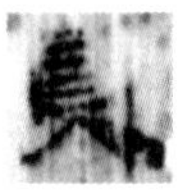 1723	 0642	 0558	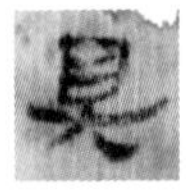 0335	 0173	 0100
 0005		 1765	 0637	 0586	 0349	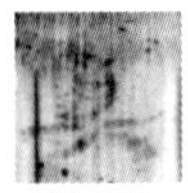 0193	 0129
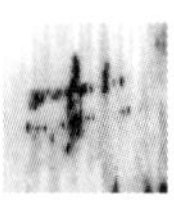 0005		 1967	 0728	 0609	 0399	 0273	 0133
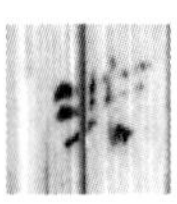 0006		 2117	 0849	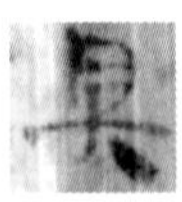 0617	 0516	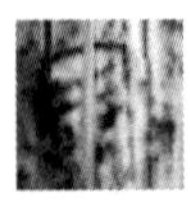 0279	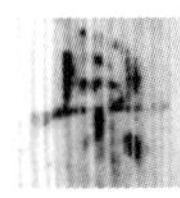 0136

與

0004

0005

0005

0008

0008

舁部

異

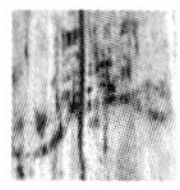
0560

0620

0928
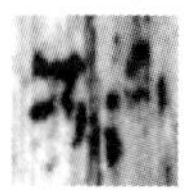
1044
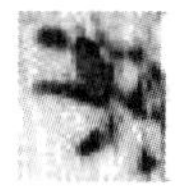
0274
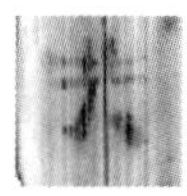
0375
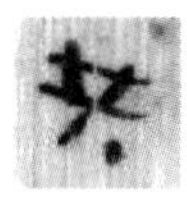
0559

0596

0888

0032
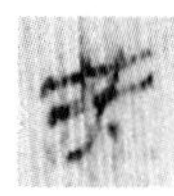
0078

0157

0199

0226
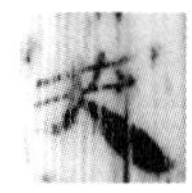
0011
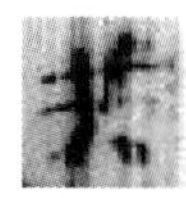
0016

0016

0017
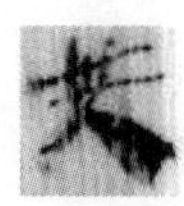
0017
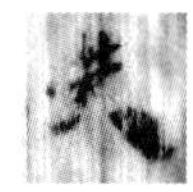
0008
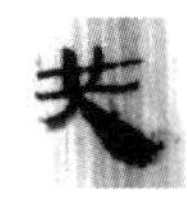
0010

0010

0010
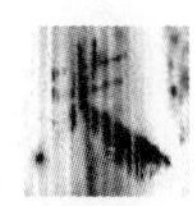
0010

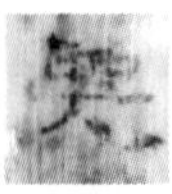 0581	 0545	 0484	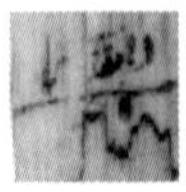 0373	 0186	 0084	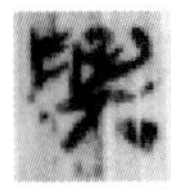 0016	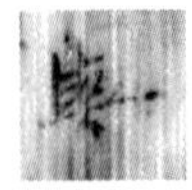 0010
 0601	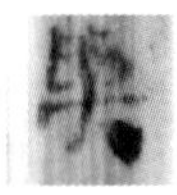 0556	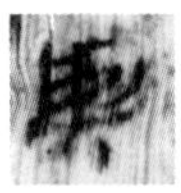 0490	 0398	 0199	 0089	 0040	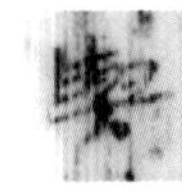 0011
 0630	 0557	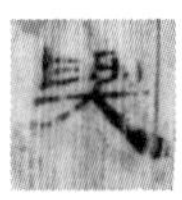 0521	 0404	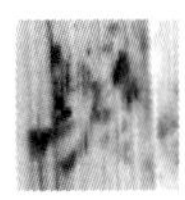 0279	 0130	 0048	 0013
 0648	 0575	 0522	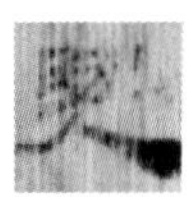 0404	 0318	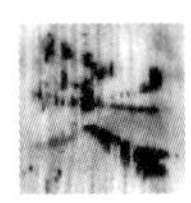 0136	 0048	 0014
 0661	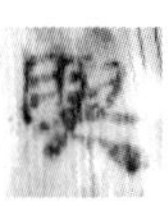 0581	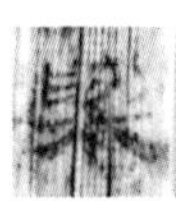 0523	 0405	 0351	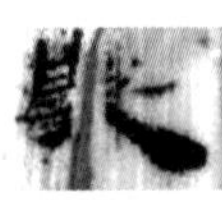 0171+0012	 0052	 0014

農

0004

0049

0054

0054

0081

晨部

要

0004-1

0017

𦥑部

興

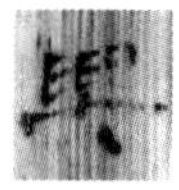
0374

2134

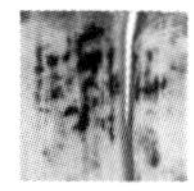
0891

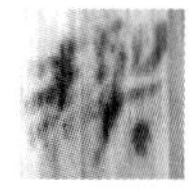
0686

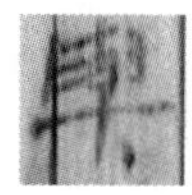
0893

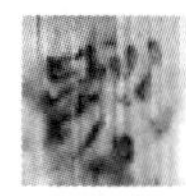
0707

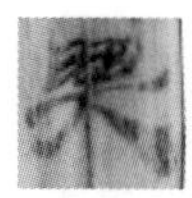
0950

0756

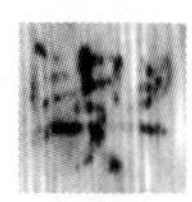
1559

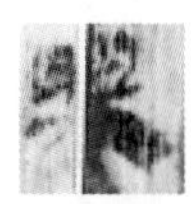
0769

2125

0848

革部

革

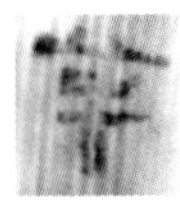

1857

爪部

爲

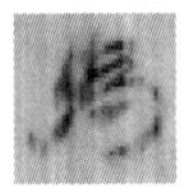

0003

0004

0004

0004

0005

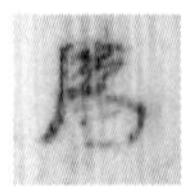

0005

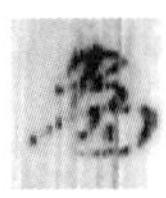

0006

0010

0011

0011

0013

0014

0017

0017

0032

0033

0040

0040

0040

0044

0044

0048

0048

0048

0048

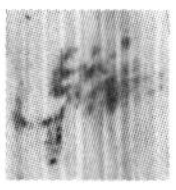 0250	 0238	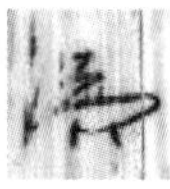 0207	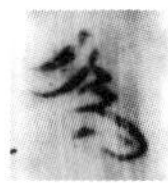 0181	 0133	 0117	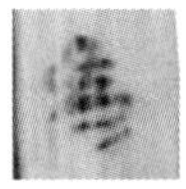 0076	 0049
 0254	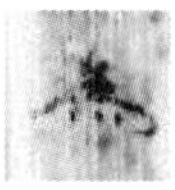 00241	 0213	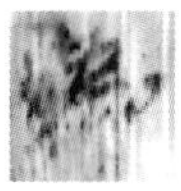 0186	 0158	 0117	 0078	 0057
 0254	 0243	 0229	 0201	 0165	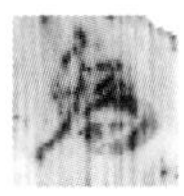 0123	 0080	 0057
 0260	 0245	 0232	 0202	 0165	 0125	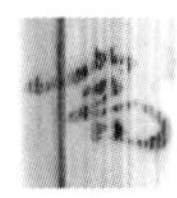 0090	 0072
 0263	 0245	 0234	 0207	 0173	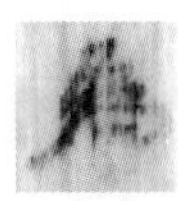 0132	 0094	 0073

					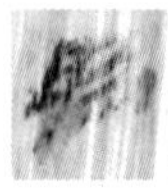	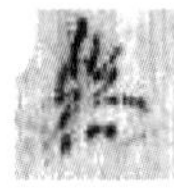	
0519	0504	0416	0400	0365	0337	0309	0273
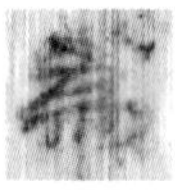						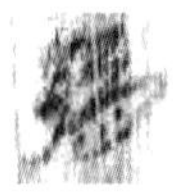	
0527	0506	0481	0406	0370	0348	0318	0283
						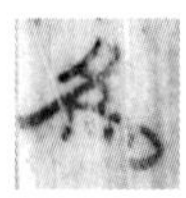	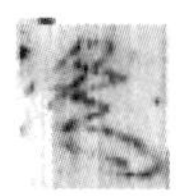
0528	0506	0482	0408	0394	0358	0324	0299
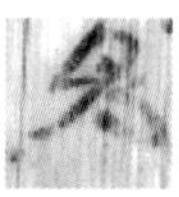			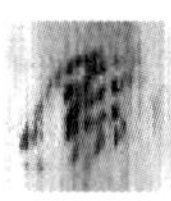			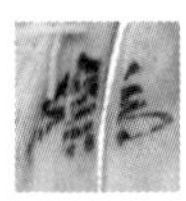	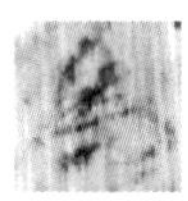
0529	0508	0501	0409	0400	0364	0332	0302
			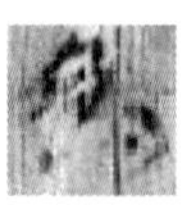			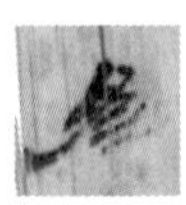	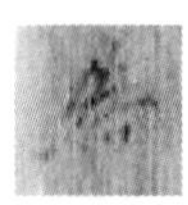
0529	0519	0504	0411	0400	0364	0332	0309

			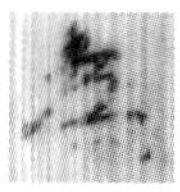	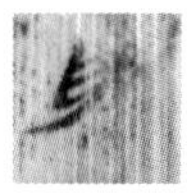	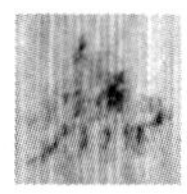	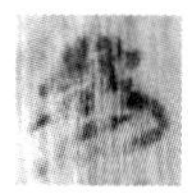	
0798	0769	0666	0644	0618	0579	0553	0532
		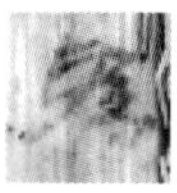	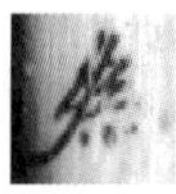	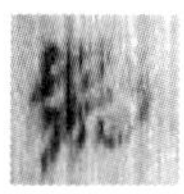	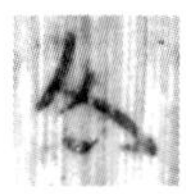		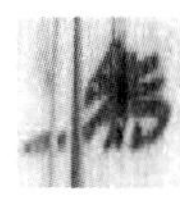
0803	0769	0667	0649	0620	0582	0566	0545
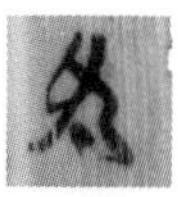		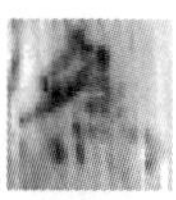	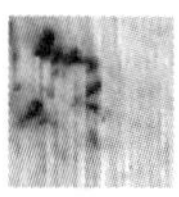	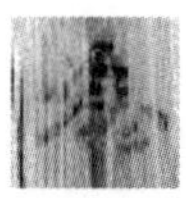	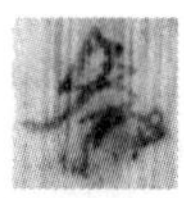	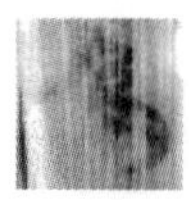	
0804	0771	0669	0650	0623	0590	0569	0546
	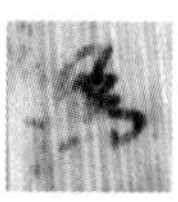	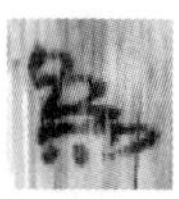	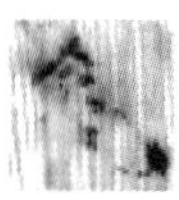			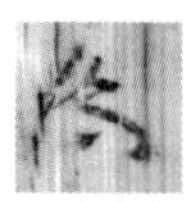	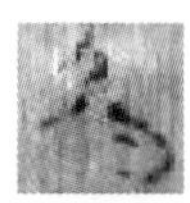
0810	0795	0752	0650	0635	0592	0573	0552
		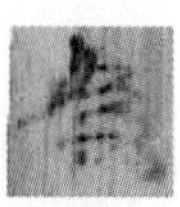		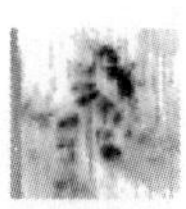			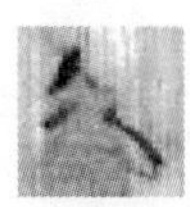
0815	0795	0753	0661	0642	0594	0575	0552

				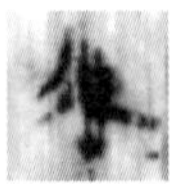	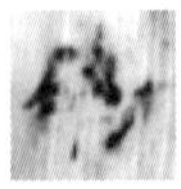		
1769	1556	1369	1258	1118	1024	0892	0852

1916	1573	1444	1270	1136	1060	0902	0855
				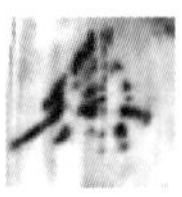	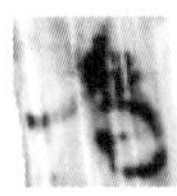	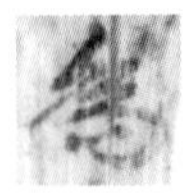	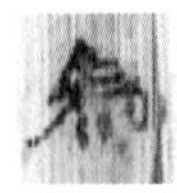
2118	1607	1446	1325	1162	1066	0961	0859
	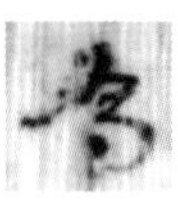				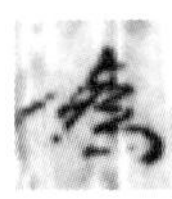	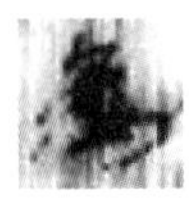	
2132	1717	1462	1325	1162	1073	0965	0861
					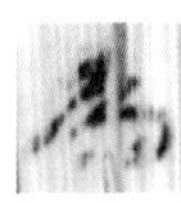		
2135	1717	1520	1338	1195	1076	1018	0867

丮部

執

0044

鬥部

鬭

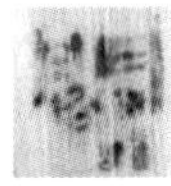
0555

又部

又

1575

1973

父

0496

0736

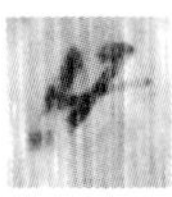
0766

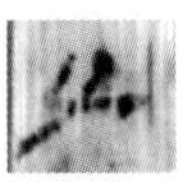
1301

1808

1949

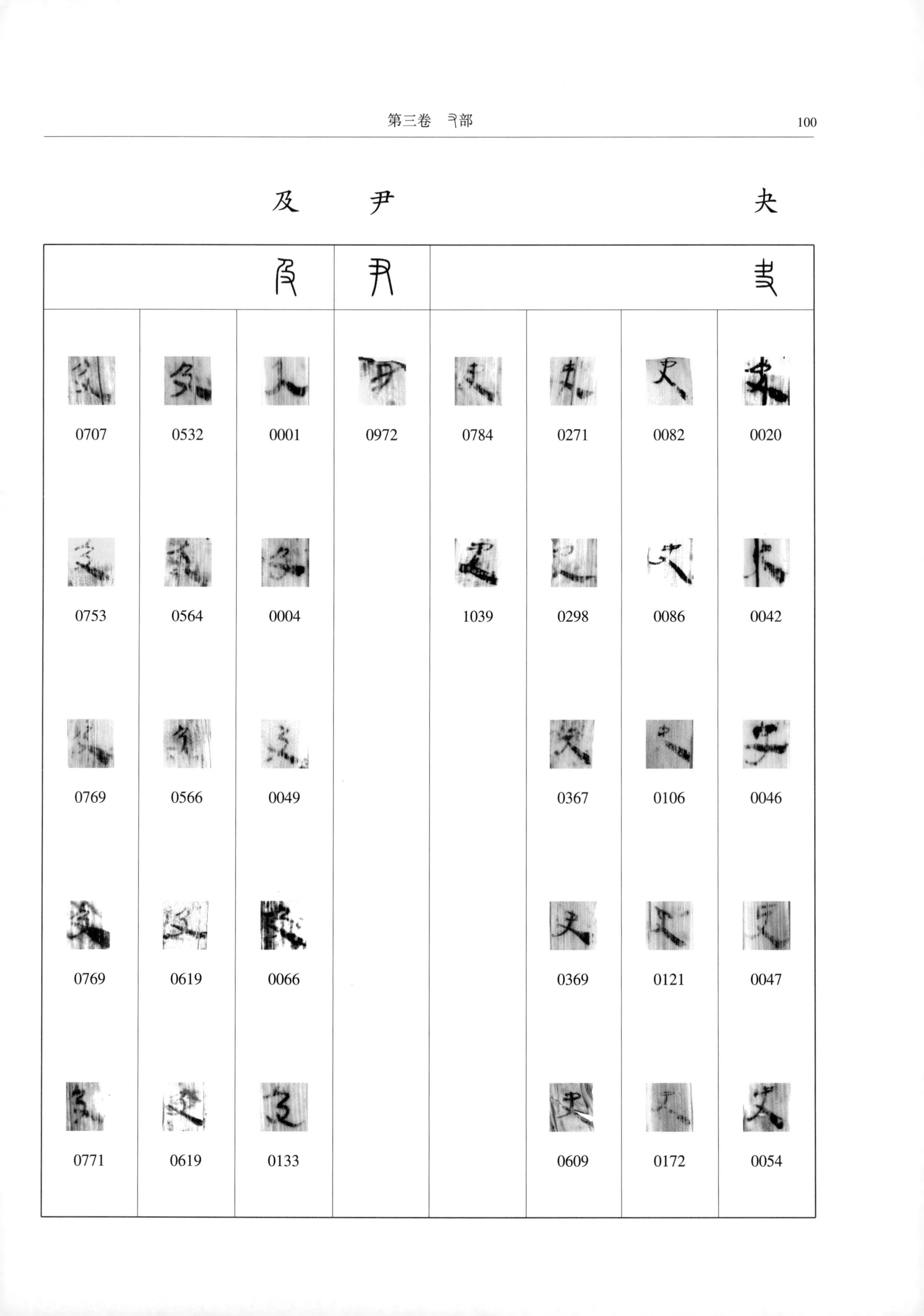

及			尹	夬			
0707	0532	0001	0972	0784	0271	0082	0020
0753	0564	0004		1039	0298	0086	0042
0769	0566	0049			0367	0106	0046
0769	0619	0066			0369	0121	0047
0771	0619	0133			0609	0172	0054

取 反

取		反					
 0397	 0005	 1002	 1769	 1037	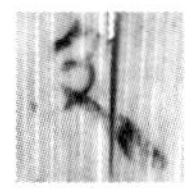 0506	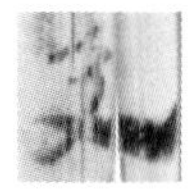 0279	 0143
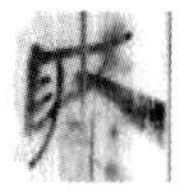 0545	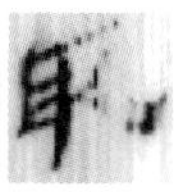 0017	 1797	 1804	 1050	 0508	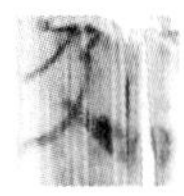 0312	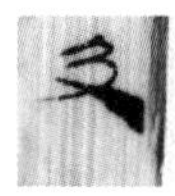 0154
 0579	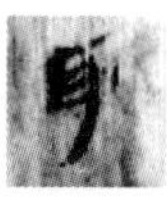 0143		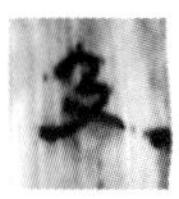 1931	 1126	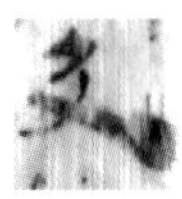 0509	 0365	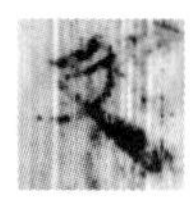 0187
 0694	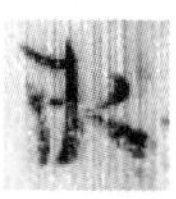 0258		 0023	 1303	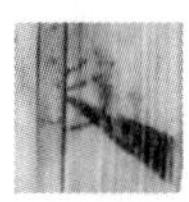 0514	 0396	 0239
 1467	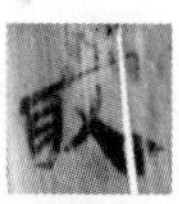 0338			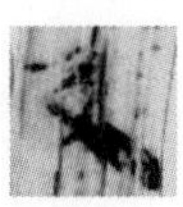 1475	 0516	 0504	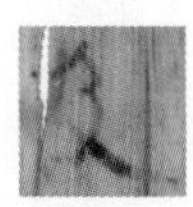 0276

史				卑		度	
史				卑		度	
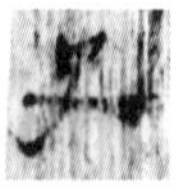 0180	 0133	 0121		 0402		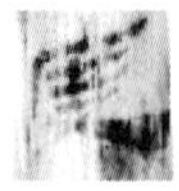 0186	 1812
 0185	 0143	 0121		 0402		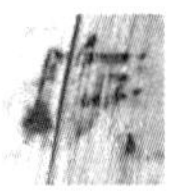 0698	 1931
 0186	 0173	 0125	史部	 0535	𠂇部		 2030
 0187	 0179	 0132					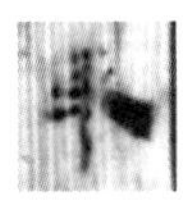 2128
 0190	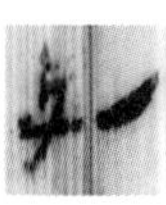 0179	 0133					

0372	0344	0281	0277	0261	0238	0210	0200
0373	0347	0326	0278	0261	0246	0216	0201
0379+0391	0351	0335	0279	0261	0247	0222	0203
0383	0351	0343	0280	0268	0248	0229	0205
0386	0353	0343	0280	0273	0248	0235	0208

		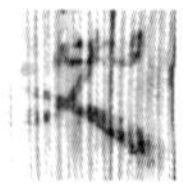		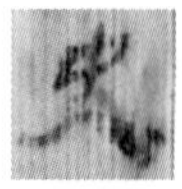	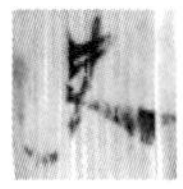	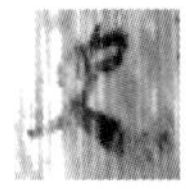	
0516	0503	0500	0441	0416	0408	0403	0395
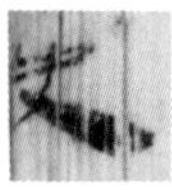		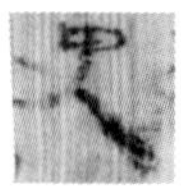	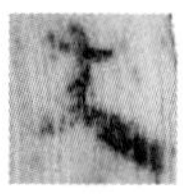	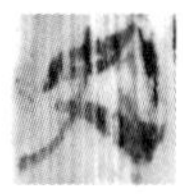		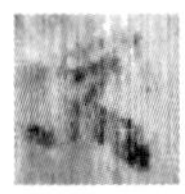	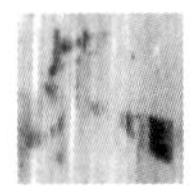
0524	0507	0500	0449	0416	0409	0403	0399
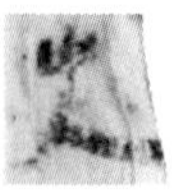	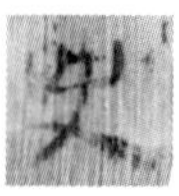	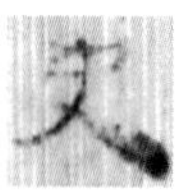					
0526	0507	0501	0463	0421	0409	0404	0400
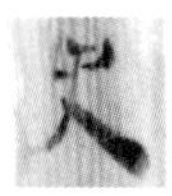	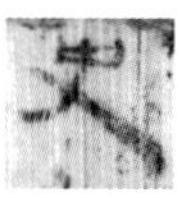				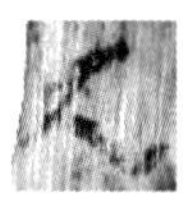	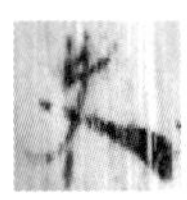	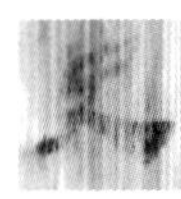
0529	0507	0501	0481	0421	0410	0406	0401
	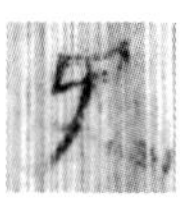		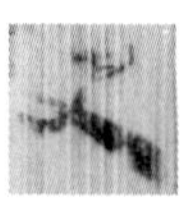	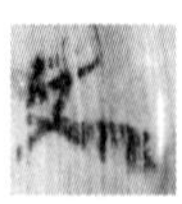			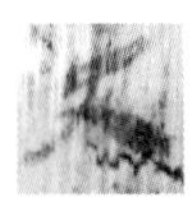
0529	0508	0501	0500	0423	0414	0407	0401

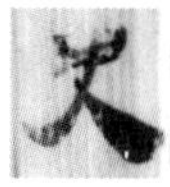 0861	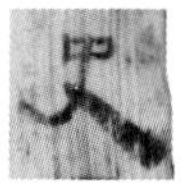 0795	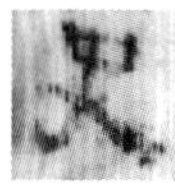 0711	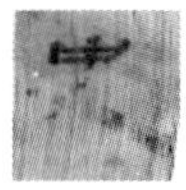 0635	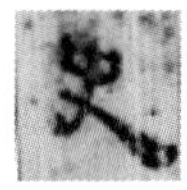 0605	 0575	 0541	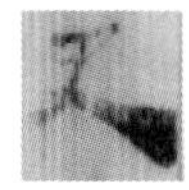 0530
 0886	 0796	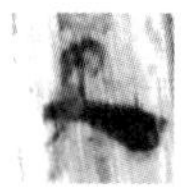 0730	 0648	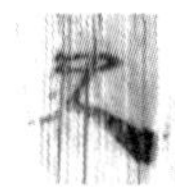 0618	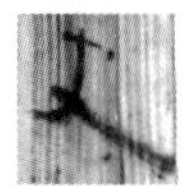 0585	 0545	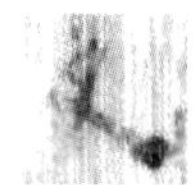 0530
 0908	 0807	 0761	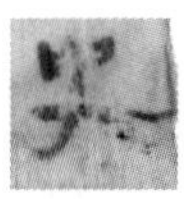 0655	 0633	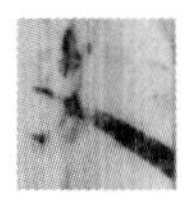 0594	 0557	 0536
 0918	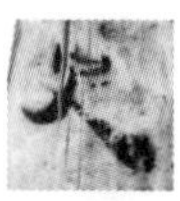 0838	 0763	 0658	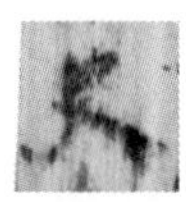 0633	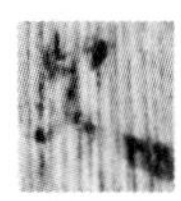 0599	 0562	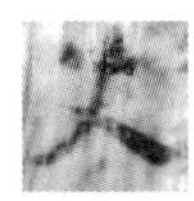 0539
 0943	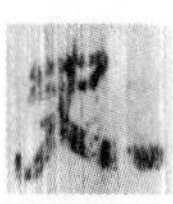 0848	 0795	 0667	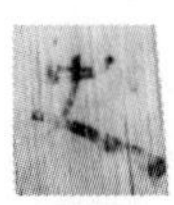 0635	 0605	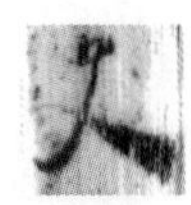 0575	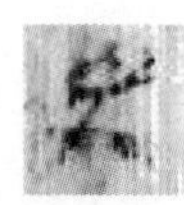 0540

事

 0416	 0046	 0013	 2044	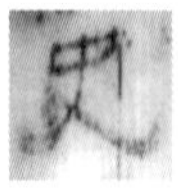 1805	 1450	 1184	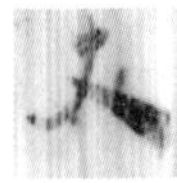 1002
 0507	 0046	 0013	 2123	 1883	 1479	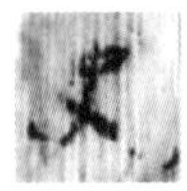 1188	 1010
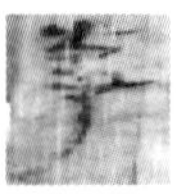 0520	 0046	 0024	 2125	 1920	 1585	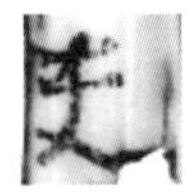 1222	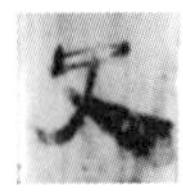 1010
 0530	 0047	 0038	 2126	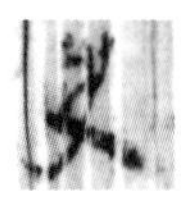 1946	 1737	 1333	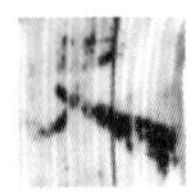 1117
 0532	 0047	 0039	 2127	 2044	 1805	 1441	 1172

書

0541	0666	1094	1943
0545	0778	1335	2079
0557	0852	1756	2121
0577	0932	1812	1875
0609	1029	1921	

聿部

書

0001	0013	0050
0003	0032	0079
0005	0034	0086
0005	0040	0086
0010	0048	0129

 1807	 1346	 0992	 0609	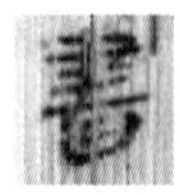 0532	 0421	 0373	 0133
 1812	 1403	 1002	 0633	 0545	 0490	 0379	 0178
 1875	 1564	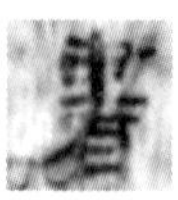 1006	 0682	 0545	 0490	 0404	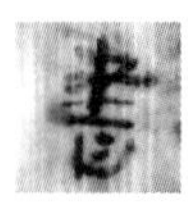 0219
 1903	 1612	 1010	 0866	 0558	 0508	 0404	 0238
 2038b	 1791	 1037	 0920	 0558	 0514	 0404	 0332

隸		肆*	畫		
 0520	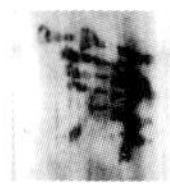 0181	 1243	 0405	 2130	 2095
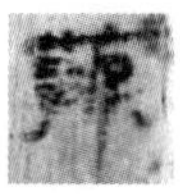 0560	 0318		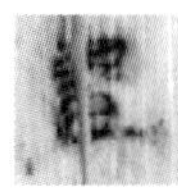 0663	 2134	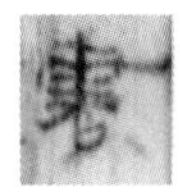 2114
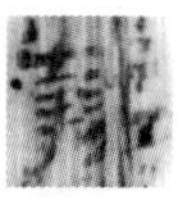 0855	 0338		 1149		 2119
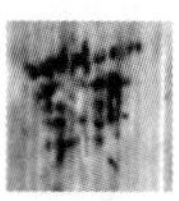 1338	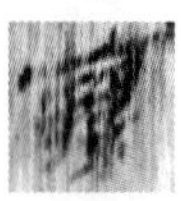 0400				 2124
	 0409				 2126

臤部

隶部

臣					竖	坚	
1717	0490	0351	0281	0181	0373	0682	0177
1717	0623	0379	0281	0268		0797	0232
1891	0855	0379	0318	0268		1868	0258
2008	1066	0400	0321	0268		2135	0583
2156	1096	0409	0338	0281			0591

臧

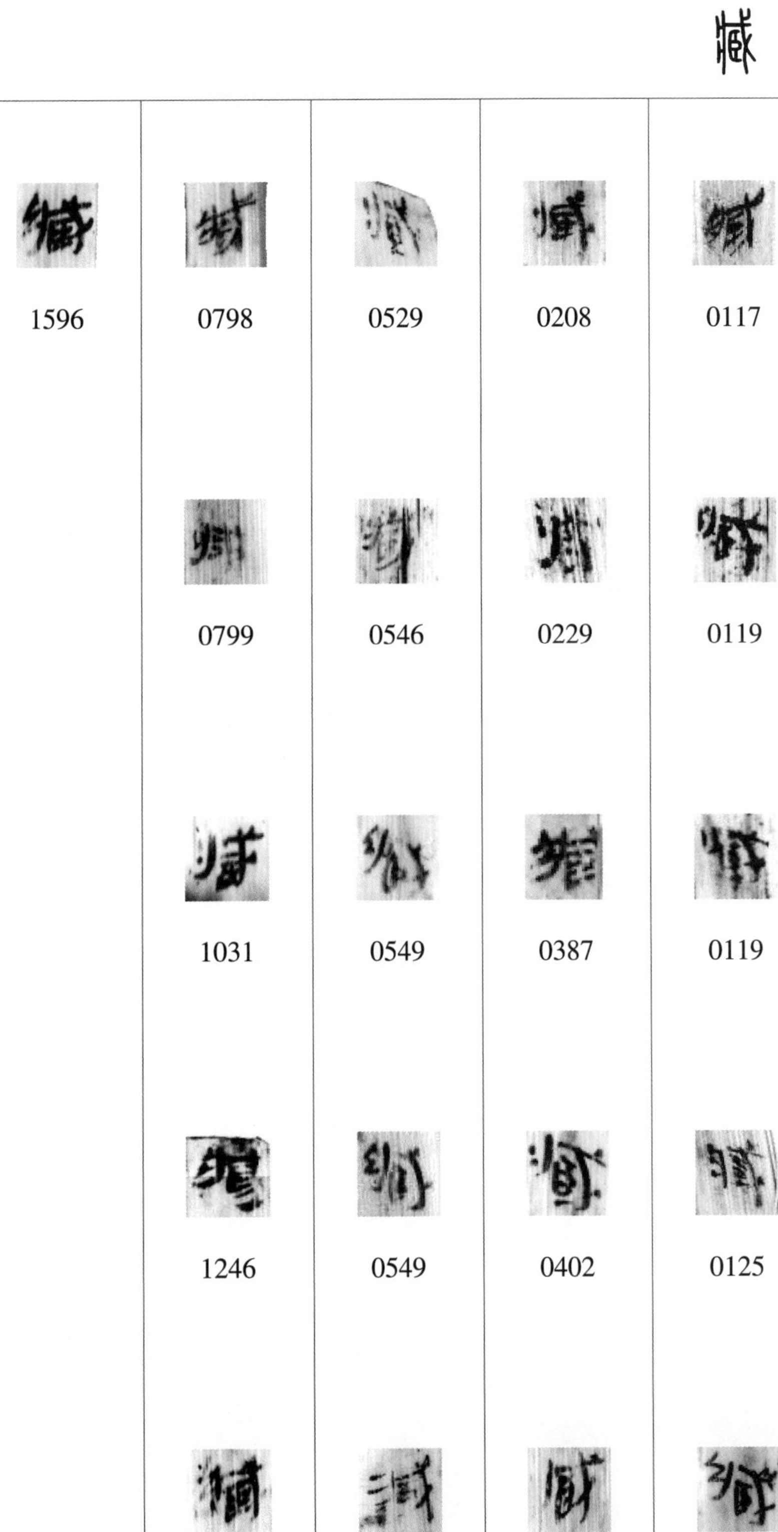

0117 0119 0119 0125 0197
0208 0229 0387 0402 0425
0529 0546 0549 0549 0594
0798 0799 1031 1246 1555
1596

殳部

轂

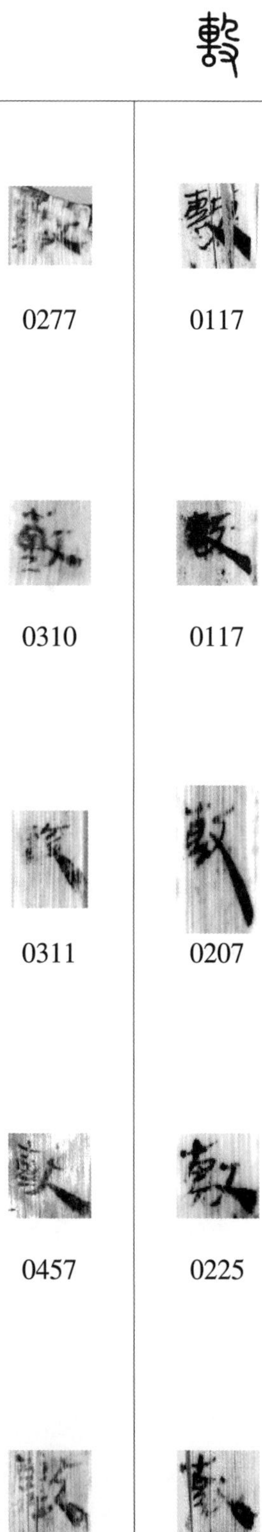

0117 0117 0207 0225 0225
0277 0310 0311 0457 0422

殳部	役	殿	毆				
	 0040	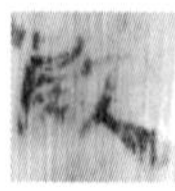 0310	 0601	 1522	 1185	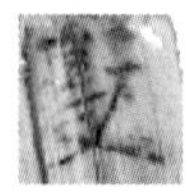 0563	 0057
	 0048	 0321	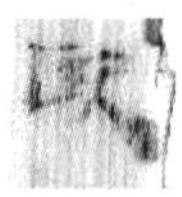 0195	 2127	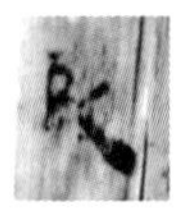 1271	 0619	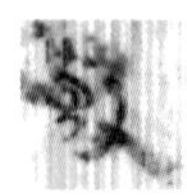 0529
					 1268	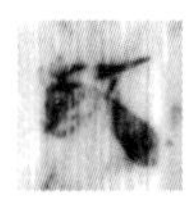 0796	 0529
					 1418	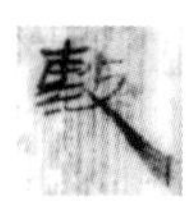 0803	 0546
					 1338	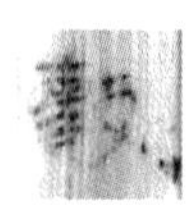 0803	 0551

殺

𣪠

0238

0480

寸部

寸

寸

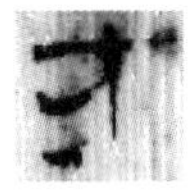
0022

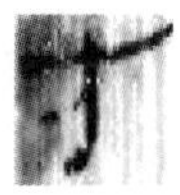
0030

0037

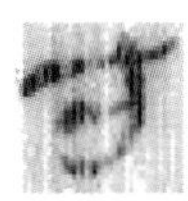
0037

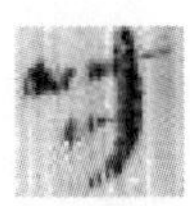
0037

0049

0081

0081

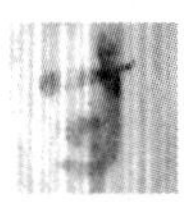
0099

0115

0115

0119

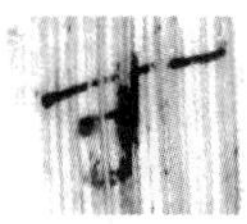
0177

0177

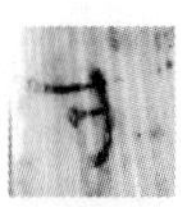
0213

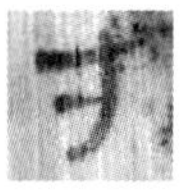
0349

0581

0581

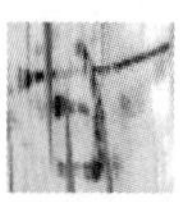
0651

0908

1304

1304

1599

1599

1865

2116

2116

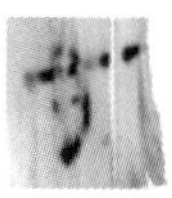
2116

2116

2134

寺

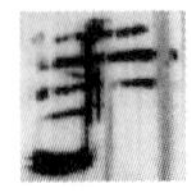
0024

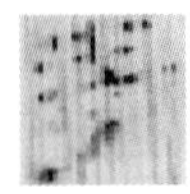
0031

將

0006

0037

0038

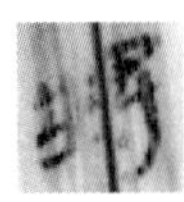
0049

0049

0057

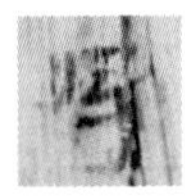
0081

0100

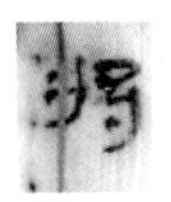
0162

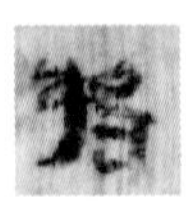
0260

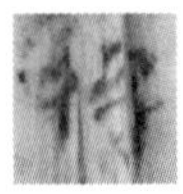
0279

0397

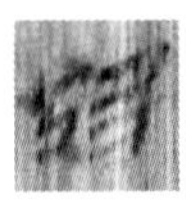
0414

0444

0525

0537

0545

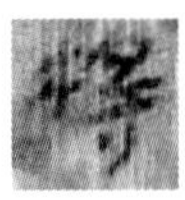
0550

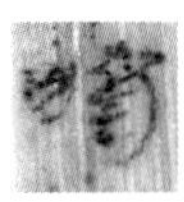
0580

0583

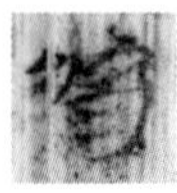
0591

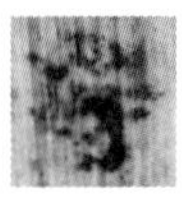
0592

0597

0598

0797

0811

0814

皮部

皮

皮

0157

0089

0005

0010

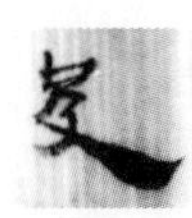
0010

0017

攴部

效

效

0049

故

故

0004

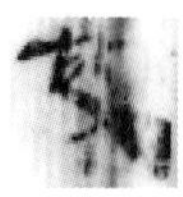
0041

0051

0057

0058

0089

0118

0125

0168

0190

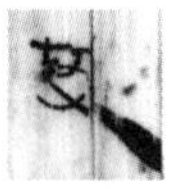
0207

0208

0210

0229

0229

0229

0232

0234

0358

0395

 0809	 1698	 1037	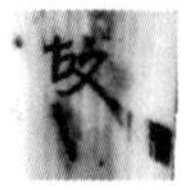 0798	 0689	 0559	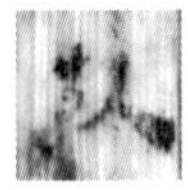 0517	 0407
	 1717	 1412	 0798	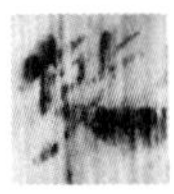 0773	 0597	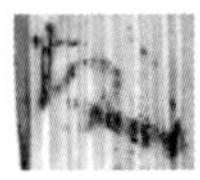 0518	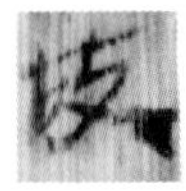 0408
	 2115	 1455	 0804	 0795	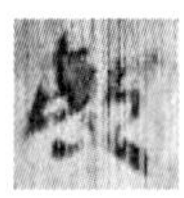 0621	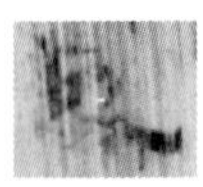 0518	 0416
	 2130	 1599	 0848	 0795	 0651	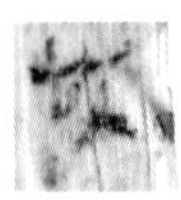 0526	 0421
	 0001	 1575	 0976	 0797	 0666	 0558	 0469

赦	斂	更			變	數	
0280	0012	2055b	0532	0003	1002	0540	0003
0297	0089		0609	0122	0052	0550	0052
0351	0052		0795	0204	0056	1403	0079
0409			1225	0243	1390		0143
0688			1590	0246			0143

敗			攸				
0028	0026	0019	0861	0594	0229	0125	0751
0030	0026	0021	0960	0597	0525	0125	1530
0079	0026	0021	1045	0797	0542	0208	2079
0079	0027	0022	1045	0798	0591	0210	2128
2126	0028	0023		0799	0594	0229	

教

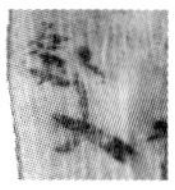
0777

教部

牧

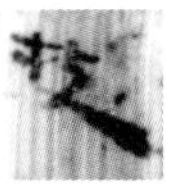
1458

收

0080

0264

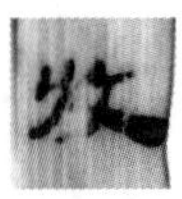
0256

0324

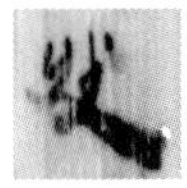
0003

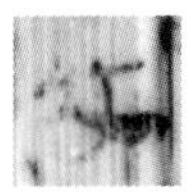
0004

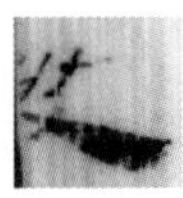
0005

0016

0080

寇

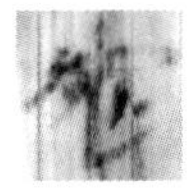
0686

0400

0409

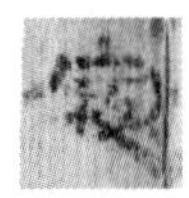
0560

0661

0661

0186

0172

0210

0351

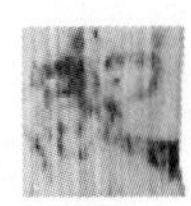
0398

庸

庸

0004

0049

0078

0081

0099

用

用

0421

1010

0097

0308
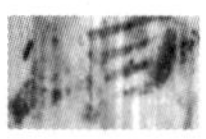
0338

0377

0416

用部

占

占

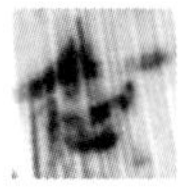
1014
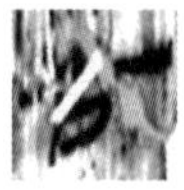
1081
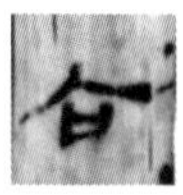
1424

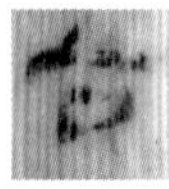
0109

0407
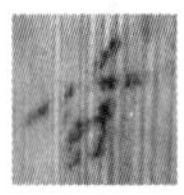
0528
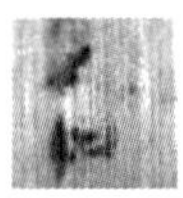
0552
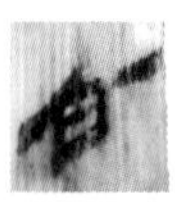
0773

卜部

第四卷 目部

相

相

0002

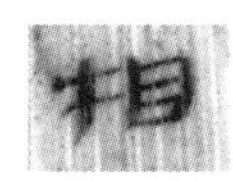
0007

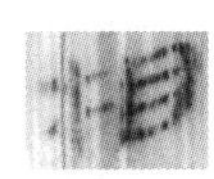
0011

0017

0031

0040

0044

0046

0046

0046

0046

0047

0047

0047

0047

0054

0078

0089

0124

0149

0173

0188

0195

0216

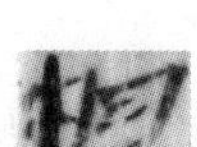
0261

0261

0264

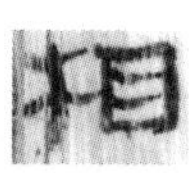
0273

0334

0353

0378

0389

0425

0502

0503

自部

自

自

0178

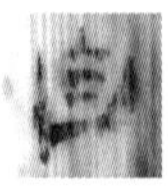
0102

0040

0004

0186

0129

0049

0049

0186

0132

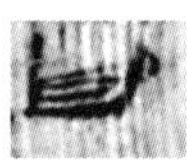
0077

0005

0203

0133

0083

0013

0223

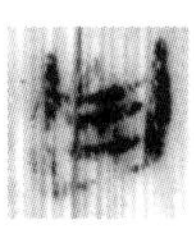
0134

0101

0017

督

督

0406

2116

0505

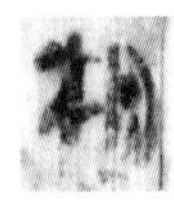
0539

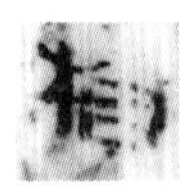
0756

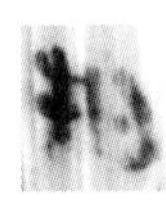
0959

1006

白部

 1458	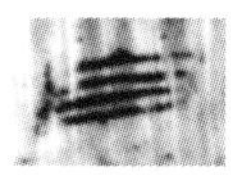 1081	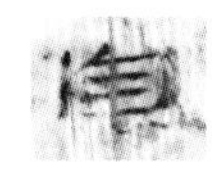 0706	 0582	 0416	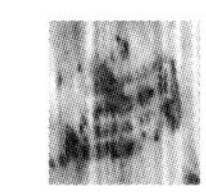 0403	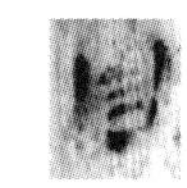 0238
 1717	 1270	 0752	 0621	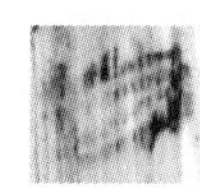 0423	 0405	 0254
 1734	 1270	 0773	 0648	 0434	 0407	 0302
 2153	 1407	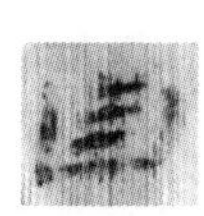 0780	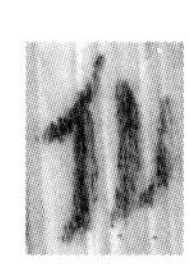 0648	 0458	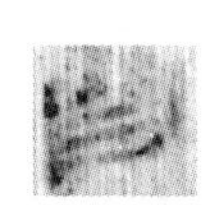 0412	 0318
	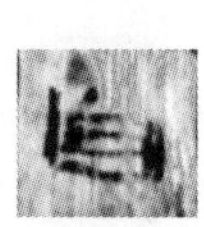 1410	 0795	 0669	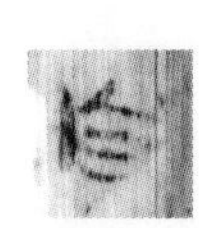 0480	 0412	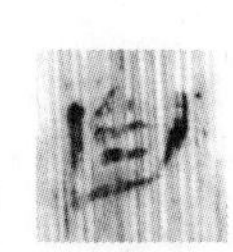 0328

皆

0409	0299	0166	0119	0030	0026	0019	0003
0425	0346	0207	0125	0036	0026	0020	0005
0482	0350	0208	0158	0054	0027	0022	0014
0516	0395	0229	0161	0057	0028	0023	0017
0519	0402	0263	0165	0078	0029	0024	0019

者

 0084	 0004	 2126	 1455	 0802	 0605	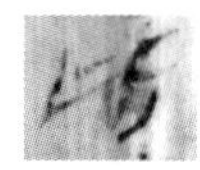 0563	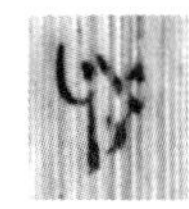 0518
 0087	 0038	 2126	 1618	 1043	 0635	 0588	 0532
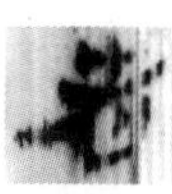 0090	 0073		 1653	 1166	 0798	 0590	 0542
 0133	 0079		 1862	 1304	 0799	 0593	 0557
 0136	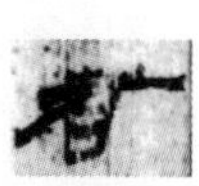 0079		 2116	 1356	 0802	 0594	 0559

1017	0769	0574	0441	0408	0281	0222	0174
1100	0777	0609	0514	0408	0283	0254	0188
1175	0796	0609	0522	0414	0296	0260	0192
1251	0843	0703	0536	0414	0349	0268	0196
1282	1010	0728	0567	0414	0395	0276	0196

百 智

百			智				
0032	0013	0001	0439	0001	1956	1656	1291
0037	0024	0007	0634	0003	1829	1805	1421
0037	0025	0008	0657	0007	2127	1808	1578
0037	0028	0008	0964	0079		1931	1580
0037	0031	0013	2123	0176		2052	1595

0202	0117	0081	0078	0056	0056	0049	0039
0202	0119	0085	0081	0056	0056	0049	0040
0207	0119	0085	0081	0056	0056	0049	0042
0208	0151	0092	0081	0078	0056	0052	0042
0209	0197	0099	0081	0078	0056	0056	0048

2125	1528	1198	0815	0592	0549	0519	0283
2125	1536	1202	0859	0657	0549	0529	0368
2125	1564	1268	0888	0729	0549	0535	0394
2125	2038	1291	1031	0807	0585	0546	0425
2125	2092	1478	1179	0807	0585	0549	0482

鼻部

鼻

0102

羽部

翟

0060

0060

0063

0072

0075

0075

1747

翁

1597

隹部

離

0017

雍

雍

1549

雜*

0024

0031

奞部

奪

奪

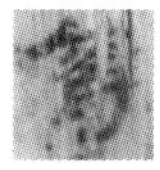

0279

0294

0522

0702

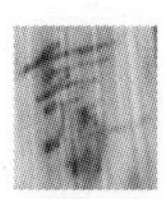

0975

萑部

舊

舊

1786

羊部

羣

羣

0056

0539

雔部

雙

0402

0535

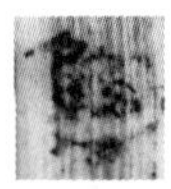

0585

鳥部

難

0017

烏部

烏

1228

於

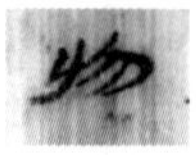

0001

0005

0011

0011

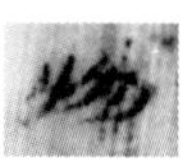

0012

0052

2035

2035

華部

畢

畢

0668

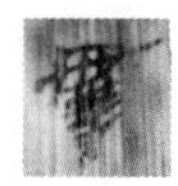
0767

棄

棄

0166

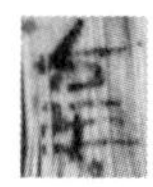
0283

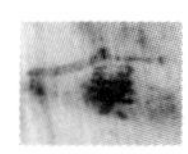
0377

0533

0538

0538

1031

1037

1601+0858

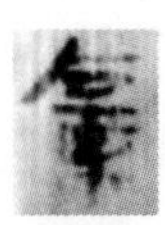
1601

2088

2128

冓部

再

再

0268

0278

0281

0548

0866

0986

1717

1875

1945

1952

予

0017

0052

0076

0077

0077

0008

0008

0011

0011

0014

0003

0004

0005

0005

0007

部

幾

0174

0193

0196

1017+1013

𢆶部

2144

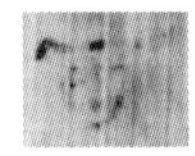
1955

2024+2026

2044+2041

2046

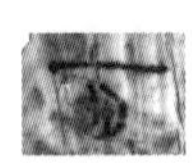
2051

舒

0078 0080 0123 0152 0199

0827 0859

1355

𠬪部

爰

0002 0003 0008 0010 0034

0040 0041 0050 0057 0080

0086 0088 0101 0133 0276

0347 0355 0373 0399 0416

受

0190	0130	0077	0010	0004	0001	0950	0421
0222	0130	0078	0011	0005	0001	0977	0490
0228	0173	0078	0011	0005	0001	1734	0558
0268	0187	0100	0014	0007	0004	2132	0817
0271	0189	0103	0077	0007	0004	2134	0904

	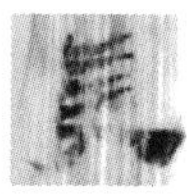			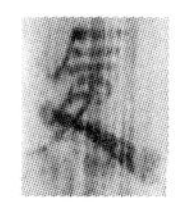			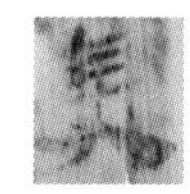
1660	0866	0669	0598	0513	0504	0408	0278

1736	1016	0744	0606	0520	0505	0410	0281
	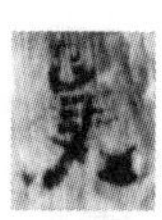			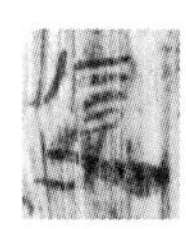	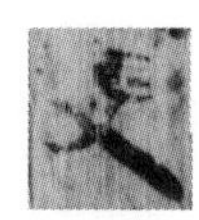		
1801	1174	0744	0617	0523	0505	0422	0360
			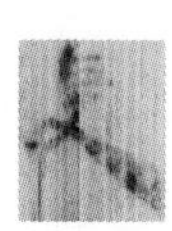	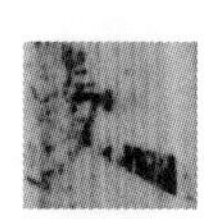			
1888	1444	0768	0667	0580	0508	0501	0394
	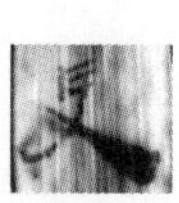						
2016	1585	0811	0668	0592	0508	0502	0404

（续上）

2055b　2092　2134

争

0761　1022　1497

敢

0013　0015　0015　0038　0038

0124　0129　0134　0140　0168

0191　0201　0232　0245　0252

0256　0265　0295　0368　0418

0426　0446　0513　0525　0530

0531　0534　0534　0538　0544

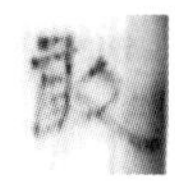						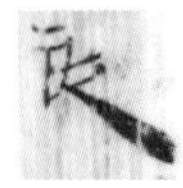	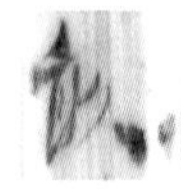
1805	1450	0942	0797	0706	0645	0580	0556

1807	1494	1029	0801	0779	0666	0583	0558
							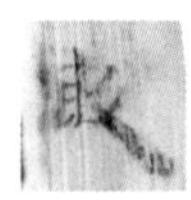
2019	1596	1242	0836	0781	0666	0591	0567
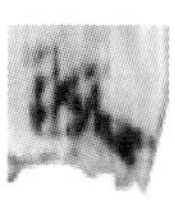				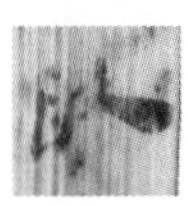			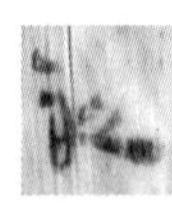
2082	1717	1331	0868	0795	0669	0608	0574
	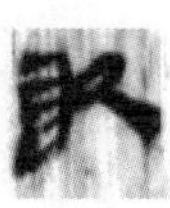				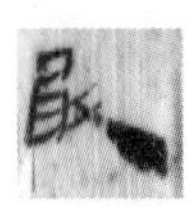		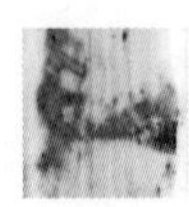
	1717	1331	0872	0796	0682	0608	0575

別

0012

0042

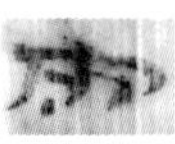
0096

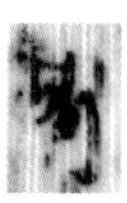
0115

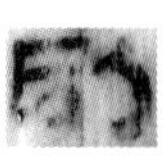
0132

冎部

死

0265

1469

2080

0802

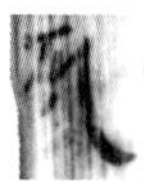
0867

1539

1935

2132

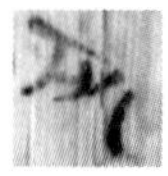
0276

0364

0379+0391

0586

0586

0558

0874

1899

0079

0170

0014

0355

0452

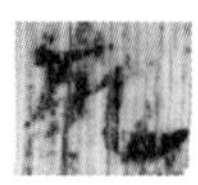
0496

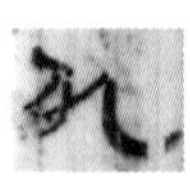
0558

歺部

肺

1844

肉部

骨

0130

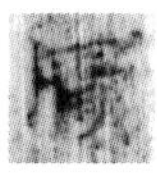

0331

0521

0523

0527

骨部

1436

1497

1805

0795

0881

1009

1246

1300

0227

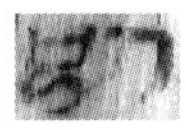

0271

0326

0433

0542

0146

0173

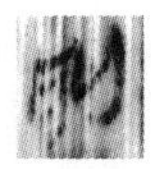

0175

0176

0179

脫	胄	脽	肩			腸	胃

 0117	 0071	 0161+0003	 0050	 0077	 0016	 0001	 1556
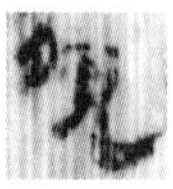 0234		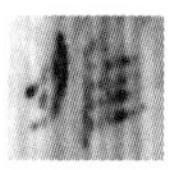 0052+0157	 0095	 0077	 0017	 0003	
 0234			 0768+1176	 0080	 0017	 0005	
 0519				 0089	 0017	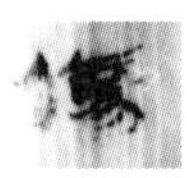 0010	
 0529				 0157	 0077	 0010	

丂部	肎	膊	脯	胡			
	 0159	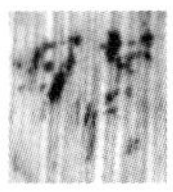 0649	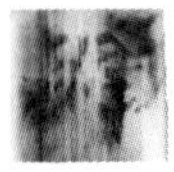 0759	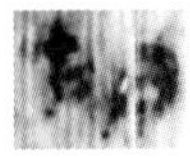 1019	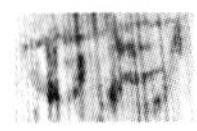 0422	 0001	 0546
	 0519				 0553	 0003	 0546
					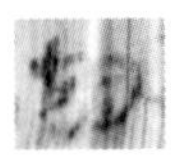 0553	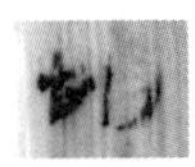 0008	 0803
					 1018	 0017	 1769
					 1019	 0115	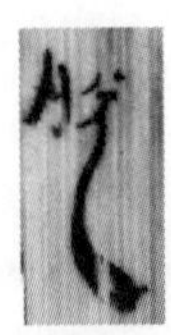 0803

副	則			利	削		刀
					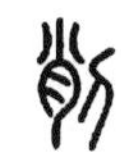		
 0963	 0463	 0400	 0033	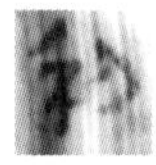 1069	 0040	 0308	 0555
	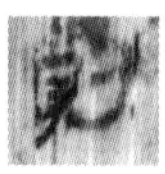 0633	 0401	 0093	 1326	 0048		 0199
	 0661	 0401	 0186	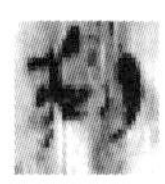 1476	 0133		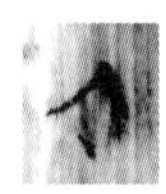 0199
		 0409	 0395				 0302
		 0410	 0398				 0308

券				罰	制	剽	辨
0052	0012	0007	0001	0102	0379+0391	0908	0010
0077	0032	0008	0005	0245	1542		0011
0081	0035	0008	0005	0852	1918		0080
0099	0037	0010	0006	0890			0576
0105	0048	0011	0007	0975			0926

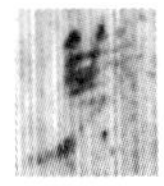
0412
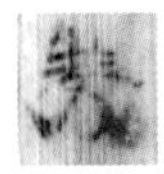
0501

0504

0506

0507

0545

0697

刅部

刃

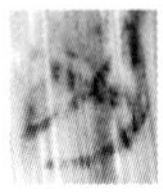
0513
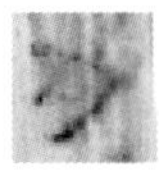
0563

0564

0617

0870

劍

0249

0555

角部

解

0117
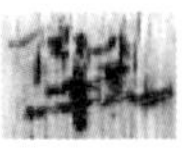
0122

0234

0234

0273

0343

0519

0529

0537

0546

0546

0661

0803

0810

0848

0082

0529

第五卷　竹部

竹

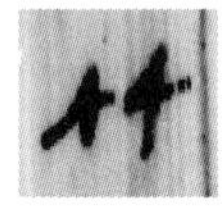 0021	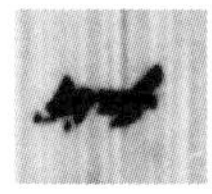 0027
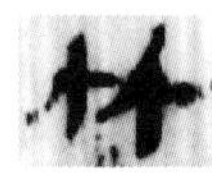 0022	
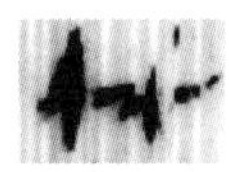 0029	
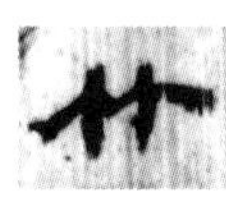 0079	
 2116	

節

 0535

籍

 0011	 0263	 0960
 0196	 0365	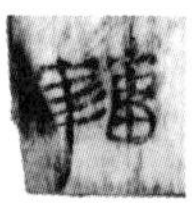 1938
 0202	 0519	
 0207	 0584	
 0226	 0590	

簡

 0963

笪	箸	笥		等			

 0493	 0767	 0271	 0141	 0014	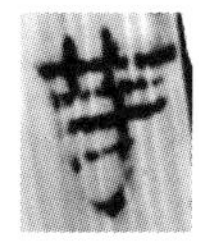 1580	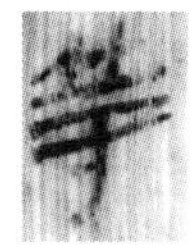 0267	 0006
		 0503	 0165	 0014	 1931	 0404	 0078
		 0521	 0165	 0078	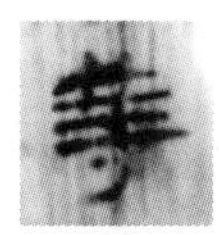 2116	 0588	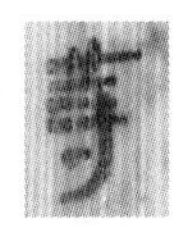 0099
			 0165		 2125	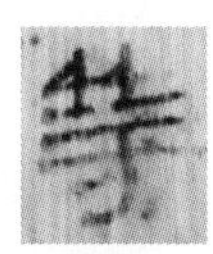 0874	 0133
			 0177		 2125	 0881	 0173

第*

0069

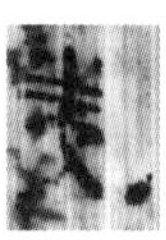
0756

0029

0963

0245

0030

1066

0015

0023

0026

0026

0027

筭

0273

1010

管

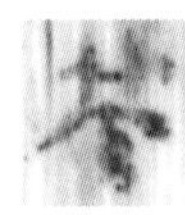
0959

箟

0037

0078

笞

0519

0815

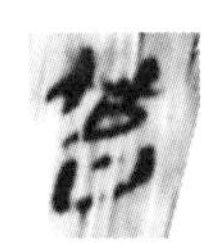
2056

2125

2125

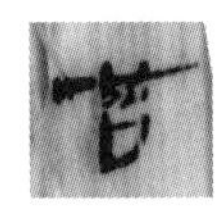
0013

0013

0048

0207

0263

箕部

其亓

					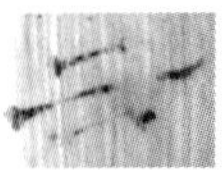	
0811	0409	0332	0085	0013	0309	0001
		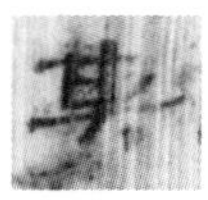			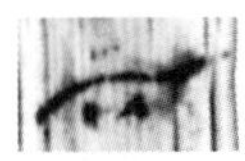	
1029	0506	0371	0133	0030	1211	0196
			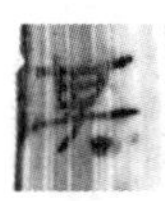			
	0596	0395	0160	0036	1036	0848
	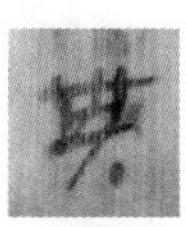		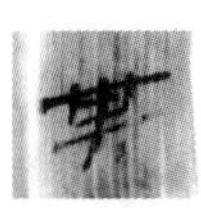		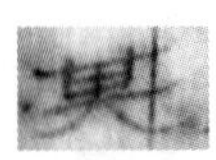	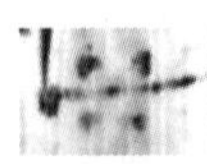
	0619	0395	0165	0042	1805	1146
	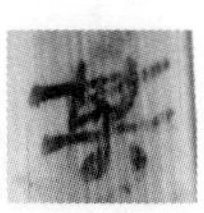					
	0624	0405	0173	0081	2116	2122

左

左

 0119	 0807	 0346	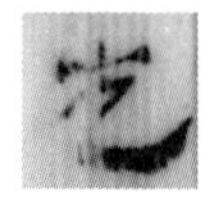 0013
 0327	 1037	 0521	 0013
 0482	 1949	 0571	 0048
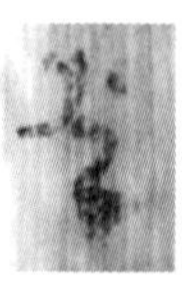 0482	 2125	 0592	 0130
 0549	 2125	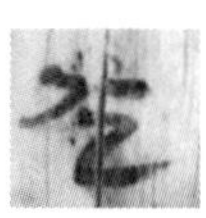 0609	 0202

𠂇部

畀

畀

 1596	 0279
	 0279
	 0588
	 1166
	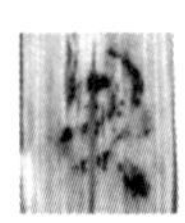 1587

丌部

巫

0501

巫部

式

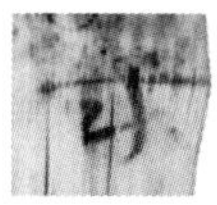
0609

0442

1777

0017

0098

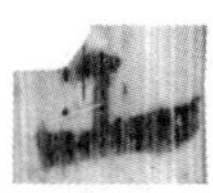
0112

工

0008

0008

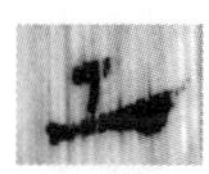
0008

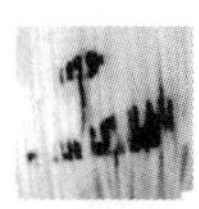
0008

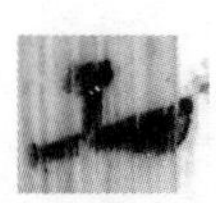
0008

0001

0005

0007

0007

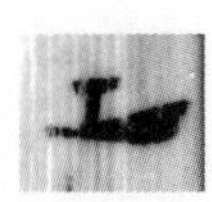
0007

工部

0893

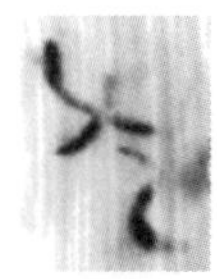
0999

甘部

甚

0273　1875

曰部

曰

0003　0003　0007　0011　0017

0037　0040　0049　0077　0100

0103　0134　0145　0222　0248

0352　0399　0408　0469　0479

0536　0537　0581　0887　0559

曹

0364	2126	1717	0651	0080	1564	0651

0960		1717	0848	0168	1599	0775
		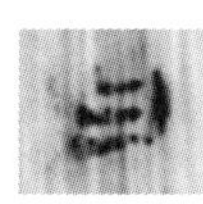				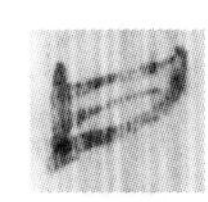
1394		1875	1225	0296	1646	0866

1580		2116	1236	0385	2135	0874
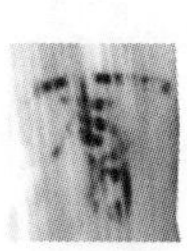				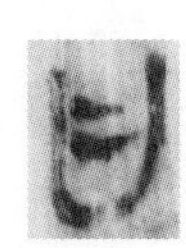		
1779		2116	1609	0538	0057	0954

乃部

迺乃

乃

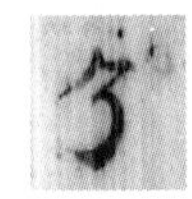
0011
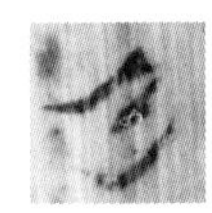
0399

0008

0080

0424

0861

1002
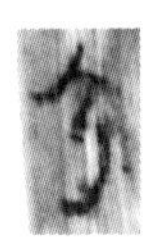
1175
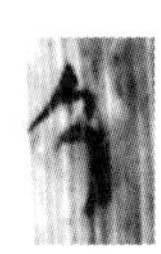
1337

2035

2035
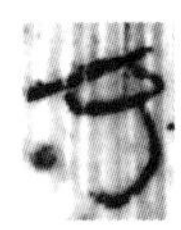
2035
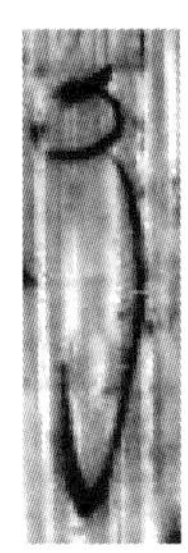
2035
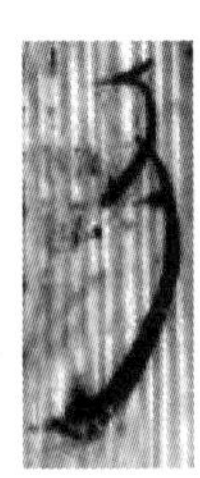
2035

0057

0080

0273

0399

0536

0559

0633

2115

2132

丂部

丂

丂

0106

可部

可

可

0012
0014
0056
0092
0129
0158
0379+0391
0537
0545
0802
0860
2126
0245
0347
1280
0086
0165
0267
0311
0435
0475
0484
0815
0887
1051
1332
2116
2126
0121
1098

奇

奇

0056

兮部

號

0339

0535

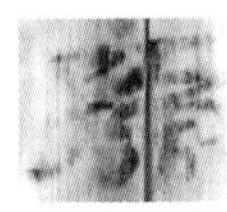
0565

亏部

平

0243

0303

0125

0798

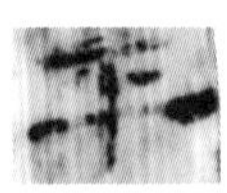
1555

1789

0126

旨部

嘗

0581

喜部

喜

0411

壴部

嘉

0088

皿部

盛

0078 0165 0504 0508 0851

盧

0177 0874 1599 2116 1575

益

0194 0238 0260 0528 1123

1225

盈

1489

血部

血

0197

0226

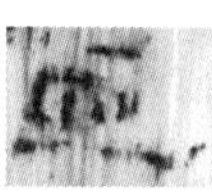
0339

0547

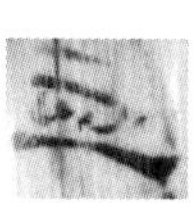
0549

去部

去

1656

2114

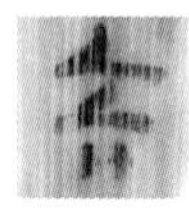
0102

0397

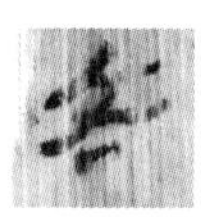
0550

0860

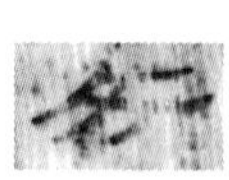
0874

0003

0014

0017

0077

0080

盡

2019

0196

0260

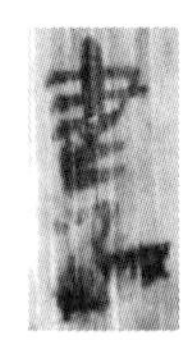
0424

0619

1812

盇

0195 0559

1009

0422

1176

丶部

主

0057	0557	0229	0682	0003
0082	0558	0253	2019	0015
0125	0846	0309	0086	0015
0176	1275	0343	0117	0079
0208	1924	0557	0117	0079

皀部

刑

0134

0377

井

0019

0021

0026

0027

井部

青

0321

0443

0503

0095

0141

1242

1522

1571

1777

0347

0547

0580

0582

1138

青部

即

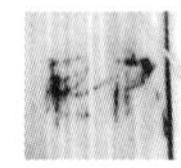
0008
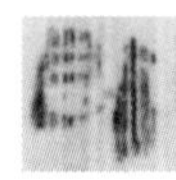
0034

0084
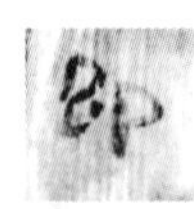
0140

0384

0404

0404

0475

0558

0581
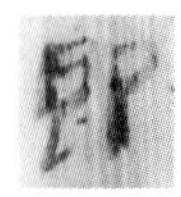
0624

0738
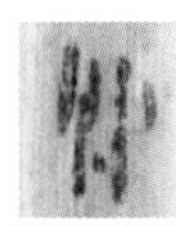
0802

0874

0887

1679

2126

0003

0254
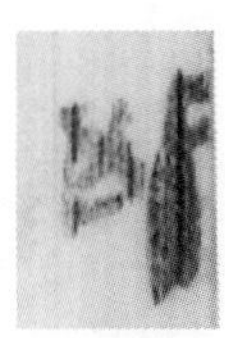
0363

0601

1444

2123
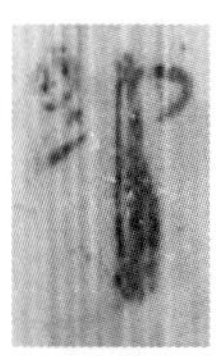
1002

既

1991

鬯部

爵

0033

0040

0048

0174

0196

鋪	養	粢	食			食部	
1920	0170	0005	1801	0411	0017		0275
			1812	0551	0475		0380
			1915	0563	0887		0445
			1920	1274	1805		
			2114	1394	2019		

饗

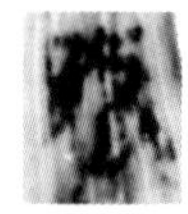
1066

饒

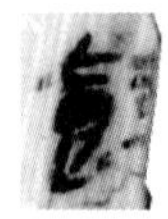
0049

餘

0008

0042

0087

0346

餽

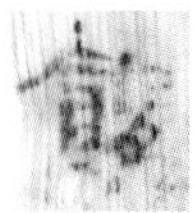
0418

0418

0513

0551

1195

1801

2016

亼部

合

0271

0443

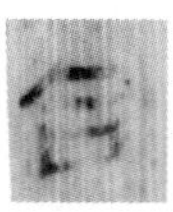
0521

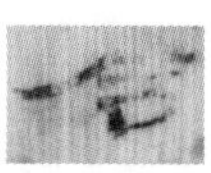
0502

0600

1723

0153

0402

0587

0588

舍				今			
 0027	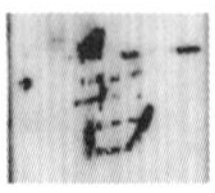 0022	 0019	 0020	 0057	 0395	 0013	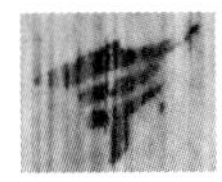 0416
 0028	 0023	 0020	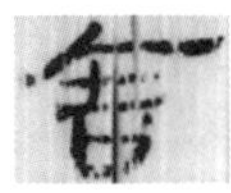 0026	 0279	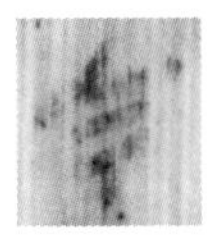 0403	 0084	 0508
 0029	 0025	 0021	 0030	 1109	 1195	 0129	 0581
 0029	 0026	 0021	 0030	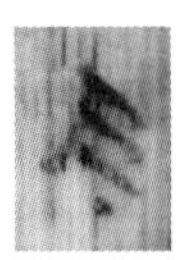 2044+2041	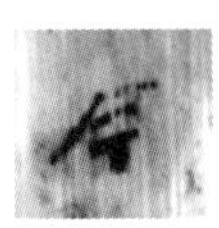 1271	 0252	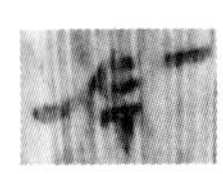 1001
 0029	 0027	 0022	 0036		 2010	 0296	 1734

0036

0045

0079

0866

1357

會部

會

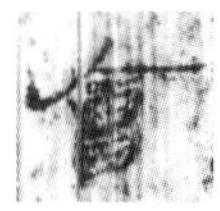
0166

0296

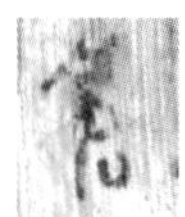
0354

0409

0456

0532

0593

0982

0996

1272

倉部

倉

0040

0086

0412

0507

0507

0508

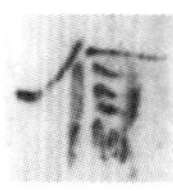
0525

0797

0811

入部

入

冂

0011 0011 0056 0087 0302

0310 0505 0598 0630 0768

1073 1282 1436

内

内

0020 0027 0036 0079 0084

0126 0129 0187 0201 0256

0343 0390 0503 0504 0504

0507 0530 0530 0651 0667

0707 1001 1322 1334 1692

短	侯			缺		全	

 0334	 1717	 0024		 0416		 0576	 0121
		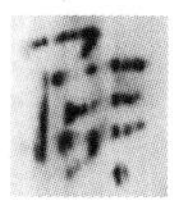 0054					 0372
		 0084	 部		 部		 0431
		 0088					 0917
		 0434					

高部

高

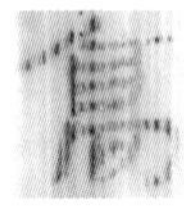
0158

0342

0559

1347

2123

亭

0010

0084

0089

0185

0222

0370

0399

0536

0648

0691

冂部

市

0166

0377

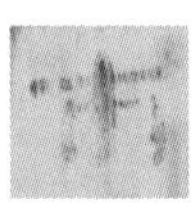
0628

0802

1031

1984

京部

京

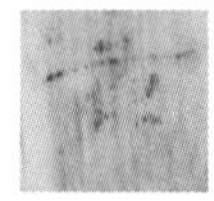
0576

就

0332

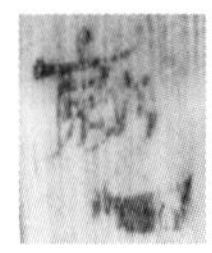
0324

𩫖部

厚

0510

2126

畗部

良

0057

㐭部

稟

0094

0173

0173

0332

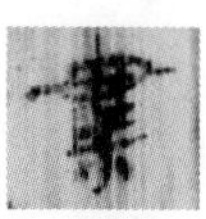
0004

嗇

0014

0014

嗇部

嗇

0011

0024

0033

0080

0084

0086

0132

0275

0368

0409

0528

0795

1445

1805

1897

2019

2019

來部

來

來

0007

0017

0168

0267

0408

致

0083

0174

0260

0545

0556

夊部

麥

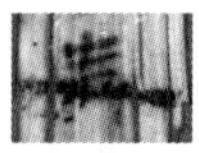
0292

麥部

2123

0013

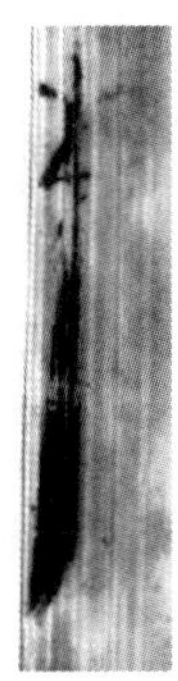
0557

0776

0907

0911

1599

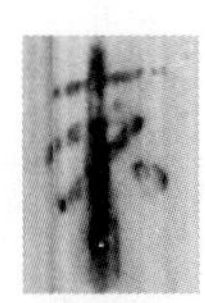
0003

0651

0651

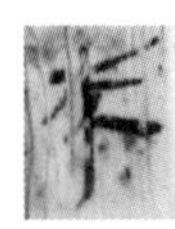
0651

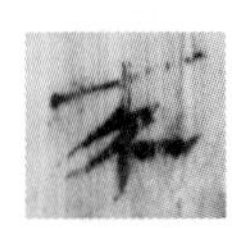
0702

0364

0414

0419

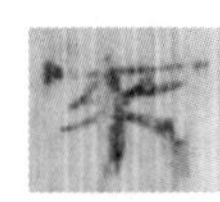
0502

0536

0581

夒

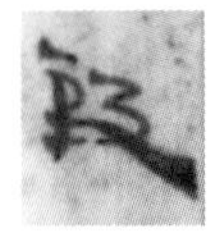
0558

0592

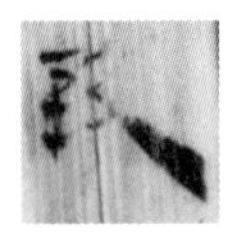
0598

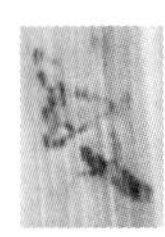
0669

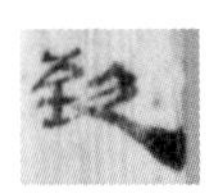
0706

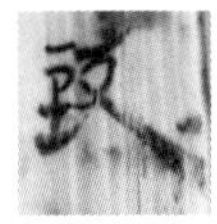
0811

0846

1029

1791

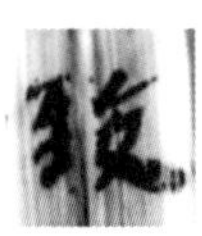
1877

0168

夏

0204

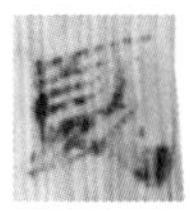
0579

韋部

韋

0282

0443

0502

0503

0521

0905

弟部

弟

0736

夂部

久

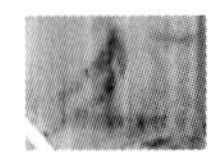

0396

桀部

乘

0222

0281

0384

0397

0404

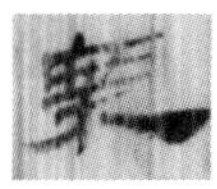

0404

0404

0401

0559

0606

0408

0536

0562

0630

0661

0661

0796

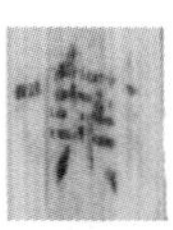

0736

0773

第六卷　木部

木

0016

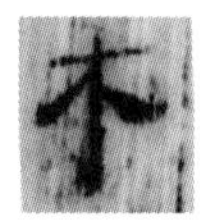
0016

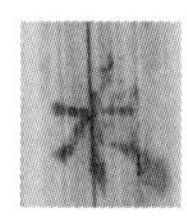
0375

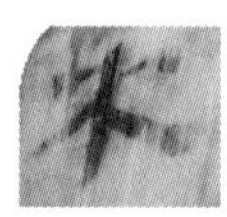
0867

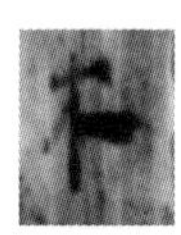
2126

橘

0189

0395

0404

栂

0146

0194

桂

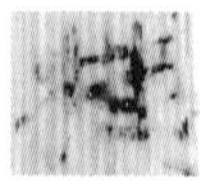
0254

柀

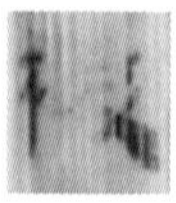
0054

檦

0020

0023

0028

0027

0079

楊

0490

棟	材			枚	根	朱	某
棟	材			枚	根	朱	某
 0503	 0177	 0036	 0025	 0020	 0861	 1455	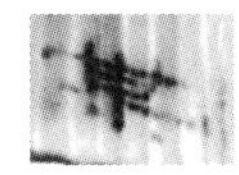 2008
	 0194	 0036	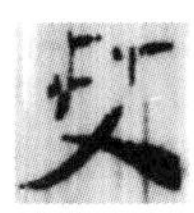 0026	 0020		 1540	
			 0027	 0022		 1548	
			 0029	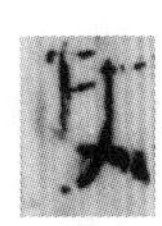 0022			
			 0029	 0023			

校案				檟	枕	桓	柱
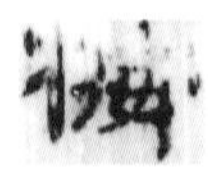 0020	 0550	 0047	 0002	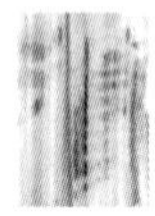 0977	 0177	 0563	 0056
 0026	 0861	 0079	 0037				
 0045	 1271	 0340	 0041				
	 1331	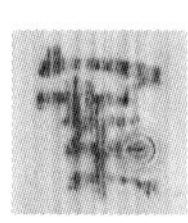 0340	 0046				
	 1676	 0348	 0046				

柎	樂	楘	庥	柯	棓	杖	樠

0023	0056	0077	2035	0084	0033	0195	0812
				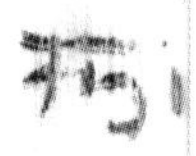			
0029	0370	0152		0340	0088	0459	

	0500					1022	

	2125						

	0893						

析	采		校	橋	桯	檢	札
1817	0135	0504	0201	0052	1252	0165	0609
	0169	0811	0226	0253		0259	0784
	0211	1574	0394	0146		0587	
	1300		0473			0888	
	1656		0504				

⿰木叟*		栱*	桎	杼	械	桊	楄

 0197	 1792+0017	 0259	 0519	 2126	 0255	 0233	 0133
 0588	 0052	 0588				 0283	
 0593	 0077	 0588					
	 0154	 0593					
	 0197						

東部

東

東

0025

0036

0132

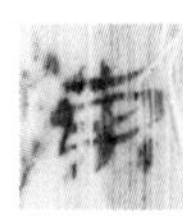

0373

0712

1304

林部

楚

楚

0003

1170

㞢部

之

㞢

0003

0012

0133

0185

0189

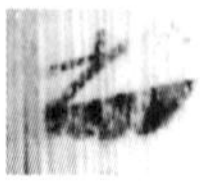

0189

0190

0268

0368

0401

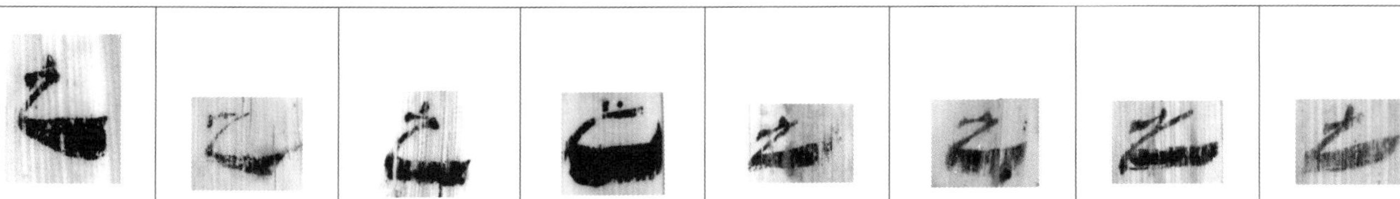

0087 0663 0124 0015 0776 0557 0408 0401

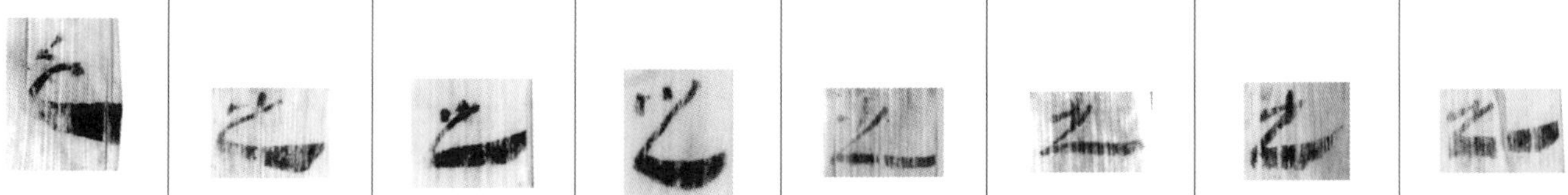

0191 0667 0256 0038 0848 0562 0409 0404

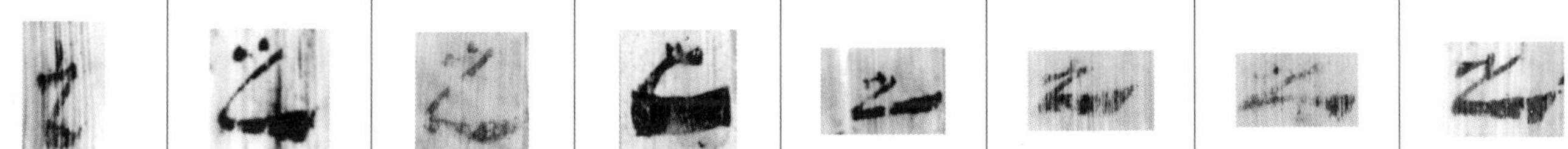

0200 1510 0418 0079 1280 0620 0412 0404

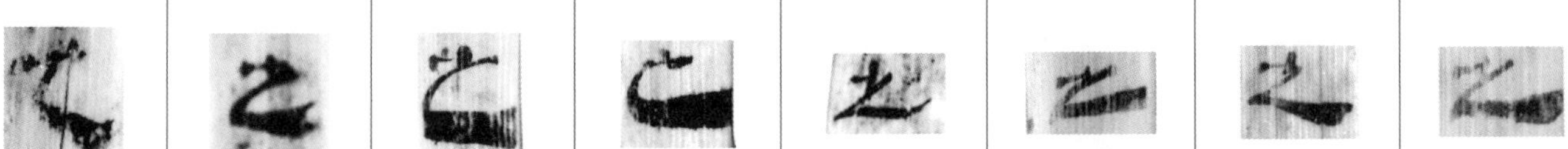

0238 2126 0433 0083 1282 0661 0530 0404

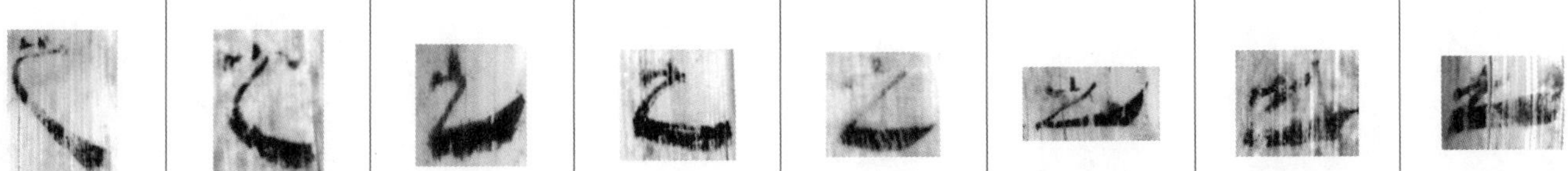

0245 0057 0575 0084 1801 0682 0536 0405

出

出

2126　2151

0181　0181　0368　1065　2126

0056　0094　0094　0101　0129

0049　0052　0056　0056　0056

0006　0011　0013　0032　0035

出部

0295　0879　2143

0534　0630　0756　0777　0872

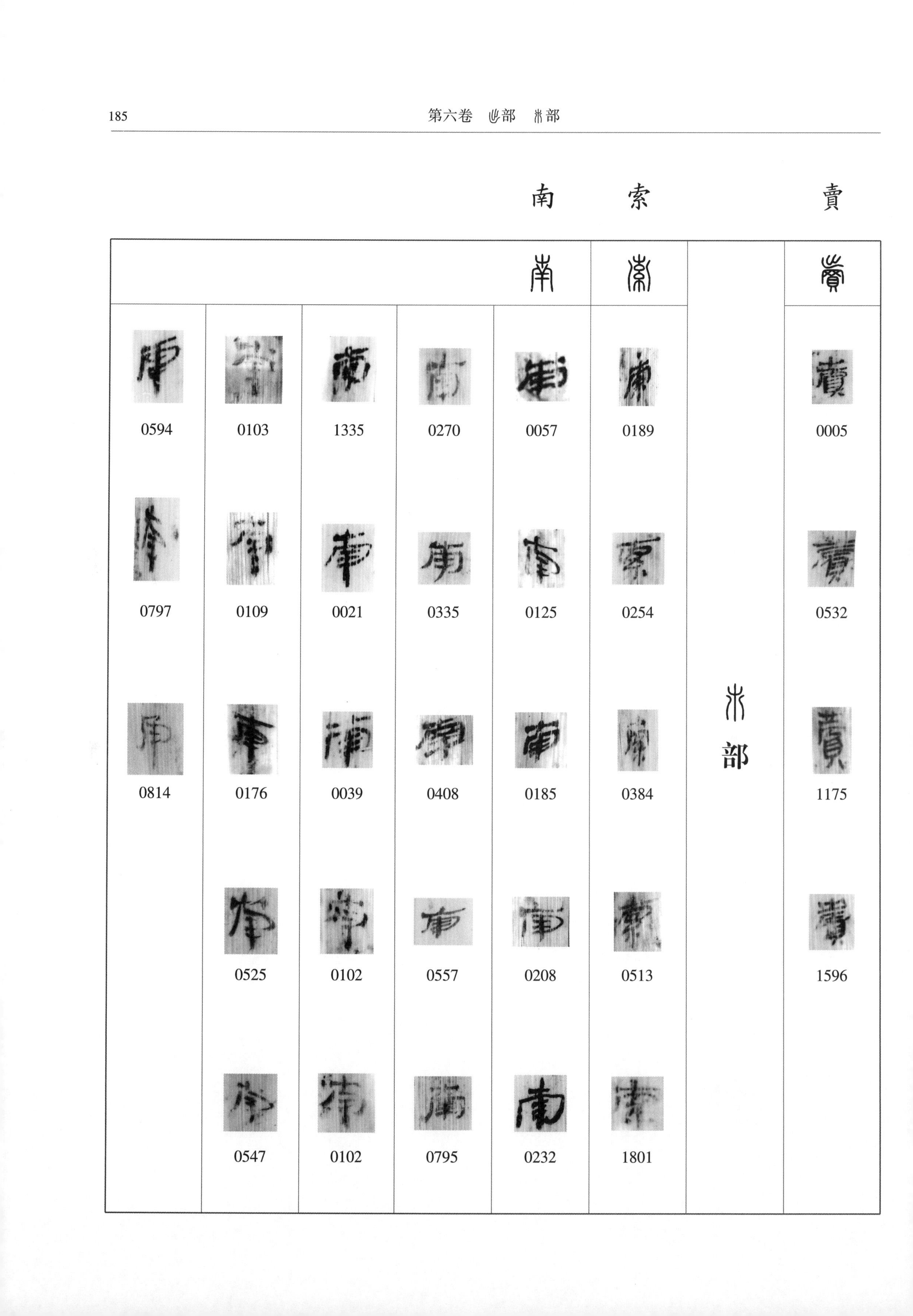

賣

0005 0532 1175 1596

朩部

索

0189 0254 0384 0513 1801

南

0057 0125 0185 0208 0232

0270 0335 0408 0557 0795

1335 0021 0039 0102 0102

0103 0109 0176 0525 0547

0594 0797 0814

生部

生

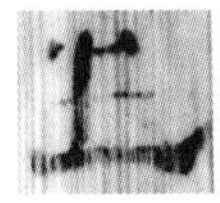
0246

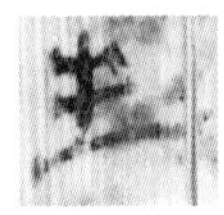
0581

2116

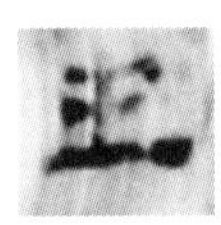
2116

產

0109

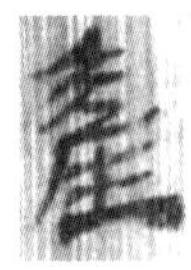
0540

㯥部

橐

0304

0331

0443

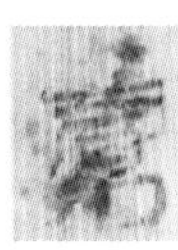
0502

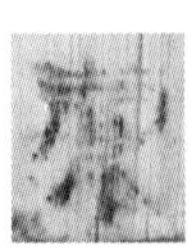
0503

囗部

回　𡇒

0337

0409

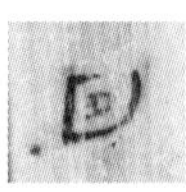
0796

0397

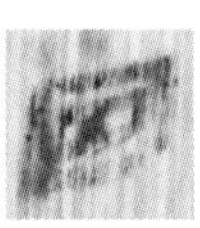
0401

0562

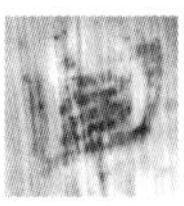
0848

固		囚			因	園	國
 0522	 0279	 1862	 0684	 0140	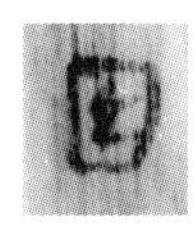 0004	 0342	 0044
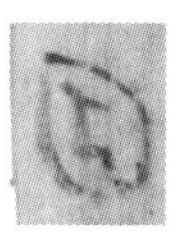 0522	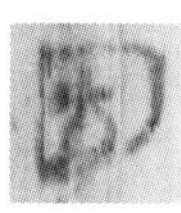 0279	 2019	 0769	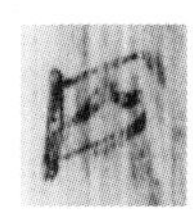 0452	 1875	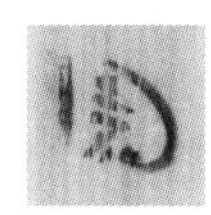 0559	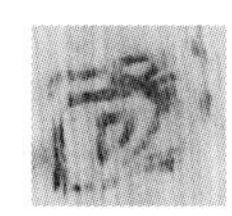 0267
 0522	 0306		 0774	 0572		 1093	 0520
	 0306		 1523	 0537			 0520
	 0516		 1533	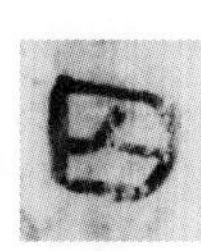 0605			 1961

圍

0908

員部

員

1723

貝部

財

0227

0365

賢

1774

賀

0281

0501

齎

0764

0507

貫	負		賴		贏	賜	貸
0079	0049	0004	0583	0132	0195	1821	0685
	0108	0008	0651	0176	0195	2053	
	0273	0013	0795	0197			
	0349	0040	0797	0232			
	1073	0048	1796	0525			

賤	買	販	賈		責	費	贖

 2114	 0024	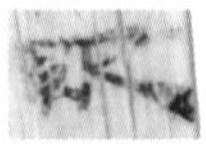 0292	 0001	 0219	 0005	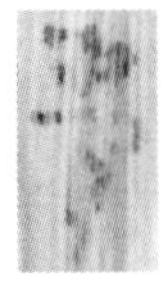 0669	 1792+0017
 2128	 0425	 0694	 1792+0017	 1029	 1792+0017		 0033
			 0885		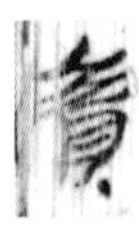 0077		 0041
			 1555		 0077		 0050
					 0080		 0086

賨		購	債		貧	貪	賦
賨		購	債		貧	貪	賦
 0010	 0001	 0870	 0049	 0004	 1792+0017	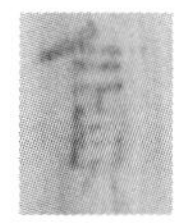 1069	 1043
 0011	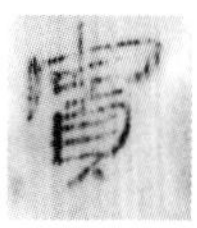 0001		 0099	 0004			
 0011	 0003		 0173	 0006			
 0016	 0005		 2123	 0014			
 1792+0017	 0007			 0014			

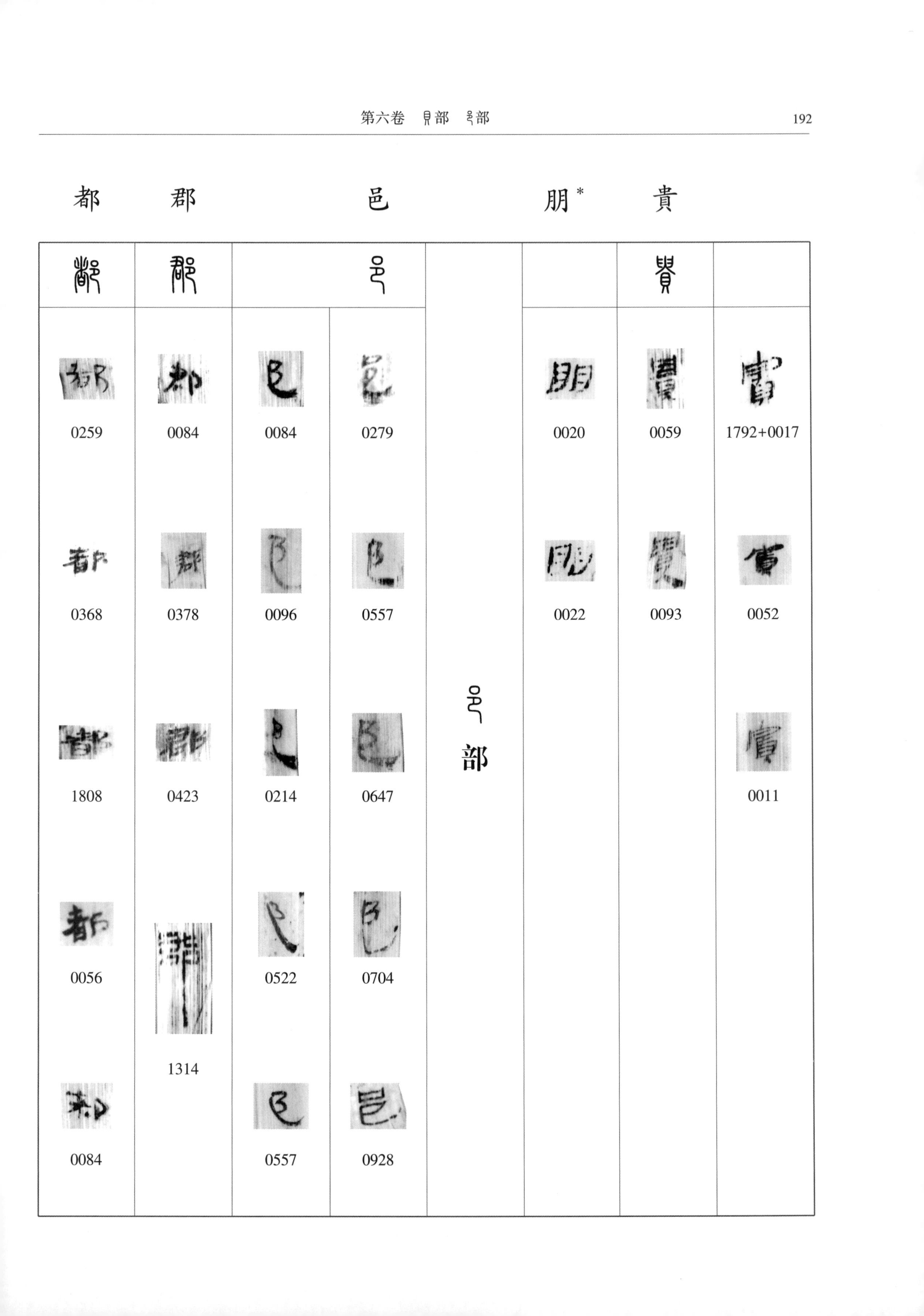

都	郡	邑			朋*	貴	
0259	0084	0084	0279	邑部	0020	0059	1792+0017
0368	0378	0096	0557		0022	0093	0052
1808	0423	0214	0647				0011
0056	1314	0522	0704				
0084		0557	0928				

部	部	郵	邸	邸			
0353	0004	0049	2116	0015	0961	0232	0085
0270	0005	0133		0015	1938	0270	0132
0004	0049			0027	0197	0520	0094
0063	0076			0104		0520	0102
	0273			0185		0815	0115

邪	郭	郎	鄉	郴	酃	郢	鄧

2123	2133	0057	1473	0225	0086	0799	0267

		0177		0346	0015	1604	0581

				0417	0079	0125	0581

					0079		0584

					0015		0874

鄉			𨛜部	巹*	邶*	郭	耶

 0166	 0520	 0368		 0078	 0040	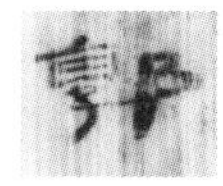 0373	 0955
 0021	 0028	 0797		 0085	 0132		
 0045	 0856	 0253			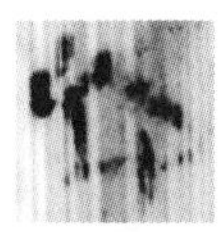 0136		
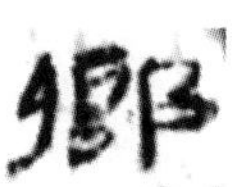 0057	 2125	 0525					
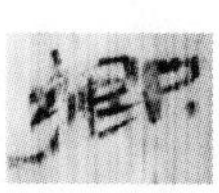 0408	 1415	 1575					

卷

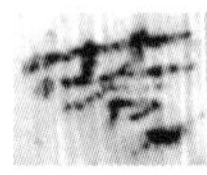 1490	 1415	 0591
 1490	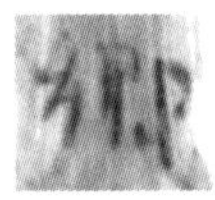 1175	 0021
 2126		 0022
		 1938
		 2125

日

第七卷 日部

日

 0876	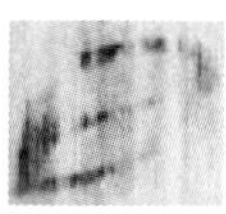 0773	 0586	 0435	 0381	 0087	 0008
 1019	 0796	 0650	 0481	 0384	 0189	 0010
 1019	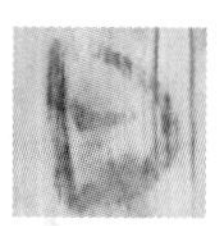 0844	 0663	 0497	 0385	 0217	 0057
 1163	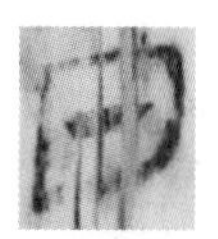 0849	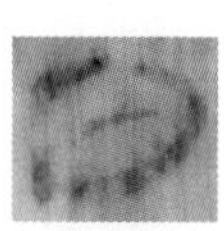 0686	 0536	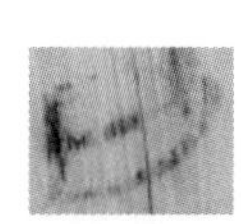 0385	 0248	 0078
 1447	 0874	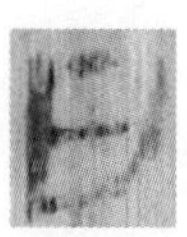 0760	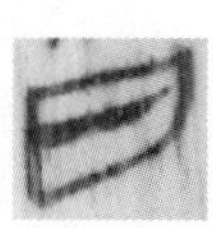 0558	 0432	 0284	 0080

時

時							
406	0189	0005	0879	0142	2126	2077	1555
0532	0194	0005		0181	2126	2100	1578
0565	0210	0007		0192	2132	2116	1592
0605	0256	0032		0217	2132	2118	1599
0773	0332	0185		0865	0959	2126	2038

昌	昏	晏	昭	昧			
0040	0247	2116	0095	0379+0391	2126	2056	0861
0057	0406		0133			2116	0941
0057	0679					2125	1051
0226						2132	1596
0274						1609	1925

旦

旦

0232

0013

0809

0048

0234

0051

1525
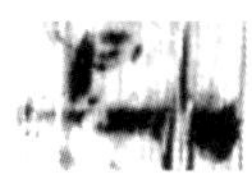
0229

0277

0202

1573

0337

0280

0207

1801

0583

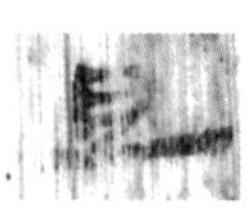
0338

0207

0013

0597

旦部

暑

暑

0355

1008

0342

0654

1201

0425

1201

0559

1879

0588

0888

 0797	 0815	 0590	 0299	 1599	 0592	 0519	 0365
	 0118	 0596	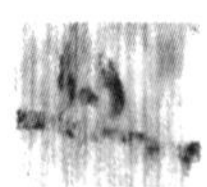 0482	 2125	 0594	 0519	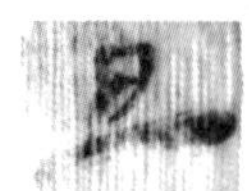 0381
	 0125	 0684	 0525	 0140	 0798	 0524	 0409
	 0127	 0810	 0547	 0208	 0817	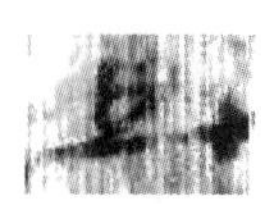 0560	 0409
	 0799	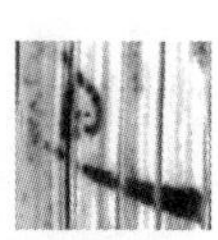 0811	 0547	 0263	 1573	 0591	 0513

倝部

朝

0185 0210 0536 1033 1185

晶部

参

0068 0165

月部

月

0010 0015 0015 0047 0057

0046 0004 0006 0008 0010

0009 0046 0557 0848 2015

 0795	 0660	 0534	 0418	 0324	 0261	 0169	 0057
 0861	 0722	 0597	 0453	 0352	 0268	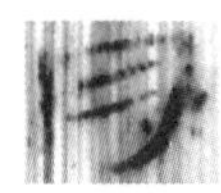 0177	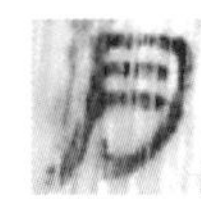 0107+0095
 0868	 0744	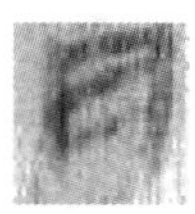 0628	 0513	 0358	 0273	 0201	 0132
 0890	 0768	 0648	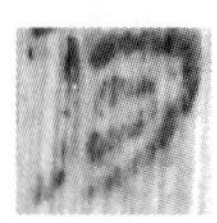 0528	 0373	 0273	 0210	 0133
 0908	 0769	 0656	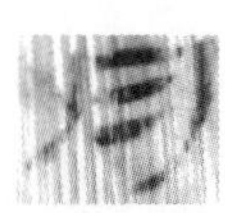 0530	 0379+0391	 0277	 0243	 0134

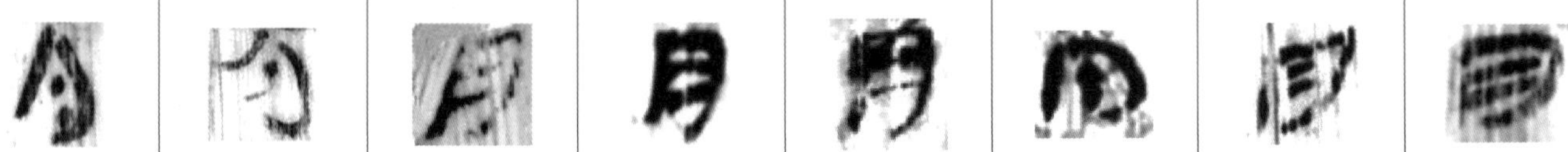

0797 0194 0038 2079 2015 1483 1245 1019

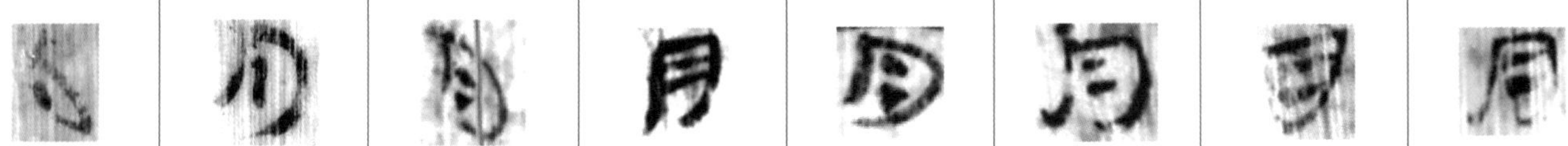

0815 0210 0057 2123 2019 1657 1270 1055

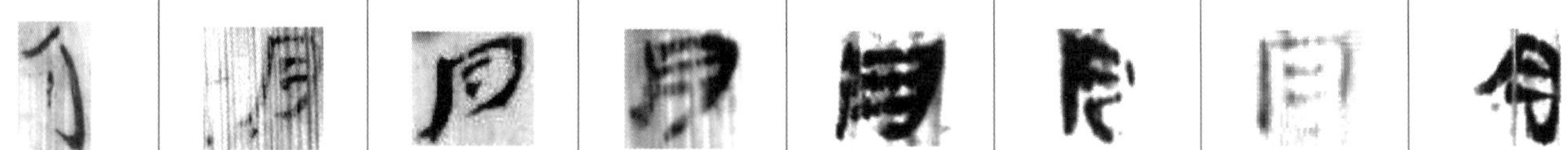

0856 0246 0080 2127 2024 1659 1333 1131

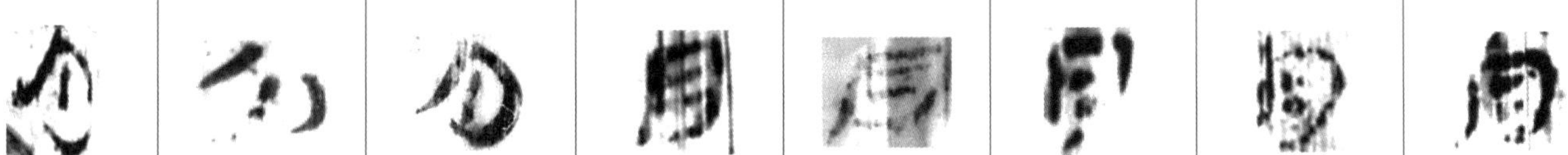

1408 0547 0102 2132 2037 1681 1337 1144

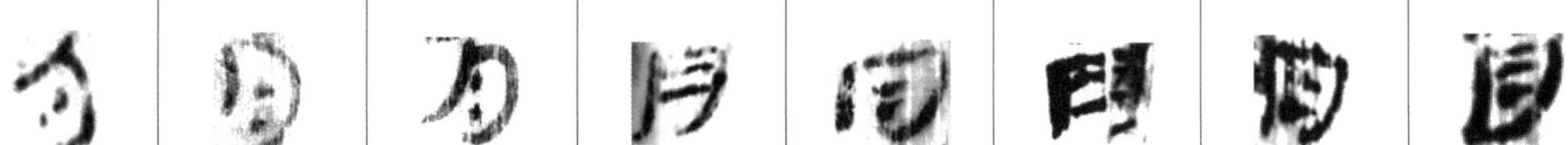

1609 0688 0173 2132 2054 1993 1476 1150

朔

0557	0448	0347	0243	0134	0057	0006	2115
0574	0465	0368	0256	0137	0079	0041	
0575	0509	0379+0391	0257	0187	0085	0042	
0583	0513	0383	0275	0205	0115	0046	
0591	0534	0421	0312	0232	0132	0054	

期

0052	0007	0001	0797	1807	1575	0868	0597
0098	0008	0005	0814	2019	1663	0882	0666
0179	0008	0007		2097	1692	1272	0682
0273	0008	0007		0084	1798	1310	0795
0273	0017	0007		0107+0095	1805	1326	0796

有

有						部	
0013	0158	0196	0267	0365	0435		0273
0042	0168	0213	0284	0399	0558		0441
0052	0193	0222	0294	0401	0581		0648
0077	0196	0247	0296	0408	0624		2137
0143	0196	0253	0352	0416	0651		

明

朙		
0537		
0142		

囧部

0522	0197	0032	1599	1037	0661
0585	0241	0084	1918	1100	0666
0699	0260	0101	2119	1155	0846
1829	0379+0391	0139	2123	1573	0860
	0479	0165	2127	1577	1013

夕部

夕

0268	0281	0418	0513	0617
0617	0773	0849	1163	1801
2016				

夜

0133	0222	0247	0268	0268
0281	0281	0395	0399	0405
0408	0436	0754	0964	2019
2116	0150	0436	0537	1522

外

外

0117　0125　0207　0208　0222

0234　0234　0256　0263　0299

0350　0383　0529　0544　0546

0569　0590　0590　0592　0594

0710　0717　0769　0803　0808

0809　0810

多部

多

多

0190　0222　0222　0222　0250

虜

飞部	虜	毌部					
	1002		1016	0668	0189	0410	0280
	1377		1964	1542	0189	0414	0352
				2126	0409	0090	0401
				2132	0458	0143	0404
				0986	0630	0185	0404

函

0259　0274　0587

卤部

粟

0013　0014　0014　0014　0037

0078　0078　0154　0173　0173

0353

齊部

齊

0135　0175　0227　0235　0335

0547　0549　0549　0557　0593

牒

0596

0888

1744

1805

1807

片部

牒

0079

0079

0179

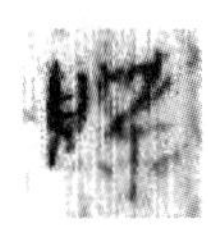
0191

0252

0271

0334

0584

0689

0709

1557

1805

1807

1897

0252

1010

禾部

禾

0004

0078

0412

0503

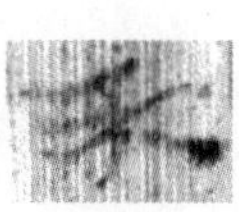
0505

移			稷	私		稼	
0084	0047	0002	0795	1812	0129	0412	0905
0084	0054	0015		1835	0254	0503	0367
0085	0057	0037		2135	0686	0505	0649
0085	0079	0040			1279	0508	
0086	0079	0042			1505	0905	

 0942	 0633	 0560	 0507	 0368	 0226	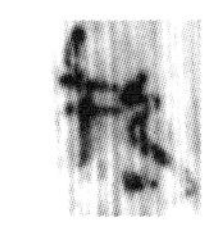 0136	 0087
 1006	 0743	 0584	 0508	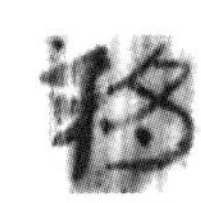 0377	 0275	 0173	 0088
 1012	 0768	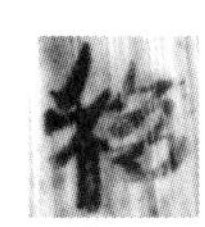 0586	 0531	 0394	 0334	 0174	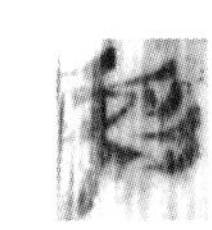 0102
 1029	 0860	 0598	 0556	 0401	 0344	 0187	 0129
 1274	 0861	 0609	 0558	 0473	 0349	 0196	 0135

年 稾 秩 積

年	稾	秩	積				
0006	1413	0407	0078	2073	0216	1443	0046
0010		0779	0298		0347	1807	0592
0017			1478		0363	2121	0620
0039						0034	0920
0047							

 0406	 0346	 0243	 0193	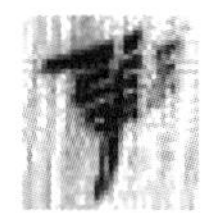 0152	 0133	 0085	 0049
 0406	 0373	 0250	 0196	 0162	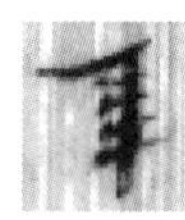 0133	 0088	 0049
	 0379+0391	 0322	 0196	 0173	 0133	 0109	 0056
 0408	 0399	 0324	 0196	 0187	 0134	 0124	 0081
 0441	 0399	 0334	 0203	 0191	 0141	 0132	 0085

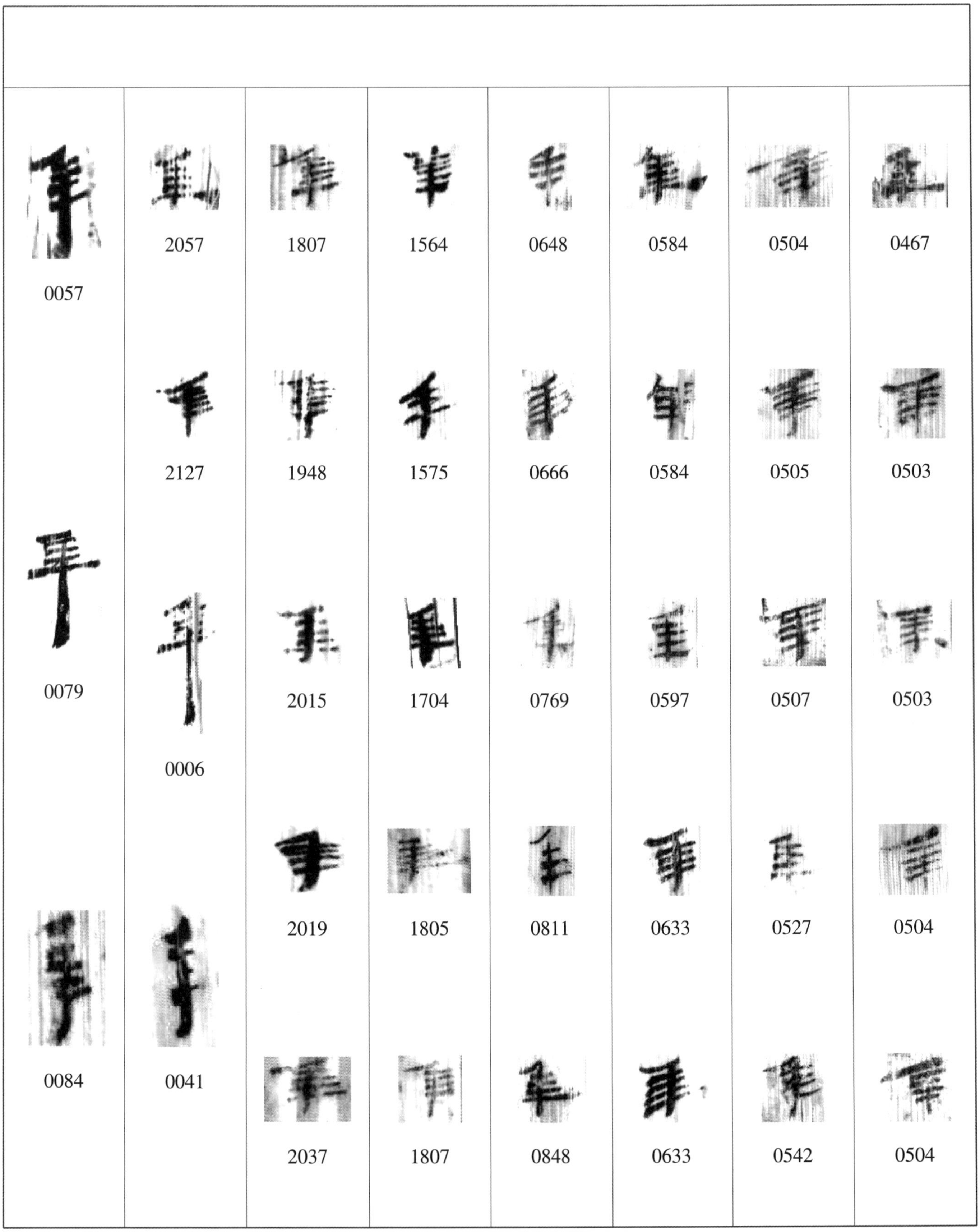
0057 0079 0084
2057 2127 0006 0041
1807 1948 2015 2019 2037
1564 1575 1704 1805 1807
0648 0666 0769 0811 0848
0584 0584 0597 0633 0633
0504 0505 0507 0527 0542
0467 0503 0503 0504 0504

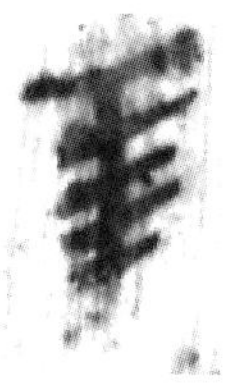			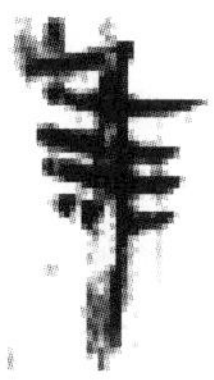	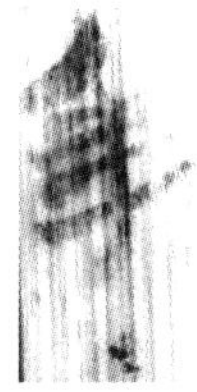			
0528	0521	0275	0226	0193	0141	0115	0094
	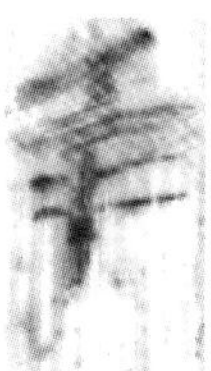			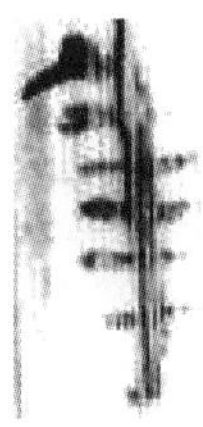			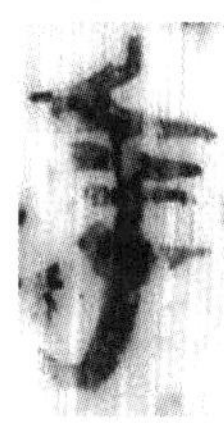
0538	0525	0317	0232	0194	0174	0118	0102
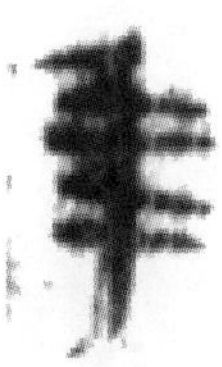		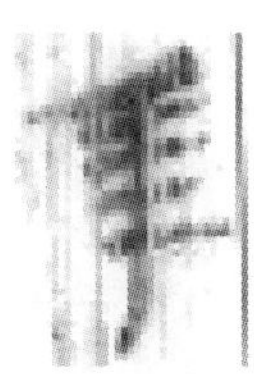	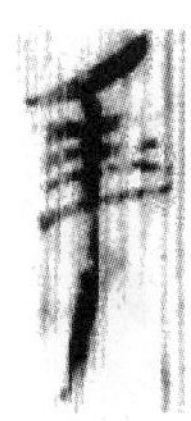	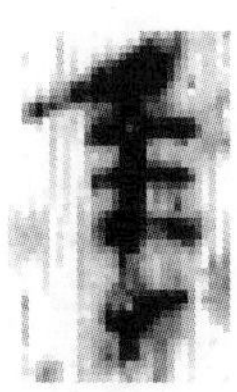			
0547	0527	0353	0246	0211	0174	0127	0102

							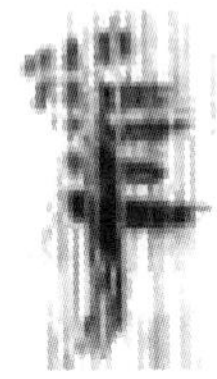
0270	2119	1936	1734	1593	0964	0797	0596

0347	2123	2015	1915	1545	0967	0908	0660
	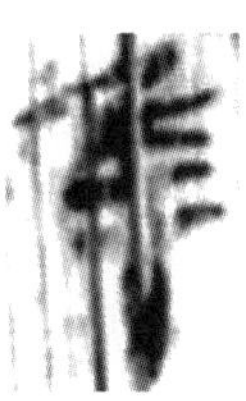	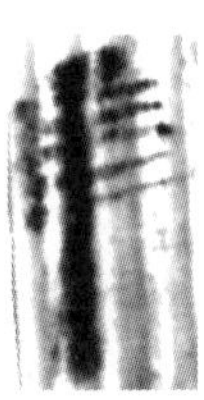					
0002	2132	2015	1920	1673	1006	0914	0774

秦

0003

0003

0005

0016

0017

秋

2115

稍

0079

租

0056

0056

1550

0177

0046

0056

0056

1408

0233

0107+0095

0056

0056

1799

0918

0176

0332

0056

1564

0056

米

米

0003

0005

0005

0005

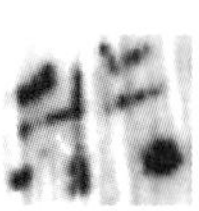
0008

米部

兼

兼

1981

秝部

秫

秫

0039

稱

稱

1919

0003

0003

0077

0080

0105

0123

0003

梁　　粺　　糴

 1022	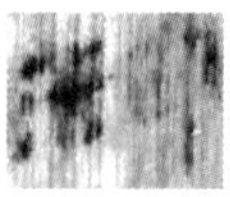 0351	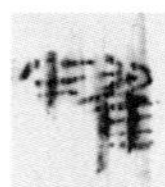 0005	 0001	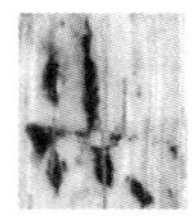 0498	 0078	 0017	 0010
 1175		 0017		 0535	 0080	 0052	 0010
				 0585	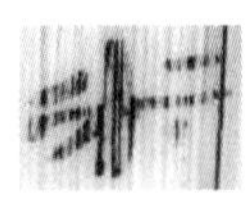 0157	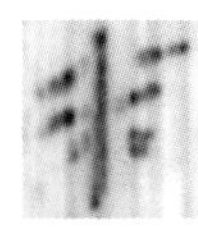 0052	 0011
				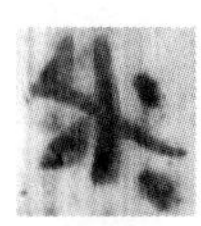 0588	 0197	 0052	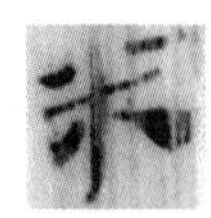 0011
				 0694	 0303	 0077	 0013

宀部

家

0001

0007

0012

0014

0017

麻部

麻

0588

0588

0593

0870

1893

0402

0535

0535

0587

0587

0119

0259

0259

0274

0559

臼部

春

0530

宛　室　宅

	宛	室	宅				
0383	0137	0059	0365	2132	1268	0385	0052
1561	0145	0267	0532	2135	1325	0448	0052
2056	0254	0874	0620		1475	0959	0150
	0256	0907			1650	1072	0254
	0256	1195			2123	1076	0364

定

0797	0538	0187	1808	0583	0412	0152	0001
2041	0557	0260	0056	0591	0445	0158	0017
2115	1791	0522	0101	0647	0504	0222	0077
	0118	0522	0101	1420	0545	0232	0077
	0174	0525	0109	1808	0557	0399	0090

完

0490	0118	0809	0232
0529	0125	1573	0234
0547	0127	1960	0519
0563	0140	0207	0594
0810	0208	0524	0798

安

0605	1961	0766	0077
0195	2003	1191	0080
	2019	1280	0254
	0006	1434	0267
	0043	1542	0624

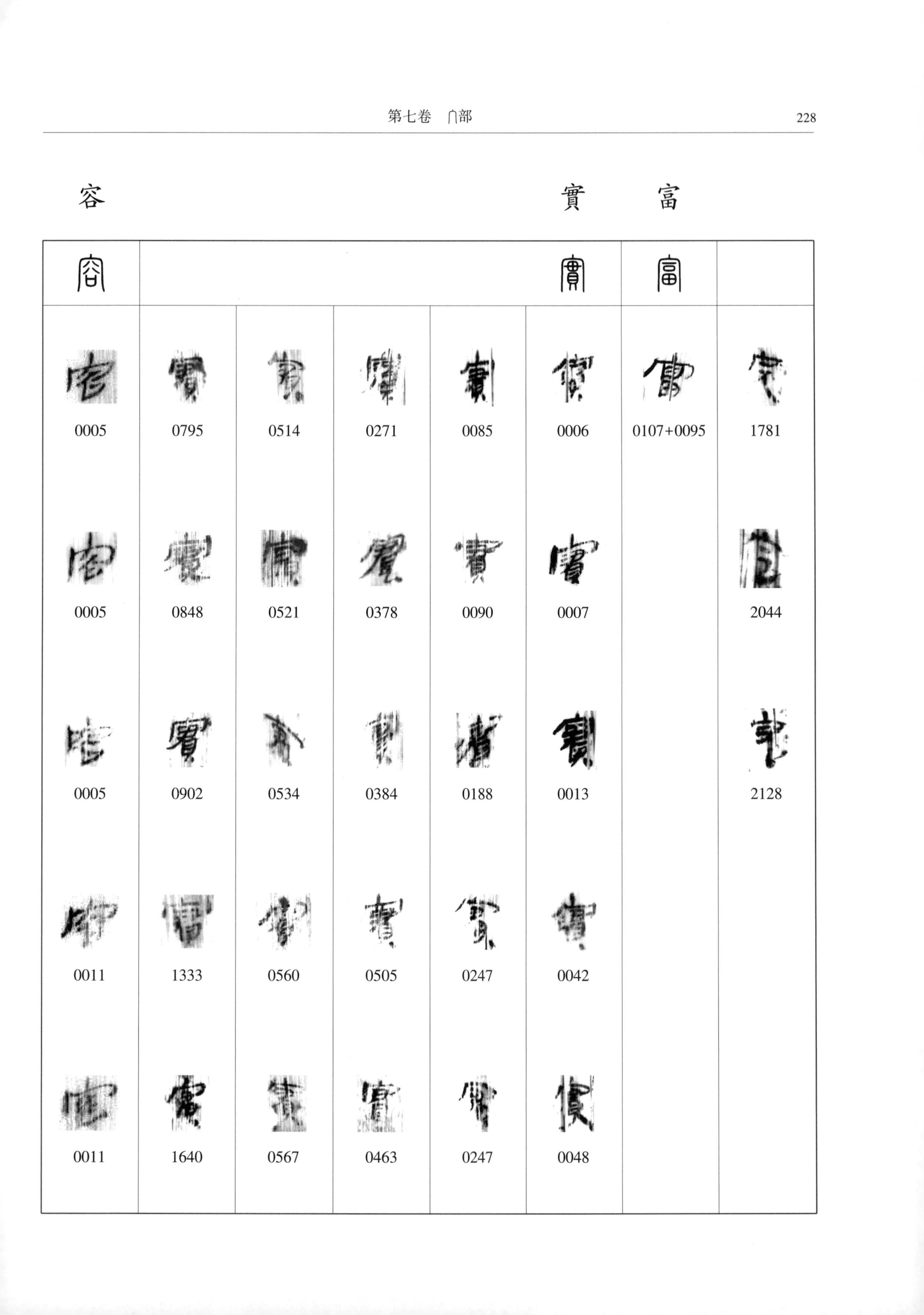

容					實	富	
0005	0795	0514	0271	0085	0006	0107+0095	1781
0005	0848	0521	0378	0090	0007		2044
0005	0902	0534	0384	0188	0013		2128
0011	1333	0560	0505	0247	0042		
0011	1640	0567	0463	0247	0048		

守					官	宄	
0129	0046	1329	0042	1812	0057	0574	0011
0140	0046	2019	0117		0574		1155
0175	0046	2019	0229		0574		1280
0190	0078	0008	0530		1258		
0232	0094	0042	0546		1505		

宜

0024	0623	0208	1800	0797	0576	0507	0243
0054	1571	0332	1805	0950	0583	0530	0256
0619	1777	0344	2019	1204	0591	0557	0277
1010	0200	0518	0041	1246	0640	0557	0343
2100		0525	0054	1562	0769	0575	0368

客	寡	寬	宿	寫			
0175	1374	0890	0563	1069	0575	0121	0015
0372	1460		2019		0584	0203	0057
0425					0608	0305	0079
0500					0942	0505	0088
0507					0977	0530	0095

寰	宗	宋	害	寒	寄		
0254	0059	1347	0516	1019	0253	1483	0574
0268			1394		1026	1522	0578
0281						1881	1272
0351							1329
0395							1435

宫

 0594	 0401	 0269	 0117	 0400	 0133
 0798	 0408	 0281	 0175	 0597	 0229
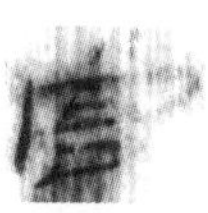 0803	 0546	 0332	 0186	 1255	 0232
 0814	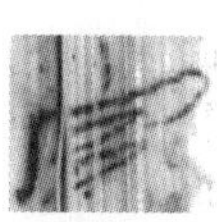 0583	 0395	 0248	 1303	 0324
 0208	 0591	 0400	 0268	 2119	 0341

宫部

 0661
 0398
 1717
 1717

穿

2126

2126

2126

穴部

吕

1019

吕部

營

1801

0118

0797

0232

0513

0525

0591

0597

0796

0797

0852

1656

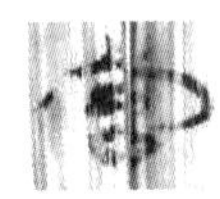
0247

0525

0529

0547

0547

空

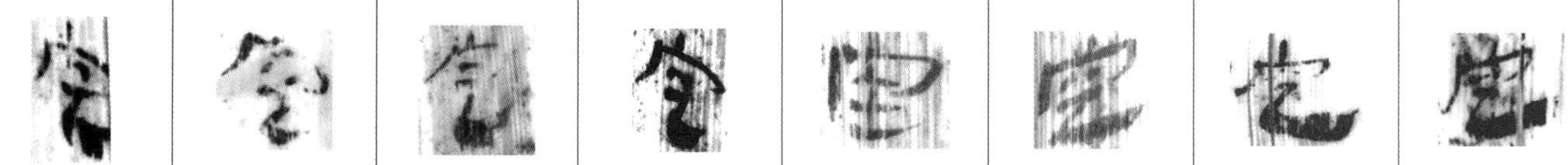

1396	0729	0341	0127	0597	0401	0225	0117

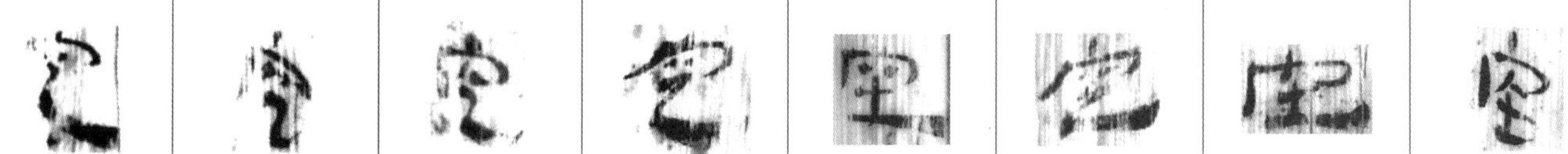

1656	0797	0525	0143	0796	0408	0229	0125

1789	0799	0547	0210	0796	0583	0243	0133

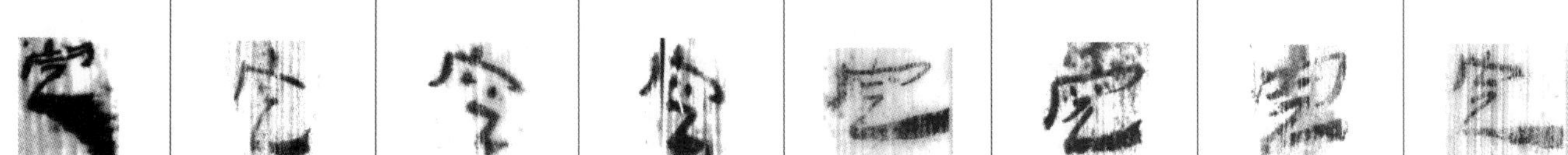

2035	0814	0547	0226	0803	0591	0352	0170

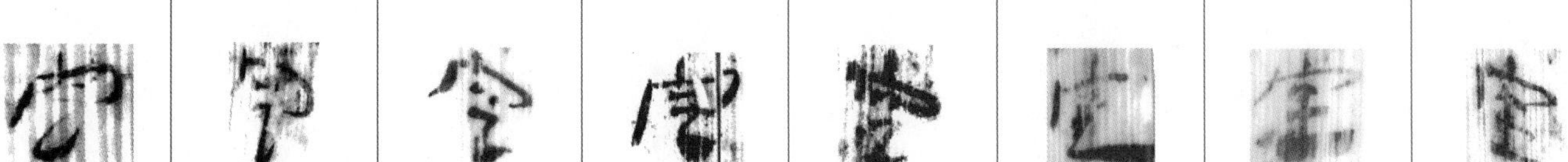

2035	0852	0547	0232	0115	0594	0377	0208

瘳	癃	病	痛	疾		寵	
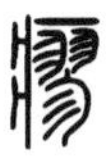							
 0153	 0484	 0210	 0565	 0185		 0617	 2145
 0259		 0364		 0684			 0684
 0587		 0880		 1379	疒部		
		 0892		 1469			
		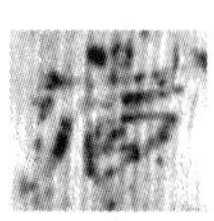 1599		 1539			

冂部

冠

0023 0029

冃部

同

0010 0010 0011 0364 0365

0532 0593 0859 0984 1031

1179 1925

冃部

㝡

0310 1092 0096 0572 1618

㒳部

兩

0119

0153

0402

0535

0585

0587

0259

1455

网部

罷

0002

0003

0009

0033

0050

0086

0088

0186

0196

0260

0263

0280

0377

0400

0400

0409

0452

0620

0661

1013

置	罷	署	羅				
0273	0044	0132	0469	0259	0852	0241	1573
0401	0093	0213	0553	0274	1050	0265	1789
1553	1002	0609	0559	0274	1789	0299	1862
1654		0784	0587	0342		0584	0041
		1014	0587	0373		0590	0101

部

覆 

0058

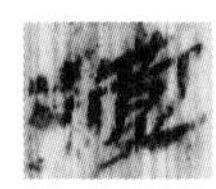
0186

0269

0465

0490

0769

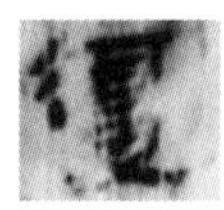
1578

部

帶 

0760

2104

常 

0273

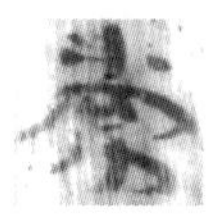
0379+0391

0456

1540

1548

2019

0858

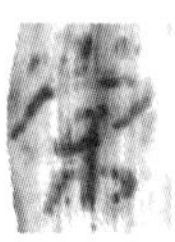
0867

1394

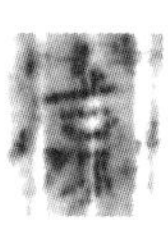
2038

幕 

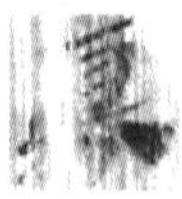
0302

布

0119 0274 0402 0535 0559

帛部

帛

0282 0521 0638

白部

白

0271 0329 0669 0443

皂*

0153 0153 0259 0402 0535

0585 0587 0587 0588 0593

第八卷　尺部

人

尺

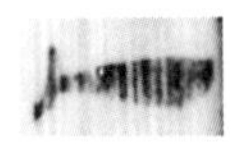
0002

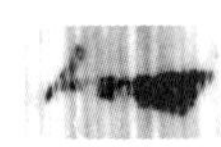
0003

0003

0003

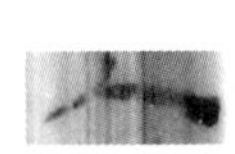
0004

0008

0008

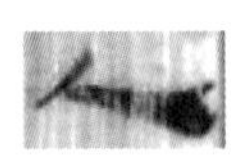
0049

0077

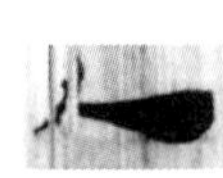
0080

0080

0089

0090

0090

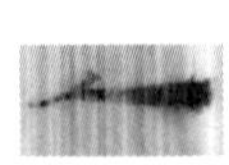
0090

0092

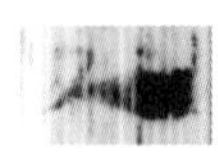
0123

0133

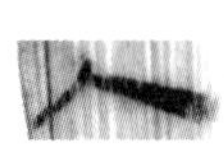
0133

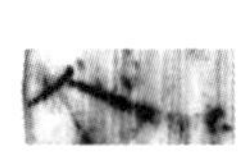
0137

0158

0173

0177

0179

0185

0186

0189

0189

0189

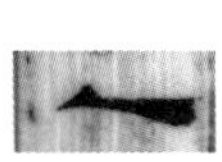
0196

0213

0256

0267

0267

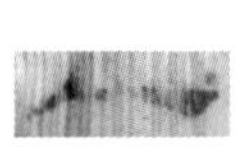
0267

 0852	 0668	 0642	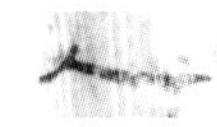 0581	 0545	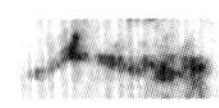 0451	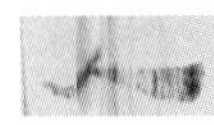 0346	 0267
 0855	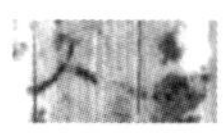 0745	 0647	 0596	 0553	 0475	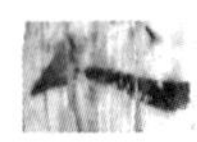 0387	 0271
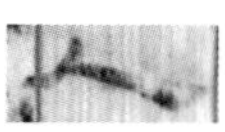 0874	 0768	 0651	 0607	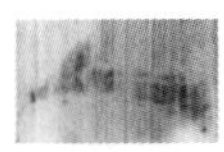 0565	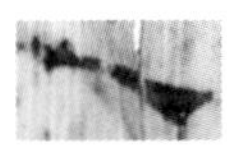 0475	 0395	 0332
 0874	 0776	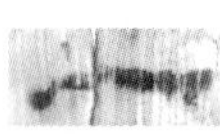 0651	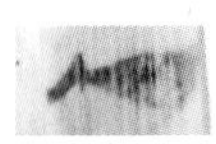 0624	 0580	 0475	 0405	 0337
 0887	 0796	 0657	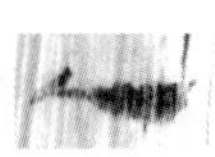 0624	 0581	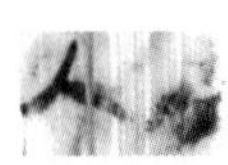 0509	 0416	 0346

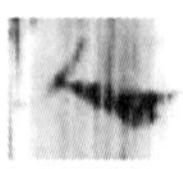 0004	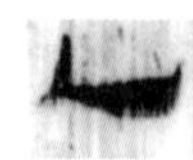 0001	 2116	 1806	 1555	 1337	 0944	 0887
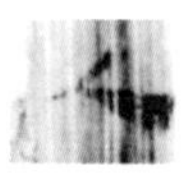 0004	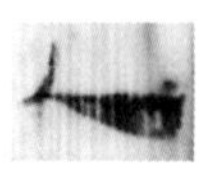 0001	 2116	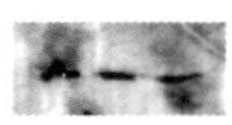 1931	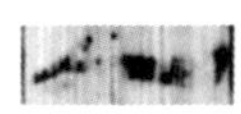 1559	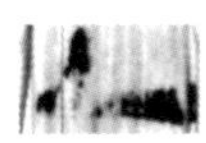 1496	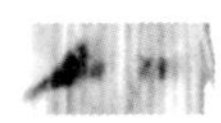 1018	 0898
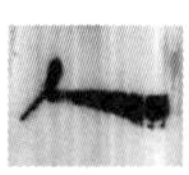 0004	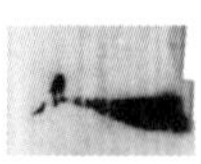 0002	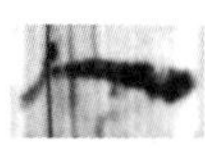 2116	 1978	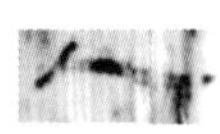 1599	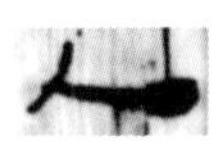 1510	 1033	 0907
 0007	 0003	 2116	 2043	 1599	 1513	 1096	 0928
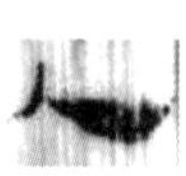 0008	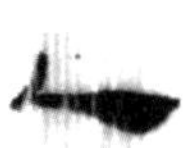 0003	 2125	 2116	 1801	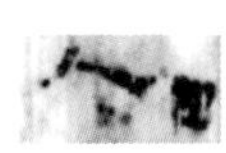 1522	 1303	 0935

			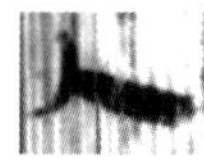	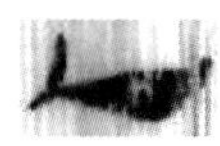	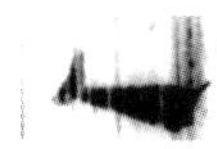		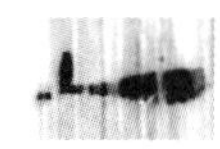
0094	0080	0077	0059	0017	0011	0010	0008
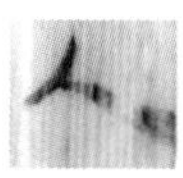		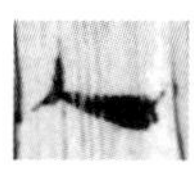	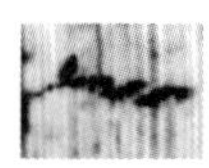	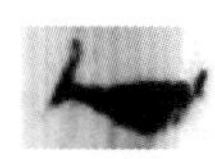	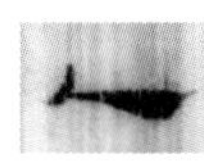	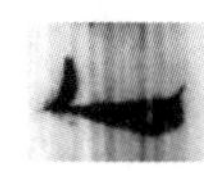	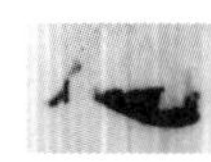
0104	0080	0077	0059	0017	0011	0010	0008
	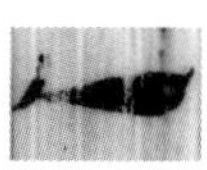	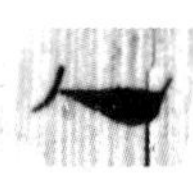	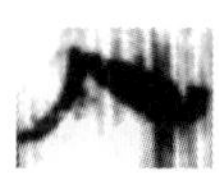	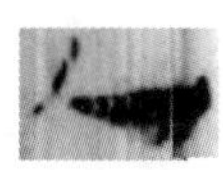	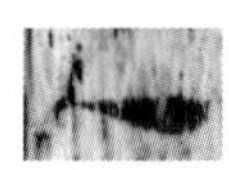		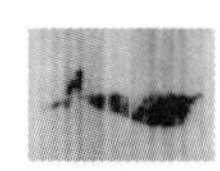
0133	0089	0077	0060	0017	0011	0010	0008
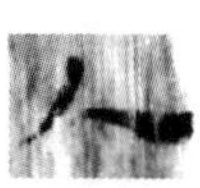				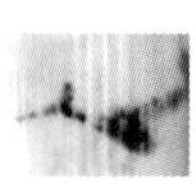			
0143	0089	0077	0066	0052	0012	0011	0008
				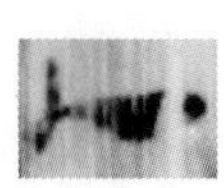		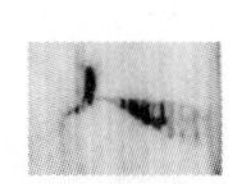	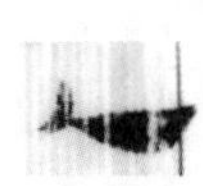
0170	0094	0078	0077	0054	0016	0011	0008

 0475	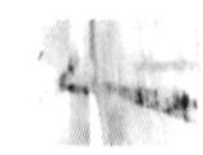 0397	 0395	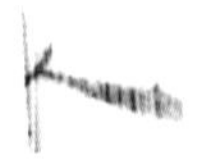 0347	 0277	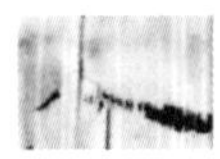 0247	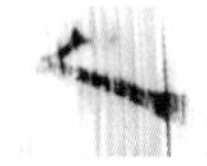 0217	 0176
 0484	 0399	 0395	 0384	 0305	 0247	 0222	 0185
 0536	 0404	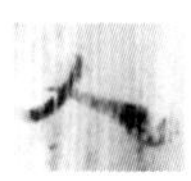 0397	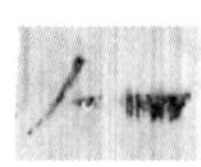 0384	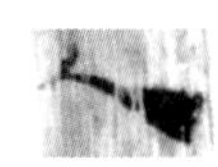 0309	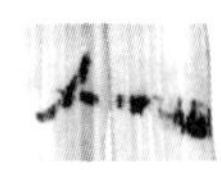 0248	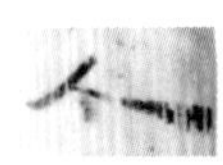 0222	 0185
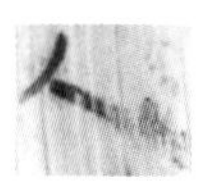 0538	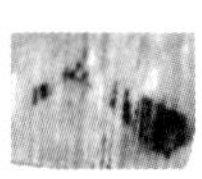 0410	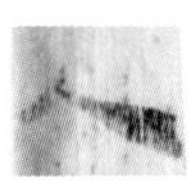 0397	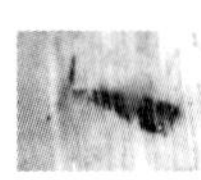 0384	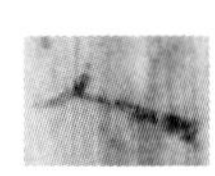 0324	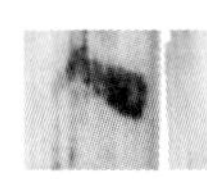 0264	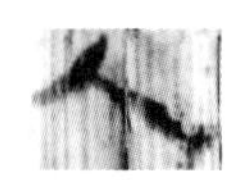 0226	 0192
 0553	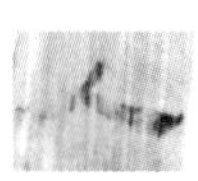 0473	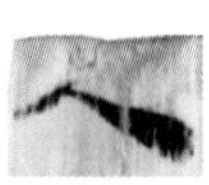 0397	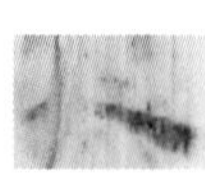 0394	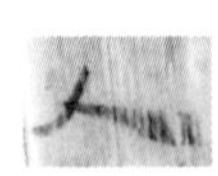 0338	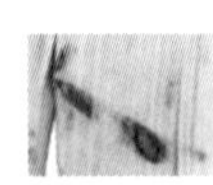 0276	 0238	 0194

 1338	 1051	 0866	 0773	 0766	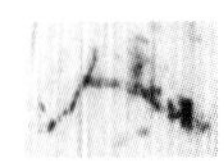 0727	 0649	 0566
 1382	 1077	 0868	 0775	 0769	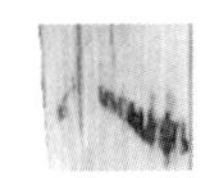 0736	 0651	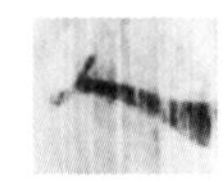 0581
 1421	 1100	 0983	 0796	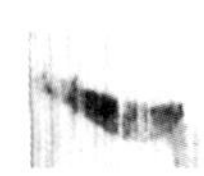 0771	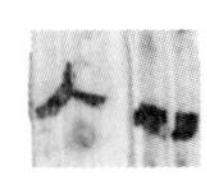 0742	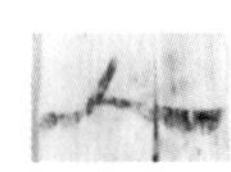 0652	 0588
 1460	 1141	 1019	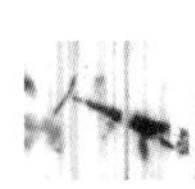 0811	 0771	 0747	 0679	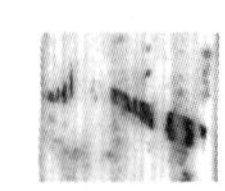 0606
 1467	 1236	 1029	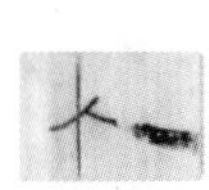 0846	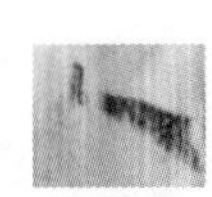 0771	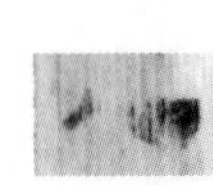 0754	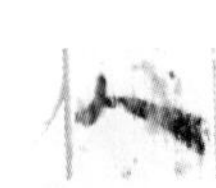 0717	 0617

 1368	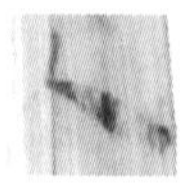 0777	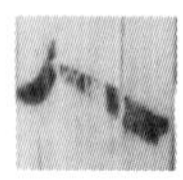 0738	 0312	 0138	 0054	 1542	 1469
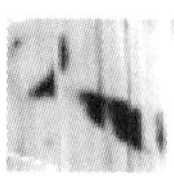 1396	 0848	 0765	 0339	 0181	 0056	 1546	 1475
 1524	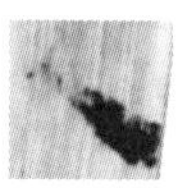 1022	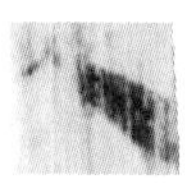 0769	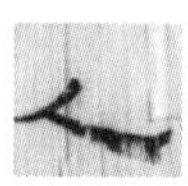 0383	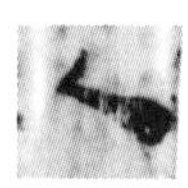 0181	 0057	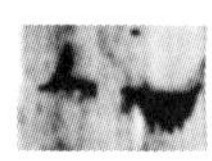 1550	 1505
 1536	 1030	 0773	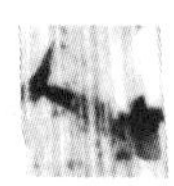 0592	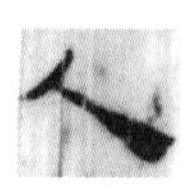 0197	 0072	 1590	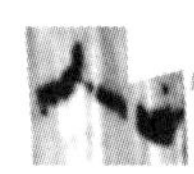 1536
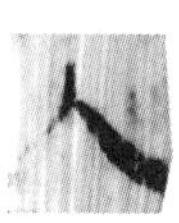 0200	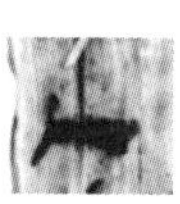 1325	 0774	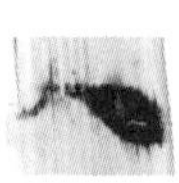 0730	 0283	 0078	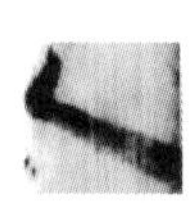 0041	 1539

企	仁	僮					
		僮					
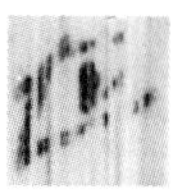 0039	 2129	 0349	 0076	 0037	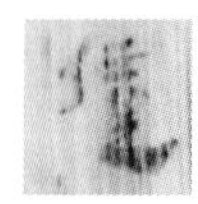 0004	 1542	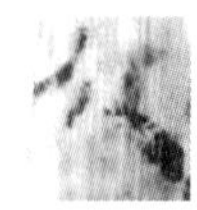 0318
		 0352	 0094	 0048	 0004	 2115	 0352
		 0173	 0173	 0049	 0006		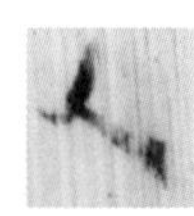 0598
		 0173	 0173	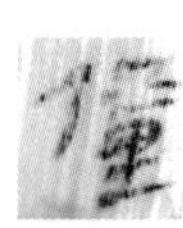 0049	 0014		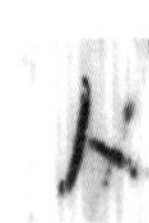 0811
		 0184	 0349	 0076	 0032		 0903

伯					伉	俊	佩

 2116	 0651	 0475	 0173	 0078	 0006	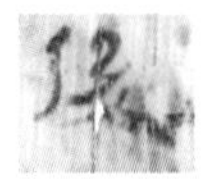 0516	 1548
 2116	 0651	 0484	 0353	 0078	 0014	 0516	
 2116	 0651	 0484		 0078	 0014	 0233	
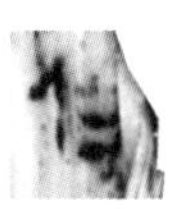 2117	 0874	 0581		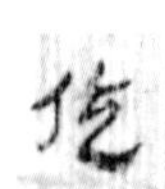 0078	 0014		
	 0907	 0581		 0099	 0078		

何　　仲

何							仲
1608	0406	0254	0196	1580	0296	0137	0217
2122	0855	0273	0196	1717	0451	0196	0256
0192	0888	0309	0217	1720	0657	0254	0288
0193	0982	0335	0246	2046b	0898	0256	
0193	1516	0383	0253	0189	1555	0267	

位　　備

位	備						
 0396	 0401	 0185	 0260	 0384	 2046b	 0537	 0194
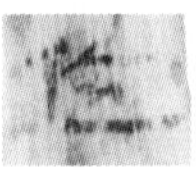 0581	 0414	 0190	 1337	 1254	 0153	 0588	 0197
 1804	 0532	 0190	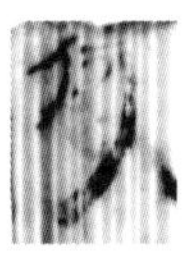 1809	 0138	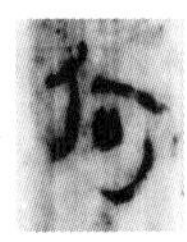 0181	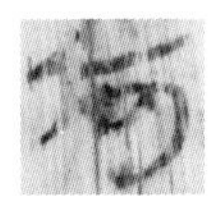 0651	 0213
	 1791	 0238	 2114	 0174	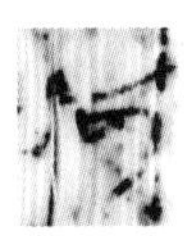 0193	 0982	 0384
		 0250		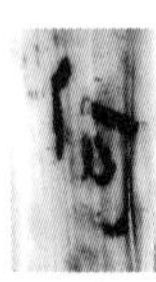 0181	 0717	 1302	 0536

倚		傅		俱			偕
倚		傅		俱			偕
 0201	 0001	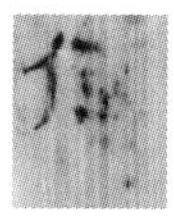 0598	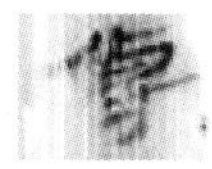 0866	 0702	 0848	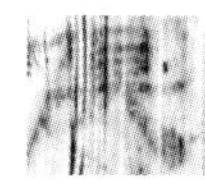 0284	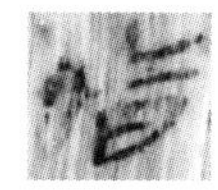 0267
 0261	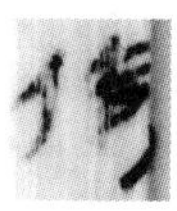 0033	 0729	 0196	 1037	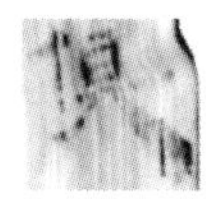 1553	 0404	 1331
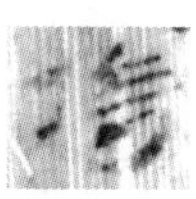 0504	 0047		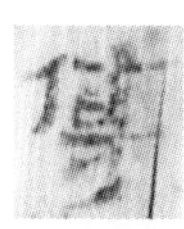 0335		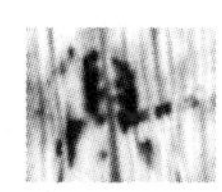 2126	 0484	
 0506	 0047		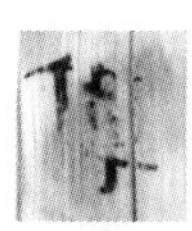 0482		 2126	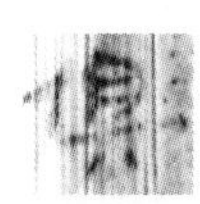 0551	
 0763	 0093		 0580		 0668	 0630	

付　侍　依

付 			侍 	依 			
 0750	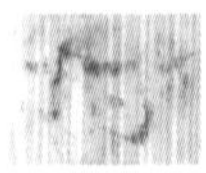 0503	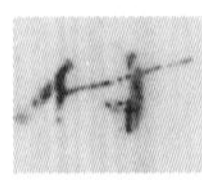 0005	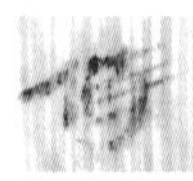 0222	 0596	 0216	 0121	 0987
 0905	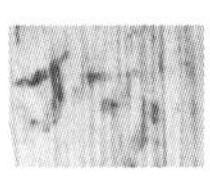 0508	 0006		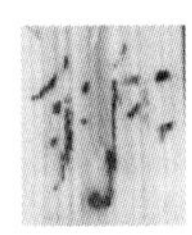 0598	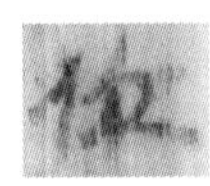 0394	 0539	 1879
 0266	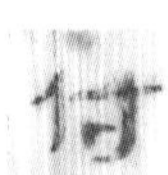 0521	 0100		 0811	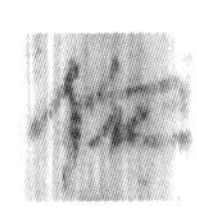 0394		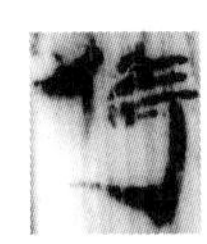 0047
 0367	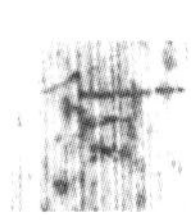 0523	 0326			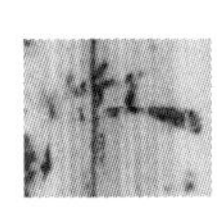 0580		 1479
	 0669	 0412			 0226		 0024

作				佰	伍	仰	俠

 2135	 0649	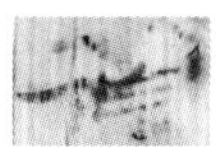 0338	 0037	 1585	 0276	 0019	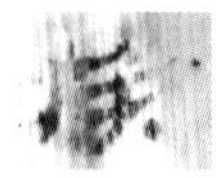 0351
 0078	 0649	 0409	 0040			 0021	 0395
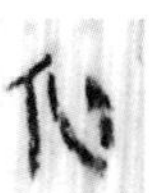 0118	 0688	 0583	 0048				 0398
 0167	 0768	 0600	 0232				 0405
 0316	 0769	 0649	 0316				

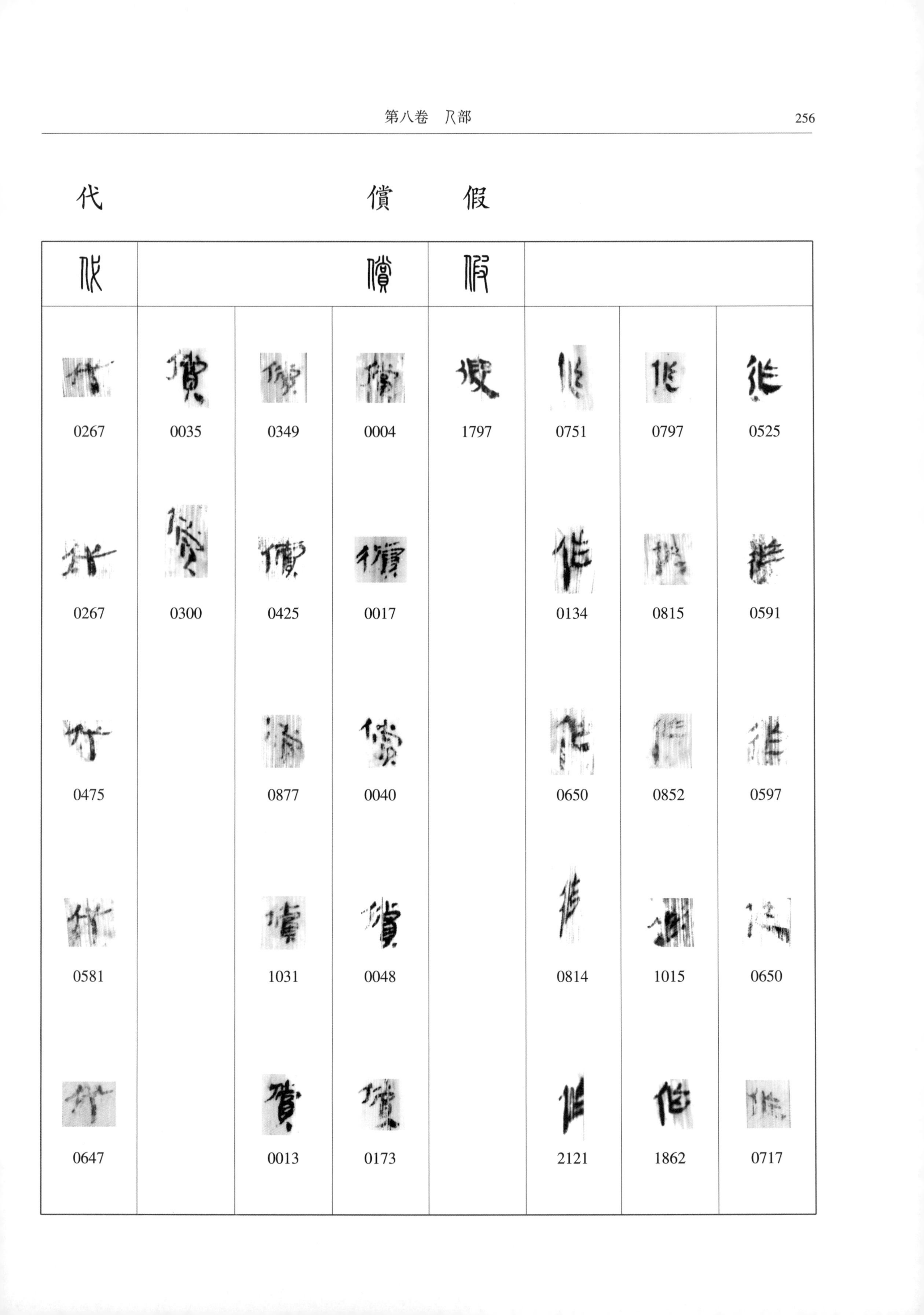

代　　　　償　　假

代	償			假			
0267	0035	0349	0004	1797	0751	0797	0525
0267	0300	0425	0017		0134	0815	0591
0475		0877	0040		0650	0852	0597
0581		1031	0048		0814	1015	0650
0647		0013	0173		2121	1862	0717

任 便

任		便					
0225	0264	0088	0302	0024	2115	2125	0874
0079	1014	0369	0346	0042	2116	0651	1599
	0225	0340	0031	0225	2134	0682	1599
	0276	0434	0039	0347		1236	2116
	1356		0085	0042		2059	2116

					使	倪	優

 0679	 0522	 0057	 0526	 0408	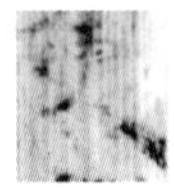 0187	 0128	 1949
 1180	 0168	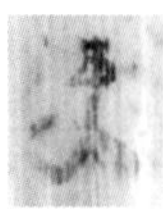 0754	 0545	 0414	 0222		
 2135	 0079	 0776	 0559	 0504	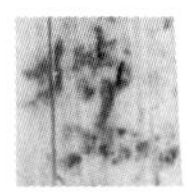 0279		
	 0352	 0997	 0650	 0506	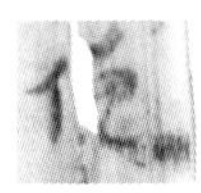 0279		
	 0516	 1151	 0669	 0508	 0395		

傷	偃	侈	倀	傳			

 0159	 1597	 0024	 1969	 0079	 0027	 0020	 0054
 0238		 0054		 0238	 0028	 0021	 0811
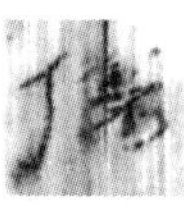 0563		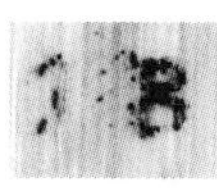 0148			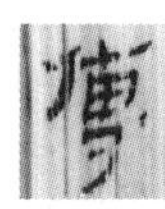 0029	 0023	 1268
 0651					 0030	 0025	 1357
 0480					 0045	 0026	 0019

佐*				征*	價	伏	
					價	伏	
0102	0057	0006	0004	0245	1596	0868	2073
0125	0079	0037	0004	0245		2024	
0187	0081	0040	0004	0332		0395	
0233	0087	0049	0006			0536	
0252	0087	0057	0006				

 0079	 1141	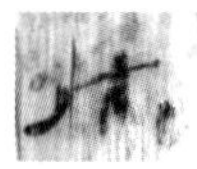 0899	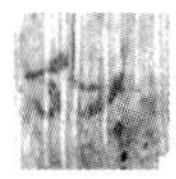 0615	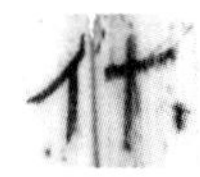 0545	 0506	 0353	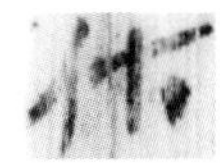 0268
 0203	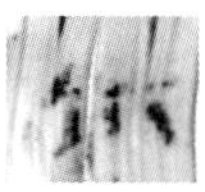 1301	 1010	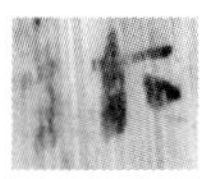 0624	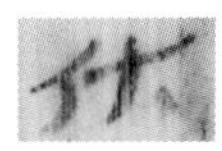 0545	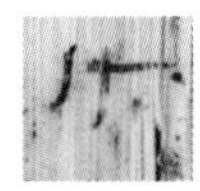 0507	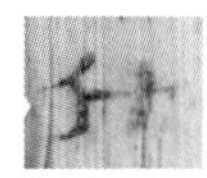 0392	 0277
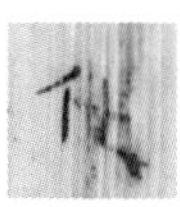 0518	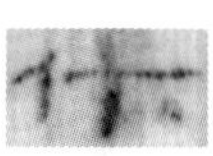 1801	 1015	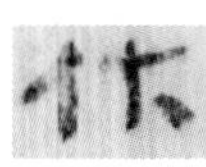 0657	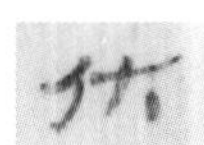 0557	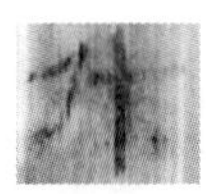 0513	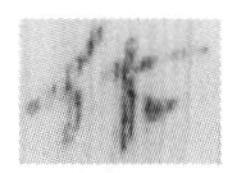 0426	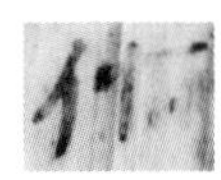 0281
 0522	 1812	 1048	 0684	 0575	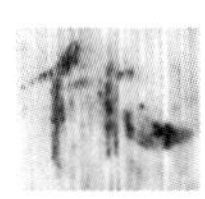 0527	 0504	 0334
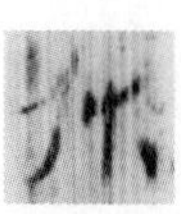 0575	 0040	 1065	 0868	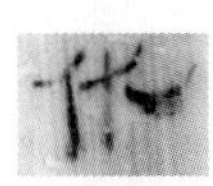 0594	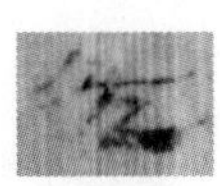 0530	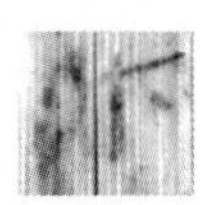 0506	 0353

巛部

真

真（篆）

0579

0101

0860

0129

0575

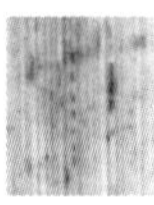
0412

0669

0501

0507

匕部

免*

0040

0649

0225

0245

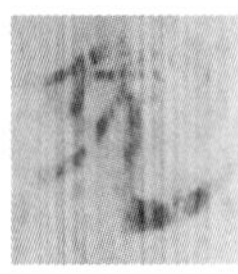
0473

1536

0033

0758

0852

0975

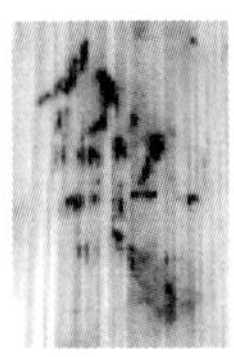
0136

0132

1418

0650

頃

0056

0056

0056

0056

0056

0056

0158

0159

0222

0284

0399

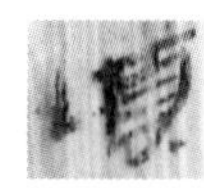
0406

0435

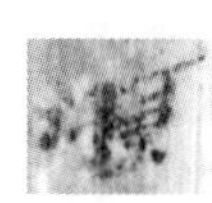
0559

从部

從

0225

0545

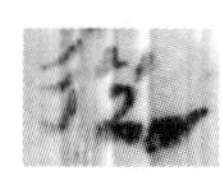
1807

0038

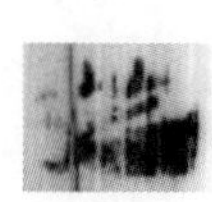
0042

0047

0059

0079

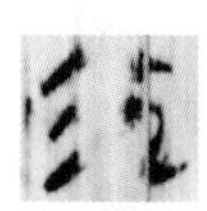
0084

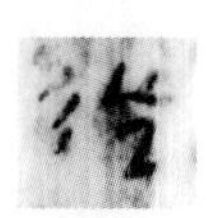
0194

0194

0379

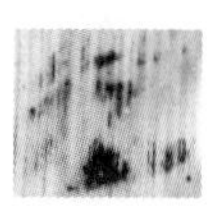
0398

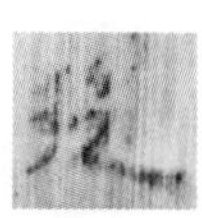
0507

0528

0532

0574

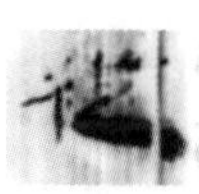
1176

1797

0046

比		并					
比	比部	并					
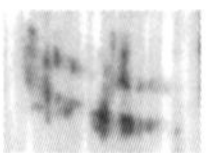 0959		 0141	 0245	 2054	 0575	 0340	 0057
 1918		 0402	 0355	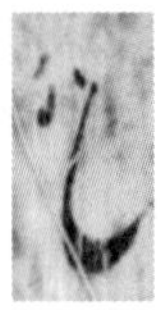 2114	 0577	 0345	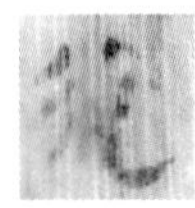 0097
		 0549	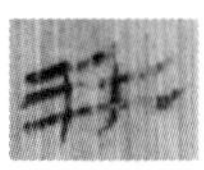 0506	 2143	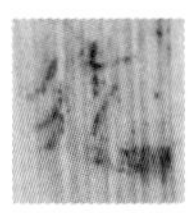 0580	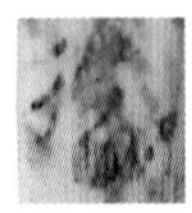 0419	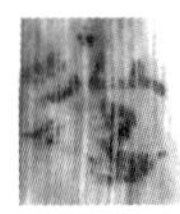 0103
		 0304	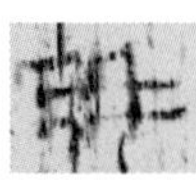 0909		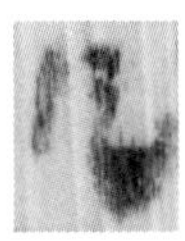 0654	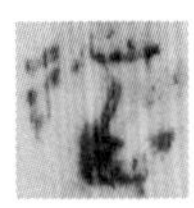 0509	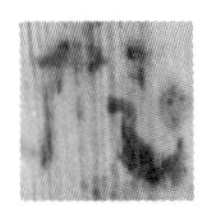 0306
			 0021		 0312	 0526	 0312

部

北

0019

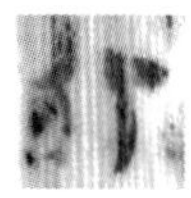
0102

0137

0321

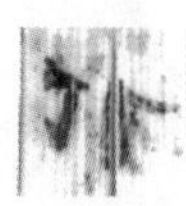
0712

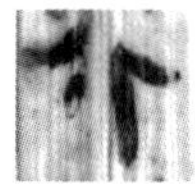
0812

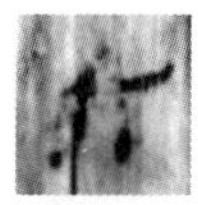
1304

冀

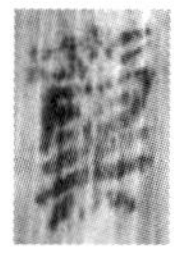
0442

部

虛

1215

部

眾

0087

聚

0017

1823

2132

2125

王部

徵

0133

0133

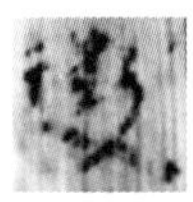
1643

朢

0195

0195

0248

0203

1599

重部

重

0015

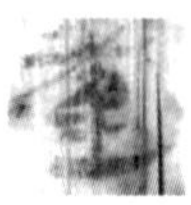
0294

0781

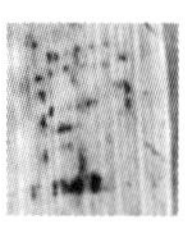
1529

2052

0032

0212

0219

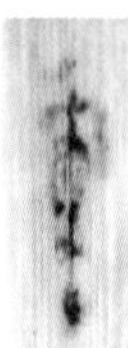
0241

0263

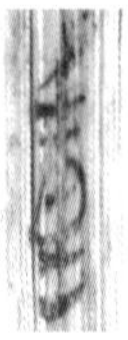
0295

0299

0478

0590

0608

監

監

0233

0308
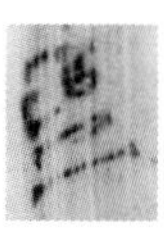
0594

0798

0601

0275

0299
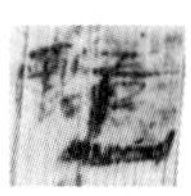
0725
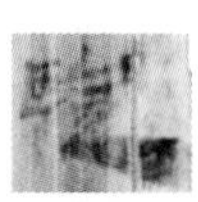
0769

0809

0187

0190

0234

0250

0271

0395

0519

0557

0677

0013

臥

臥

0029
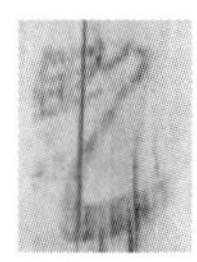
0284

0475

0663
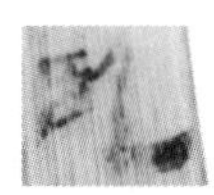
0898

0023

0027

臥部

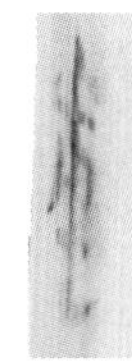
0801

0808
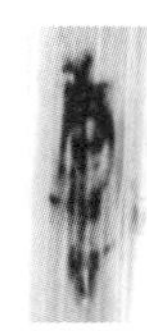
1928

臨

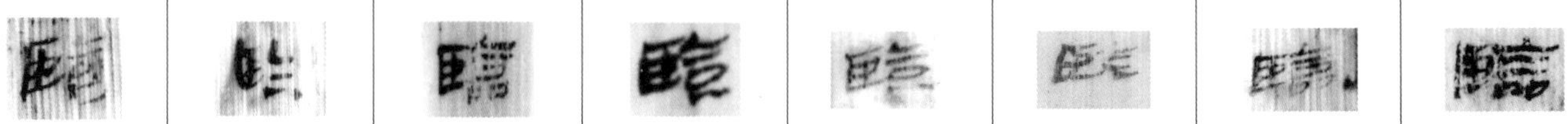

0177 0143 0095 0056 1805 0347 0222 0133

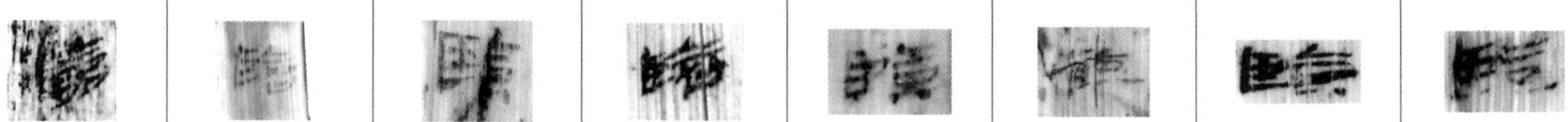

0180 0158 0102 0077 1805 0516 0243 0134

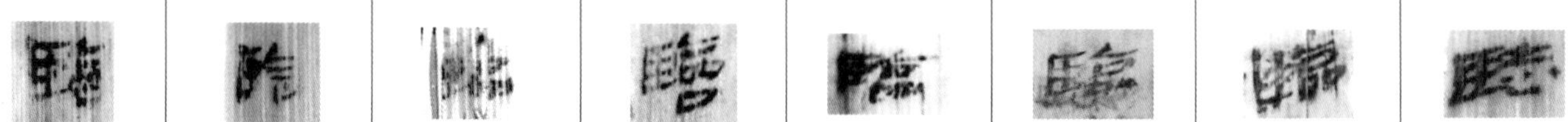

0187 0172 0104 0086 1808 0706 0281 0135

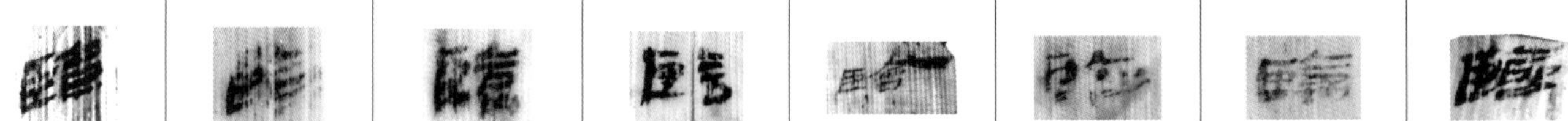

0189 0175 0132 0088 2042 0727 0326 0185

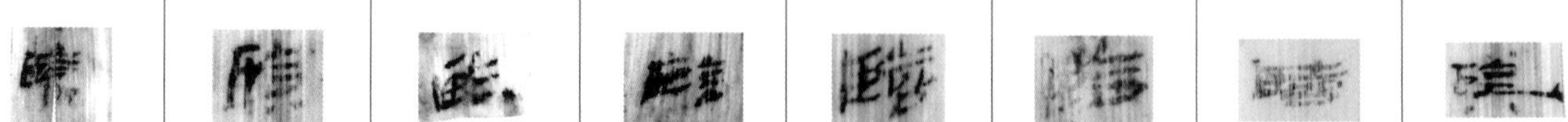

0189 0175 0143 0088 0017 0769 0346 0207

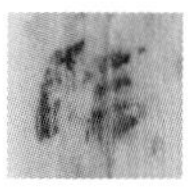 0556	 0524	 0505	 0399	 0370	 0293	 0232	 0201
 0557	 0525	 0508	 0407	 0395	 0335	 0250	 0208
 0557	 0525	 0516	 0421	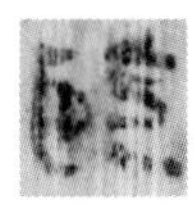 0396	 0338	 0256	 0222
 0574	 0528	 0519	 0441	 0397	 0340	 0268	 0229
 0574	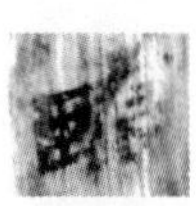 0536	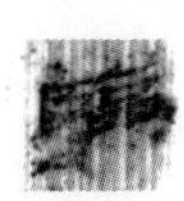 0524	 0463	 0399	 0344	 0275	 0232

 1372	 1002	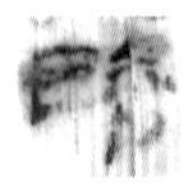 0872	 0846	 0784	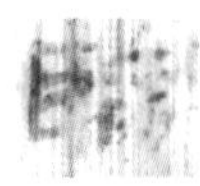 0667	 0597	 0576
 1504	 1007	 0894	 1175	 0795	 0682	 0609	 0576
 1649	 1188	 0947	 0861	 0795	 0754	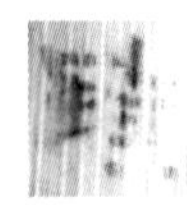 0617	 0583
 1659	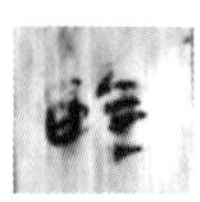 1271	 0974	 0861	 0798	 0773	 0620	 0591
 1701	 1326	 0987	 0867	 0809	 0777	 0660	 0591

 0818	 0594	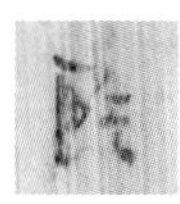 0518	 0299	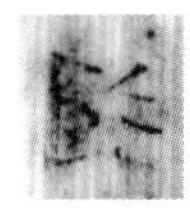 0118	 2147	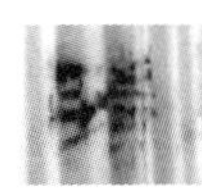 1868	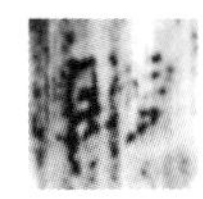 1787
 0818	 0604	 0538	 0340	 0121	 0033	 2019	 1807
 0959	 0739	 0540	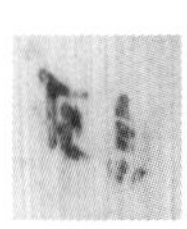 0364	 0129	 0107	 2121	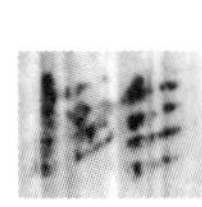 1807
 1016	 0797	 0547	 0428	 0201	 0107	 2123	 1812
 1025	 0804	 0575	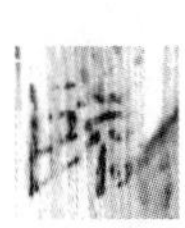 0491	 0258	 0115	 2127	 1820

衣

衣	
 0342	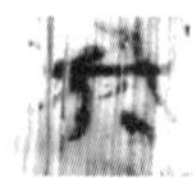 0145
 0553	 0177
 0657	 0189
 0662	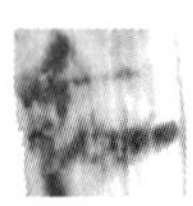 0279
 0945	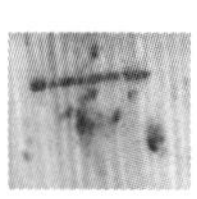 0339

衣部

身

身
 1576

身部

 0749	 0327	 1052
 1331	 0402	 1242
	 0487	 1272
	 0520	 1285
	 0585	 1331

表

 2022	 1171	 0588	 0535	 1449	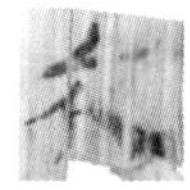 0662	 0339	 1717
	 1609	 0593	 0580	 0153	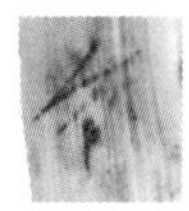 0773	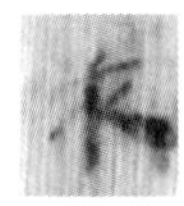 0381	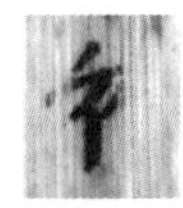 0143
	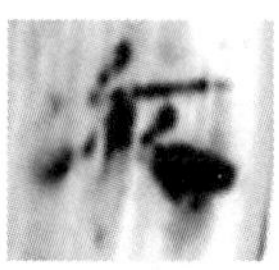 2056	 0593	 0585	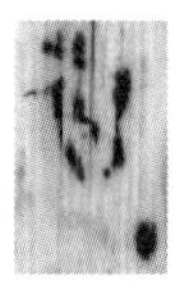 0197	 0811	 0522	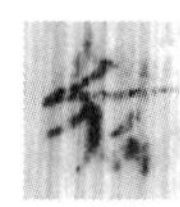 0217
		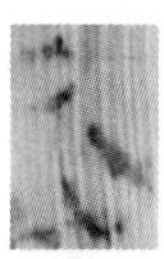 0596	 0587	 0259	 0889	 0588	 0256
		 0888	 0587	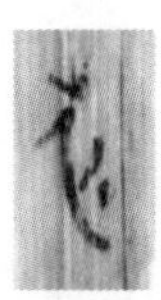 0482	 0940	 0592	 0274

複		袑	袤				襲
 0274	 0889	 0186	 1304	 0030	 0022	 0028	 0063
 0587	 0153	 0351	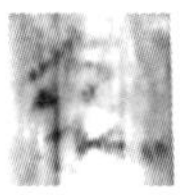 1865	 0030	 0023	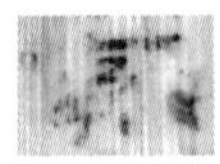 0203	
 0587	 0153	 0395	 0036	 0495	 0026	 0502	
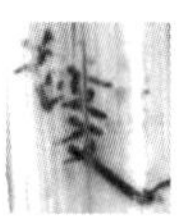 0587	 0259	 0405	 0115	 0502	 0027	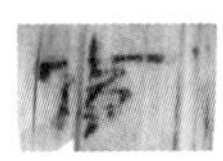 0870	
 0153	 0259			 0638	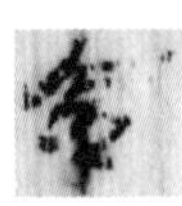 0029	 0021	

襄					禪		

 0089	 0011	 0008	 0005	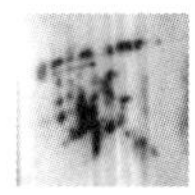 0052	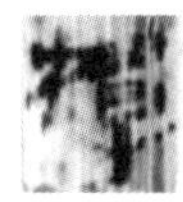 1066	 0588	 0197
 1020	 0052	 0008	 0007	 0089	 0217		 0274
 0123	 0077	 0010	 0007	 0001	 0256		 0274
 0003	 0077	 0011	 0008	 0003	 1717		 0587
 0008	 0089	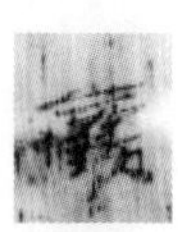 0011	 0008	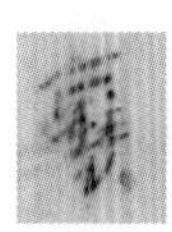 0003			 0587

襍　　衷　　衾　　被

襍	衷	衾	被				
0516	1736	0214	0274	0578	0080	0017	0008
0172			0587	0815	0080	0077	0010
0545			0261		0087	0077	0010
0861					0087	0077	0011
0918					0123	0077	0017

卒

0364	0054	0042	0707	0406	0042
0364	0054	0042	0761	0500	0046
0410	0076	0042	0762	0509	0087
0507	0094	0046	0024	0633	0335
0569	0353	0046	0040	0707	0400

補

0943	0403
0943	0416
	1489
	2071
	2093

禎*　　袴*

裛部							
	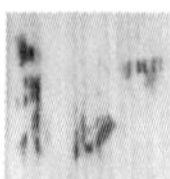 0419	 0587	 1462	 0927	 2019	 0881	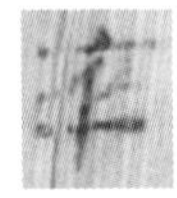 0649
	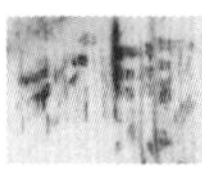 0509		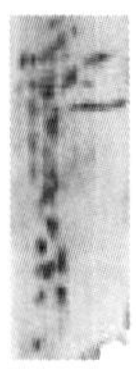 0509	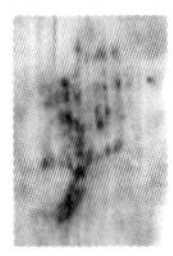 0981	 0138	 1073	 0655
	 0538			 1010	 0210	 1338	 0682
				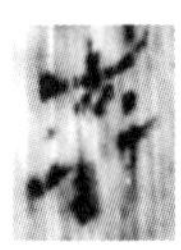 1015	 0227	 1786	 0710
				 1388	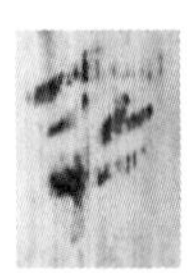 0409	 1798	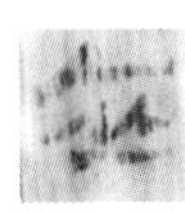 0774

老

老

0766

老部

求

求

0260

0556

0879

1575

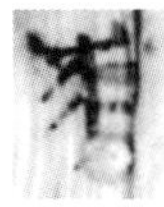
1599

1619

1812

0084

0220

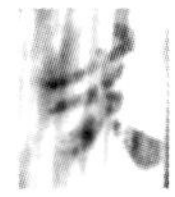
1035

1043

1177

1485

1580

0628

0762

0911

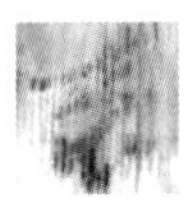
0916

0992

0192

0217

0222

0381

0528

0177

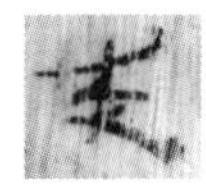
0217

0284

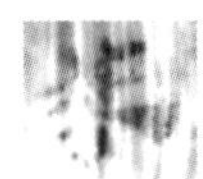
1192

0194

居

0087

0010

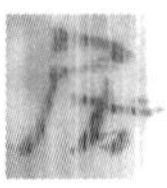
0102

0011

0133

0012

0161

0077

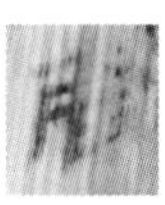
0337

0080

尸部

孝

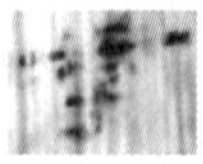
1646

0370

壽

0395

0399

0401

0404

0410

0189

0197

0258

0352

0395

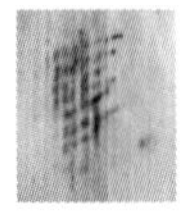
0397

0408

0796

0848

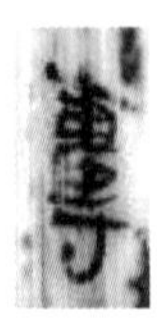
0176

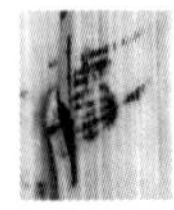
0175

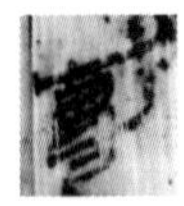
0188

0190

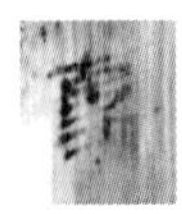
0222

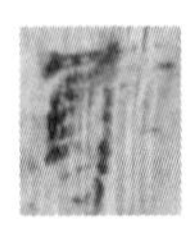
0280

屋　　屖　　展

屋		屖	展				
0036	0022	0649	0516	0867	2126	1031	0365
0036	0079	0852		0984	0227	1179	0532
	0021			1729	0227	1291	0754
	0027				0300	0172	0769
	0029				0593	0974	1026

尸部

尺

						尸
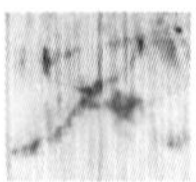 0505	 0099	 0030	 0021	 0506	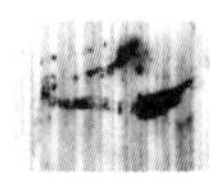 0177	 0037
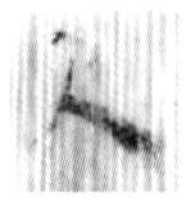 0600	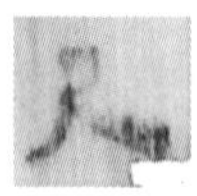 0349	 0030	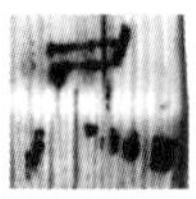 0022	 0602	 0177	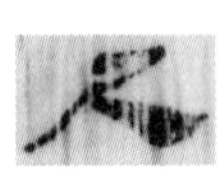 0037
 0963	 0502	 0081	 0022	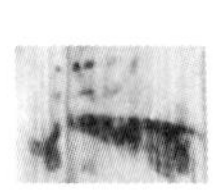 0870	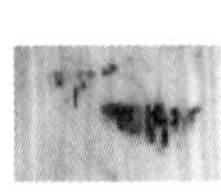 0495	 0037
 1304	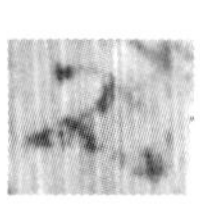 0502	 0081	 0023	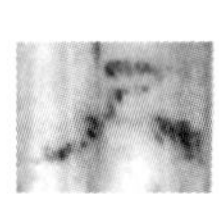 1865	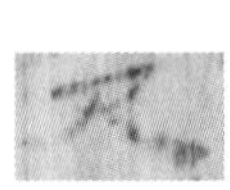 0502	 0037
 2127	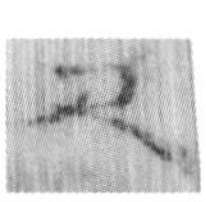 0502	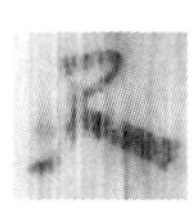 0092	 0026	 0021	 0506	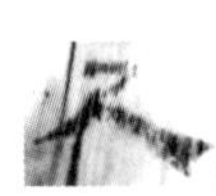 0049

屬

屬

1002	0599	0283	0044	0077
1026	0617	0401	0047	0077
1151	0617	0414	0185	0089
1184	0651	0509	0221	0410
0106	0960	0513	0222	0044

尾部

0535	0027
0402	0029
0115	0036
2134	0049
	0502

船　　俞

船				俞			
0100	0077	0077	0001	1571		2124	0121
0197	0080	0077	0017				0419
0197	0080	0077	0077		肙部		0487
0254	0080	0077	0077				0564
0254	0089	0077	0077				1801

服 般

服				般			
 0580	 0326	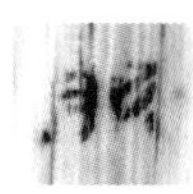 0104	 0038	 1239	 2123	 0588	 0254
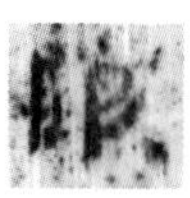 0592	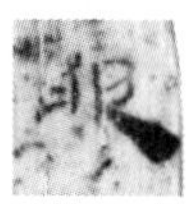 0367	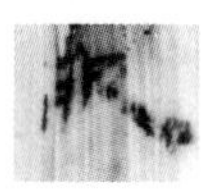 0179	 0040		 0593	 0588	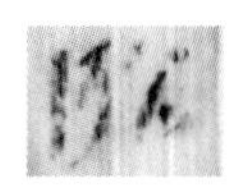 0259
 0596	 0405	 0188	 0047			 0760	 0296
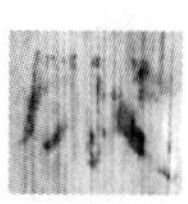 0621	 0482	 0226	 0084			 0888	 0380
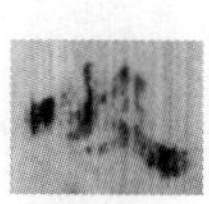 0621	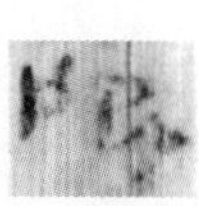 0526	 0271	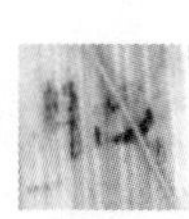 0104			 0957	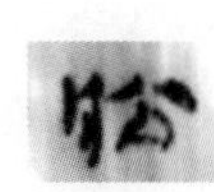 1736

0648

0802

0698

0598

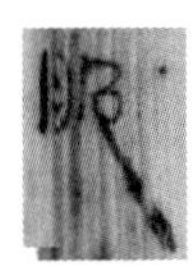
0811

方部

方

方

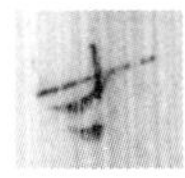
0005

0005

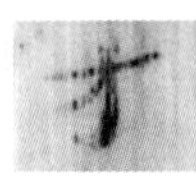
0011

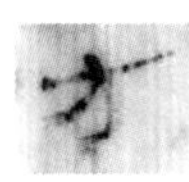
0011

0011

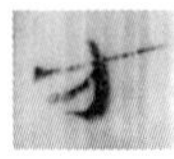
0011

0011

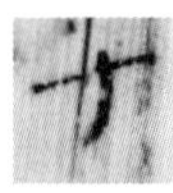
0012

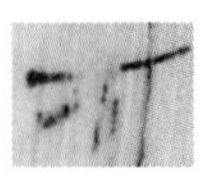
0012

0132

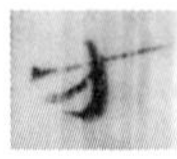
0011

0011

0012

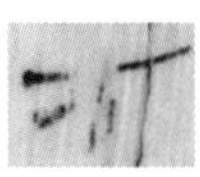
0012

0132

0416

0581

0624

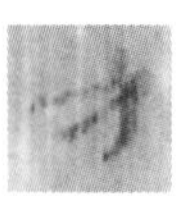
0776

0784

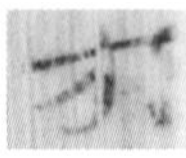
0861

0866

0874

1141

2125

2125

0151

0414

0609

1037

儿部

兒

0207
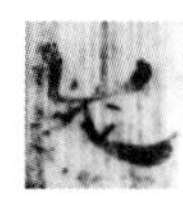
0208
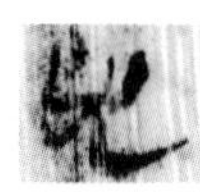
0229

0234
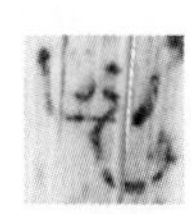
0299

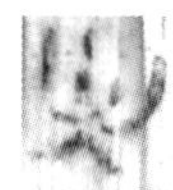
0299

0309

0519

0524
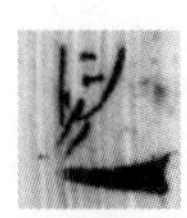
0546

0590

0594

0803
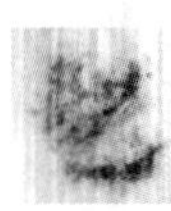
0803

0117

0117

0125
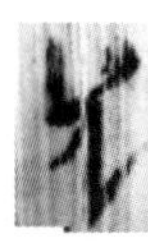
0200

0529

0589

0590
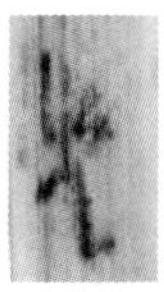
0804

0808

0810

0810

0810

充

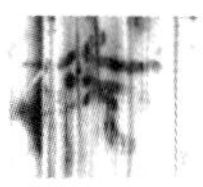
0194

0006

0006

0013

0095

0353

0533

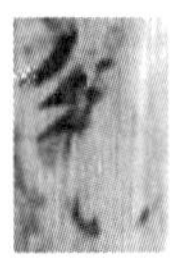
0541

0575

0004

0014

0044

0078

0088

0422

0545

0986

1450

1806

兄部

兄

兄

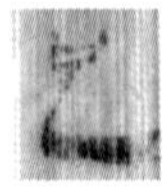
0195

0373

1977

0736

皃部

貌

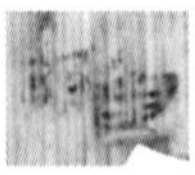
0484

先部

先

0399 0008 0010 0011 0080

0080 0351 0133 0328 2132

見部

見

0213 0532 0651 0727 1599

0012 0019 0234 0267 0519

0588 0707 0809 1171 1357

1596 1924 0003 0020 0021

0023 0025 0026 0027 0028

	覺	視					
	覺	視					
欠部	 2080	 0103	 2116	 0221	 0959	 0079	 0029
			 1162	 0366	 1546	 0115	 0030
			 1252	 0579		 0419	 0036
			 1458	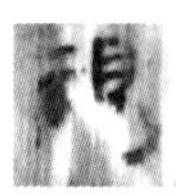 1003		 0711	 0045
			 2104	 1808		 0881	 0079

欲

0254

0302

0318

0405

0433
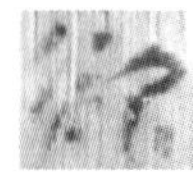
0565

1444
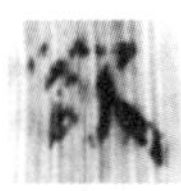
1718
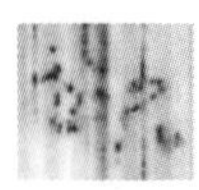
1804

歐

0323

0375

0540
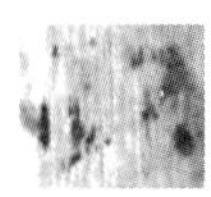
0540

次

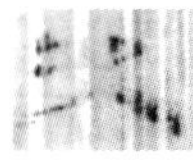
1806

0059
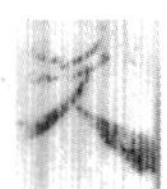
0195

㱃部

飲

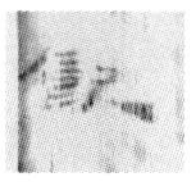
0158

0913

0806

㳄部

羨

1120

盜

1916	0957	0557	1852	0249	0146	0013	0256
2128	1035	0803	0401	0250	0185	0013	0425
2135	1038	0839	0406	0309	0190	0038	0524
0294	1147	0848	0459	0327	0208	0078	0545
0414	1192	0898	0532	0383	0229	0137	0546

 0888	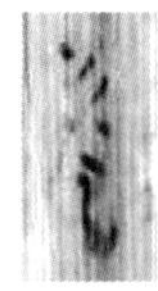 0518	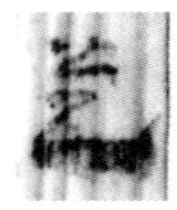 1979	 0634
 1037	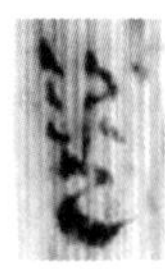 0529	 0125	 1043
 1522	 0539	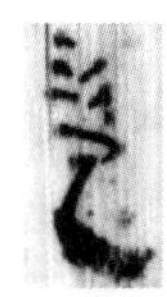 0197	 1230
 1777	 0559	 0226	 1777
	 0585	 0229	 1878

第九卷　頁部

頓	順		願	領	頌	頭
 1017	 0186	 1460	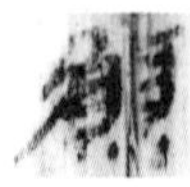 0129	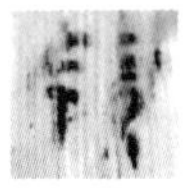 0259	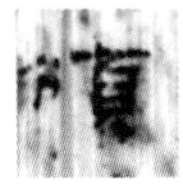 1470	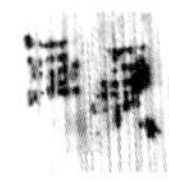 0159
	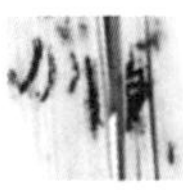 0233	 2114	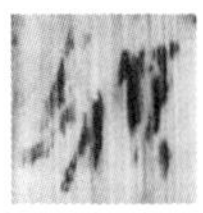 0296	 0274		 0159
	 0698	 2046	 0531	 0587		
	 0802	 2046	 0660	 0868		
			 0669			

頗

0129

1280

煩

0142

頿*

1756

𦣻部

首

0075

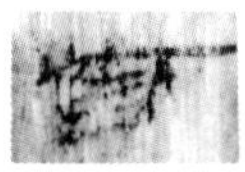
0166

0215

0538

0578

0647

0704

0843

0968

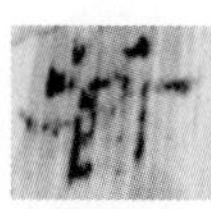
1619

2125

県部

縣

縣

0084

0096

0162

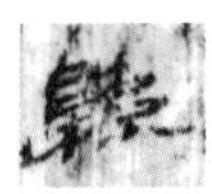
0166

0210

0210

0364

0425

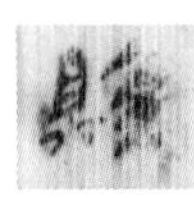
0459

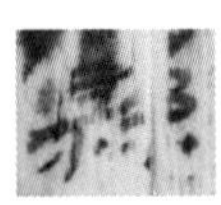
0545

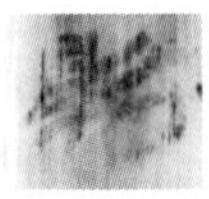
0553

0557

0649

0682

0815

0825

0911

1176

0768+1176

1230

1325

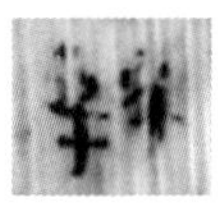
1467

1791

2126

須部

須

須

0185

0190

0273

0274

0414

0416

0460

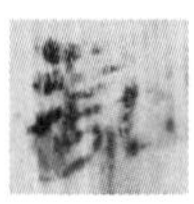
0480

0846

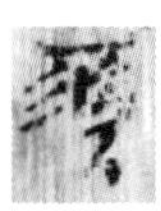
0860

髡

0118

0119

0180

0202

0207

0013

0013

0048

0048

0051

鬄

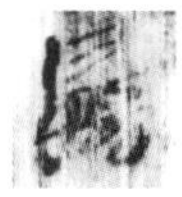
0302

彡部

文

1646

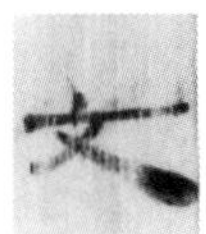
0370

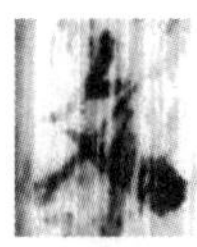
0961

2130

文部

0756

0874

1608

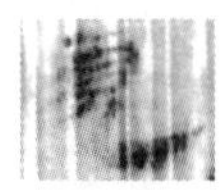
1806

2116

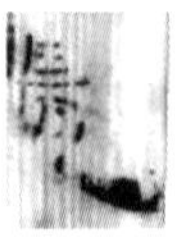 0580	 0519	 0226	 1326	 0583	 0387	 0277	 0207
 0590	 0519	 0299	 2125	 0660	 0398	 0280	 0213
 0591	 0525	 0048	 2125	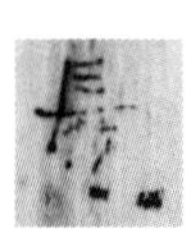 0809	 0400	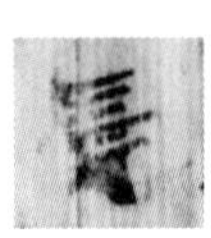 0338	 0213
 0592	 0547	 0402	 0127	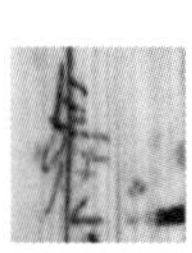 0811	 0409	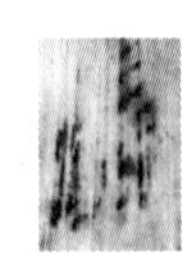 0351	 0232
 0592	 0549	 0482	 0226	 1316	 0560	 0365	 0263

司

司

0079

0127

0170

0172

0186

司部

后

后

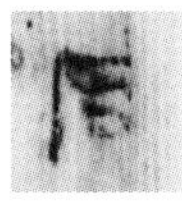
0814

1919

0232

0118

0240

0583

0591

0797

后部

0937

1342

0807

0808

0811

0814

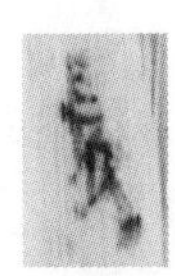
0815

0596

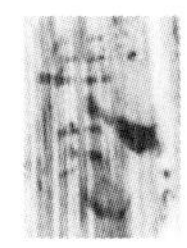
0597

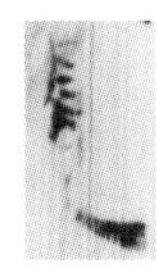
0598

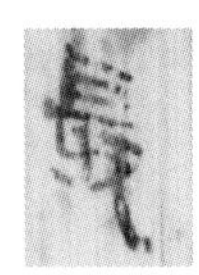
0684

0797

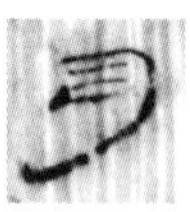 2035b	 0796	 0684	 0547	 0400	 0377	 0337	 0117
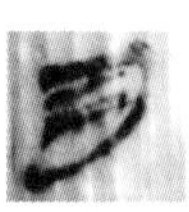 2035b	 0803	 0729	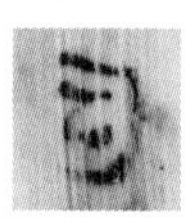 0547	 0401	 0394	 0341	 0227
 1656	 0814	 0776	 0594	 0444	 0395	 0351	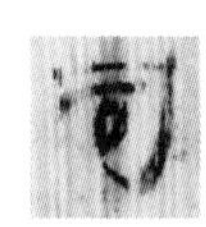 0229
 0269	 1789	 0796	 0597	 0538	 0400	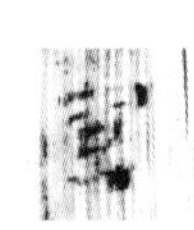 0374	 0229
 0338	 0881	 0798	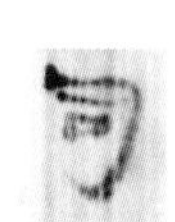 2145	 0547	 0400	 0375	 0243

令

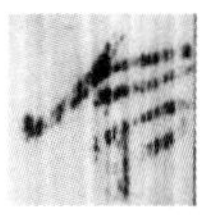 0044	 0007
 0046	 0024
 0077	 0038
 0077	 0042
 0078	 0076

 部

 2115	 0226	 0115	 0591	 0408
 0225	 0529	 0125	 0661	 0409
 0546	 0525	 0133	 0661	 0509
 0661	 0852	 0208	 0457	 0560
 1430	 1396	 0210	 0797	 0583

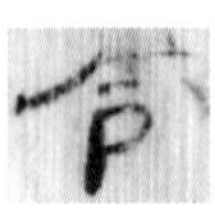 0504	 0408	 0399	 0343	 0222	 0185	 0094	 0080
 0508	 0409	 0401	 0344	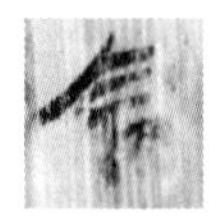 0280	 0189	 0125	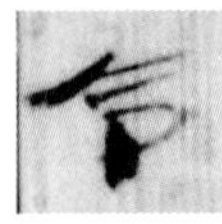 0080
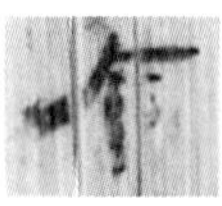 0508	 0409	 0404	 0352	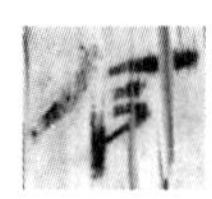 0281	 0190	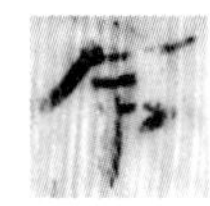 0134	 0080
 0524	 0409	 0404	 0397	 0324	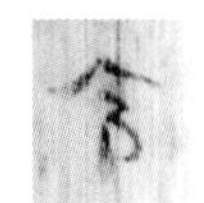 0208	 0143	 0086
 0532	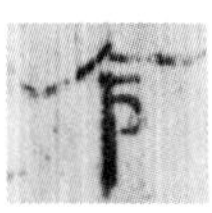 0503	 0407	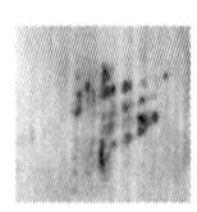 0397	 0336	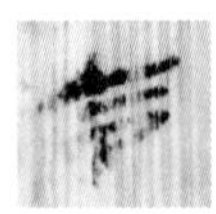 0222	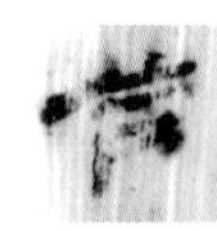 0185	 0090

 1762	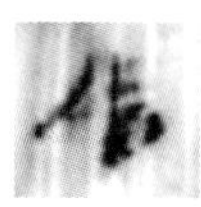 1070	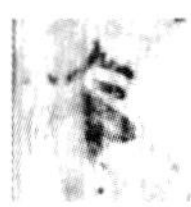 0815	 0773	 0648	 0583	 0557	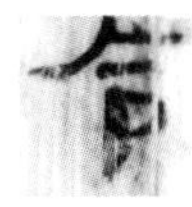 0532
 1807	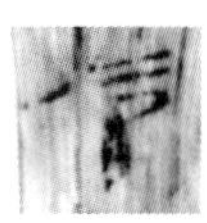 1505	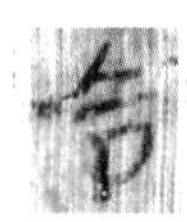 0994	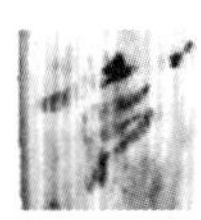 0773	 0666	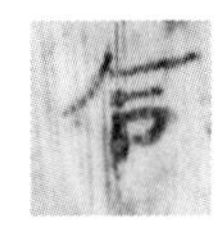 0609	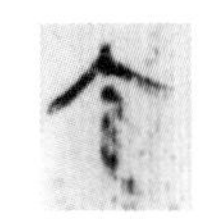 0525	 0536
 1807	 1577	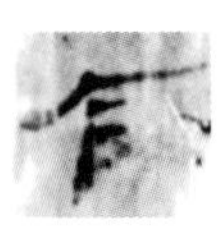 1010	 0773	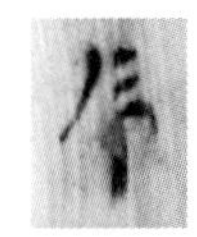 0730	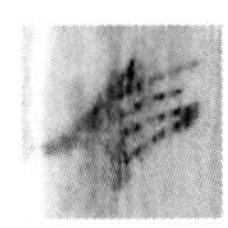 0630	 0558	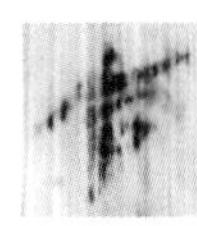 0536
 1931	 1585	 1031	 0795	 0748	 0633	 0575	 0545
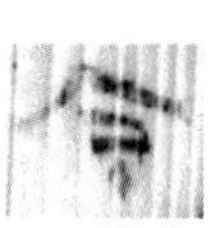 1944	 1679	 1031	 0798	 0752	 0630	 0576	 0557

 0107	 0057	 0017	 0667	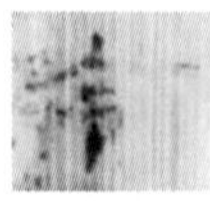 0501	 0015	 1769	 1807
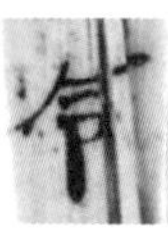 0117	 0079	 0024	 1805	 1805	 0245	 0046	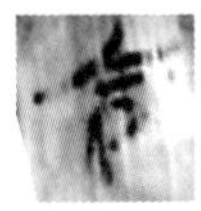 2057
 0118	 0087	 0033	 0003	 0347	 0275	 0261	 2125
 0121	 0088	 0043	 0016	 0116	 0394	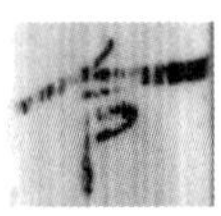 0015	 2130
 0121	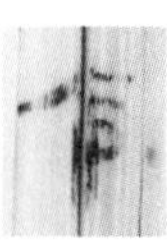 0104	 0056	 0016	 0660	 0501	 0015	 1793

 1331	 0848	 0797	 0682	 0552	 0300	 0229	 0129
 1121	 0848	 0804	 0711	 0590	 0306	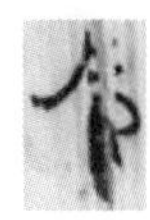 0232	 0165
 0043	 0849	 0838	 0725	 0592	 0353	 0248	 0170
 0139	 0943	 0846	 0751	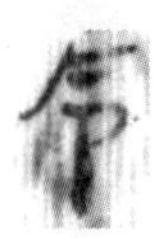 0594	 0365	 0265	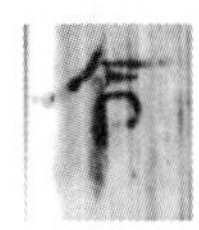 0187
	 0959	 0846	 0777	 0609	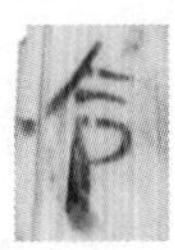 0516	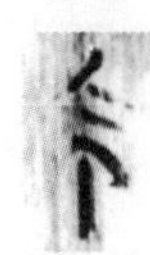 0293	 0200

郤

 1845

 1899

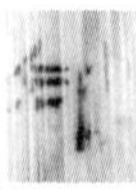 0172

 0210

 0215

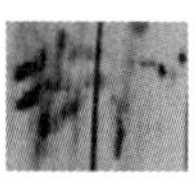 1603

 1800

卷

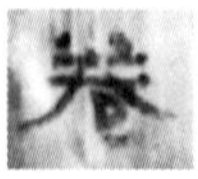 0982

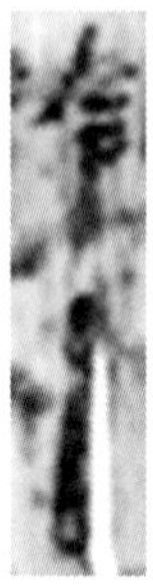 0278

 0140

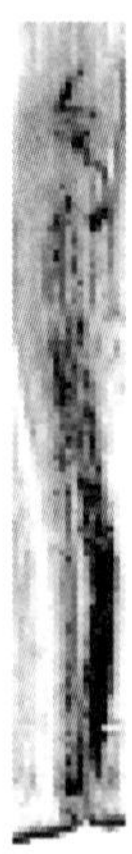 0220

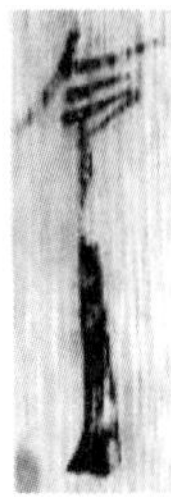 0352

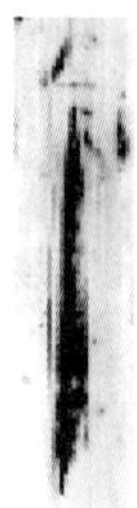 0220

 0268

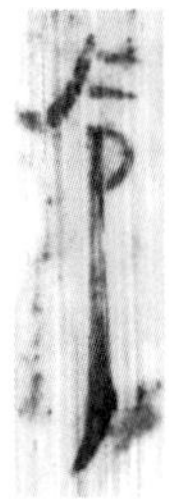 0531

 0122

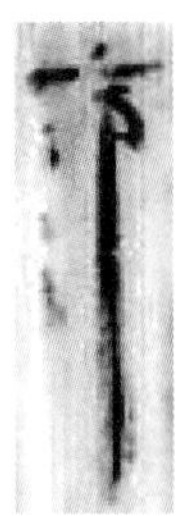 0135

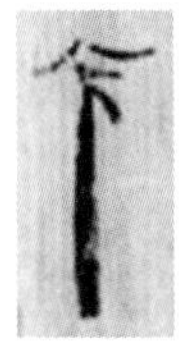 0082

 0712

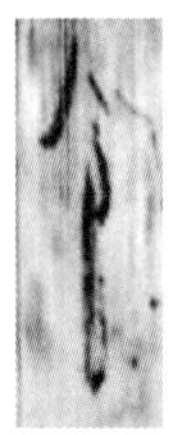 2114

 0520

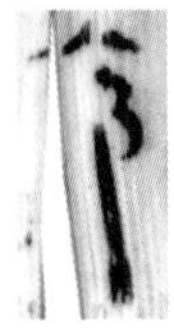 0197

 0258

 0263

 0047

印部

印

0129

0344

0460

0480

0780

0860

1548

1791

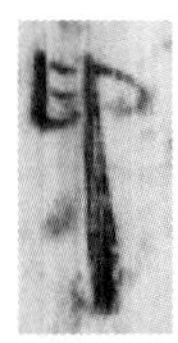
0531

色部

色

0609

卯部

卿

2125

2125

辟部

辟

1654	1931	0621	0040	1304	0562	0286	0035
0040	2019	0848	0328	1304	0657	0347	0048
0086	2019b	1634	0373	2126	0753	0349	0087
1971	0032	1656	0551	2127	0848	0409	0088
0796	0032	1871	0562	0040	0861	0555	0243

勹部

匈

1542

苟部

敬

0079

0103

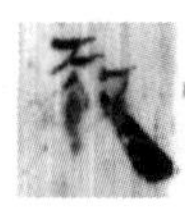
0575

0584

鬼部

鬼

2117

0409

0560

0620

0647

1656

0241

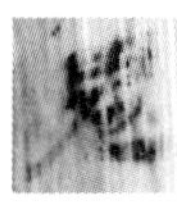
0337

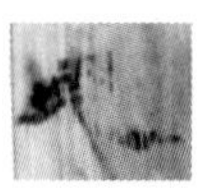
0338

0351

0398

醜

0186

0395

1576

甶部

禺

0812

0911

山部

山

0176

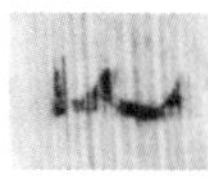
0547

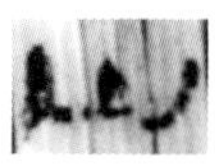
1138

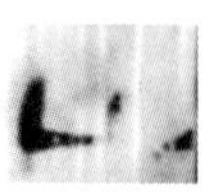
1138

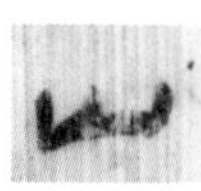
0795

0134

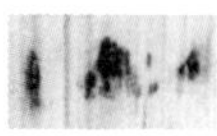
0292

0384

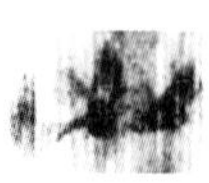
0417

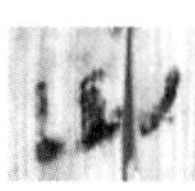
0477

0507

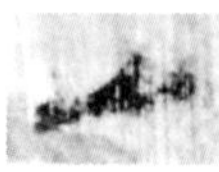
0536

0557

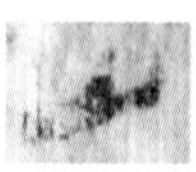
0559

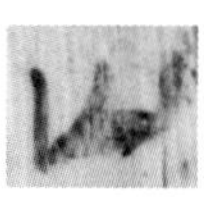
0874

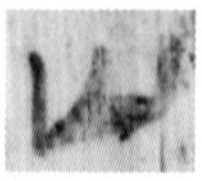
0874

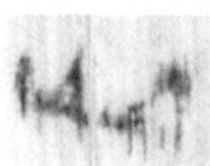
0274

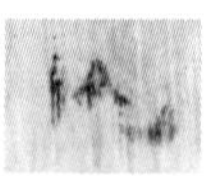
0679

崇

崇

1824

广部

府

府

0002

0017

0042

0046

0083

0088

0121

0124

0130

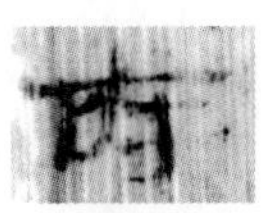
0187

0191

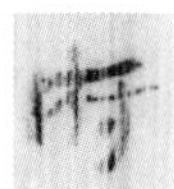
0195

0201

0273

0321

0324

0343

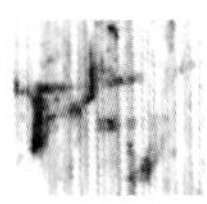
0412

0501

0502

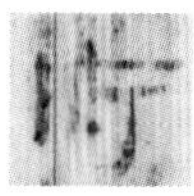
0508

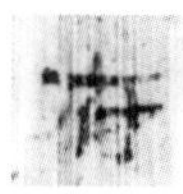
0521

0526

0530

0542

0550

0574

0578

0618

0649

廚　　廡　　庭　　廬

廚	廡	庭	廬				
0364	0019	0284	0339	1807	1272	0991	0667
0454	0021	1553	1291	1959	1326	1006	0667
0859	0025				1495	1006	0868
1000	0045				1774	1048	0886
1714	0150				1777	1143	0893

廁			廣	廄		庫	
廁			廣	廄		庫	
 0036	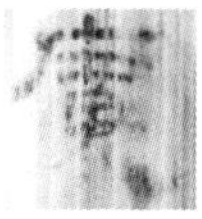 0617	 0115	 0021	 0017	 0275	 0013	 1920
	 0710	 0177	 0022	 0677	 0528	 0040	
	 1866	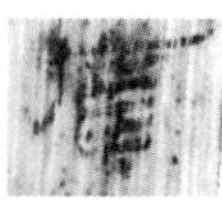 0360	 0036	 0682	 0542	 0102	
	 2134	 0505	 0057	 1105	 1029	 0115	
		 0506	 0069	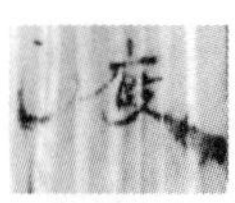 2039-b	 1335	 0138	

石

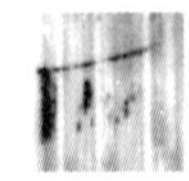
0010

0001

0011

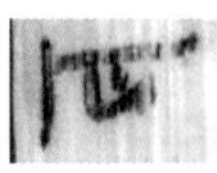
0005

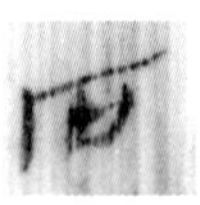
0011

0005

0011

0005

0013

0008

石部

危

0540

0540

危部

廟

0859

1239

0158

0160

0364

0370

0669

庶

0649

0852

2000

長　　磨*

部

長	磨					
 0007	 0019	 0788	 0502	 0264	 0056	 0021
 0010	 0021	 0858	 0505	 0273	 0056	 0036
 0011	 0026	 0859	 0508	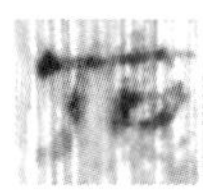 0304	 0078	 0056
 0013	 1511	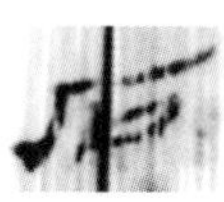 1139	 0588	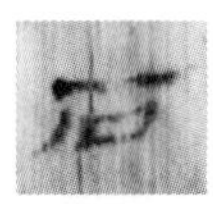 0326	 0197	 0056
 0015	 1012	 1527	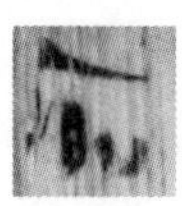 0593	 0368	 0201	 0056

 0185	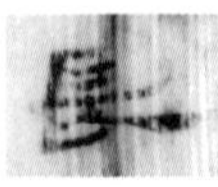 0175	 0132	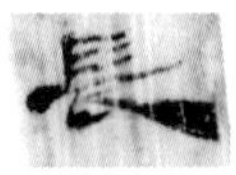 0107	 0089	 0078	 0046	 0015
 0187	 0176	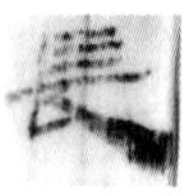 0132	 0118	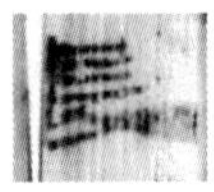 0090	 0079	 0047	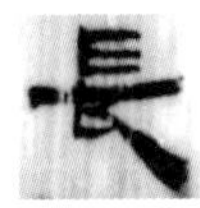 0015
 0195	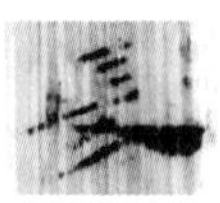 0177	 0135	 0121	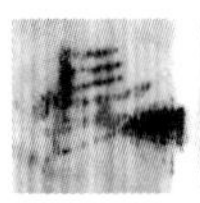 0090	 0080	 0047	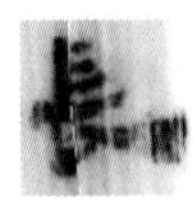 0042
 0197	 0177	 0175	 0121	 0097	 0084	 0057	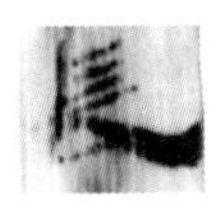 0044
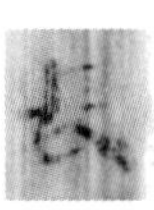 0209	 0179	 0175	 0126	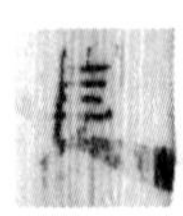 0104	 0084	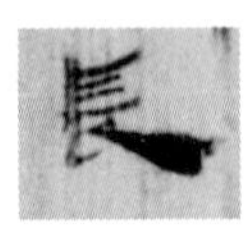 0077	 0046

 0583	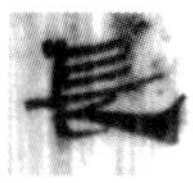 0557	 0537	 0530	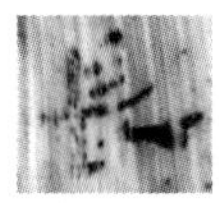 0339	 0272	 0235	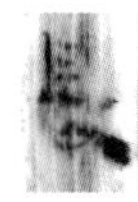 0214
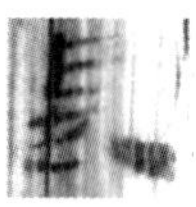 0597	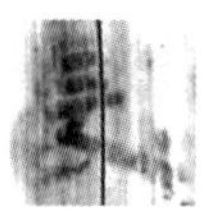 0565	 0551	 0530	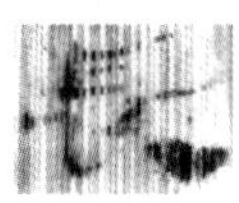 0412	 0280	 0243	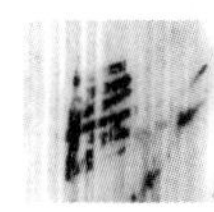 0216
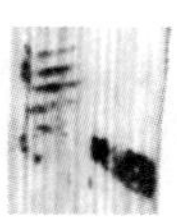 0600	 0575	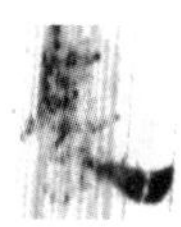 0556	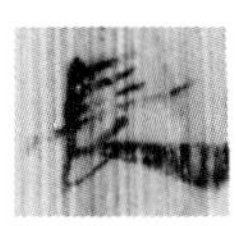 0530	 0425	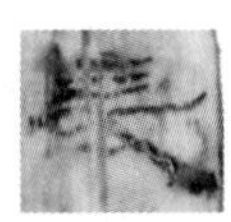 0324	 0256	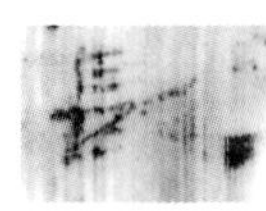 0216
 0609	 0576	 0557	 0533	 0520	 0332	 0261	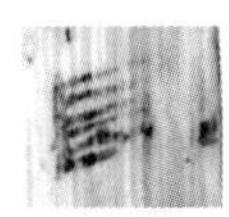 0222
 0609	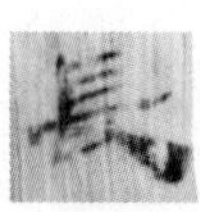 0579	 0557	 0536	 0525	 0335	 0261	 0232

1894	1723	1411	1043	0885	0797	0707	0648
1942	1796	1489	1049	0886	0814	0754	0649
2015-b	1805	1540	1114	0932	0852	0767	0667
2074	1807	1556	1310	0938	0852	0776	0682
2092	1812	1558	1334	1024	0866	0795	0691

而部

易

 2126

 0519

 0529

 0803

 0546

 0573

 0803

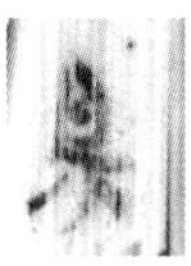 0804

 0810

 0117

 0234

 0234

 0529

 0546

勿

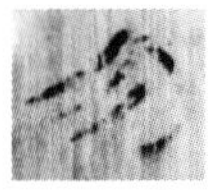 0860

 1280

 1458

 0084

 0129

 0129

 0457

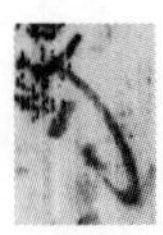 0531

勿部

⿰镸左*

 0014

 0076

 1628

而

0641

0647

耐

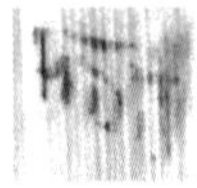
0101

0193

0260

0298

0318

0584

0394

1338

1446

1656

0196

0400

0661

0855

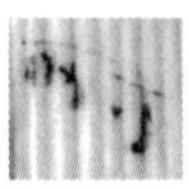
2055b

2055b

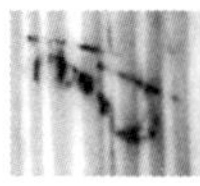
2055b

2055b

0174

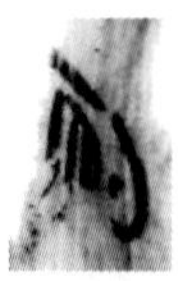
0181

豕部

豸部

貇

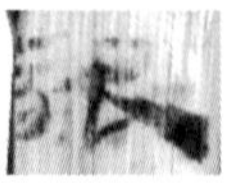
0456

1564

豚

0802

0802

豸部

豹

0078

貍

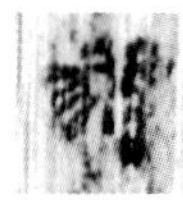
0078

象部

象

0130

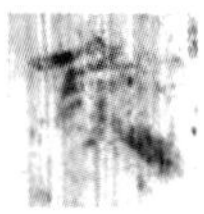
0331

0443

0521

0523

0527

0912

豫

0266

0270

第十卷　馬部

馬

0019　0021　0021　0021　0025

0026　0026　0079　0614　0682

0885　0885　1038　1048　1177

1556　1980　2008　2030b　2035

2045　2128　1399　1430　2013

2013

騎

0038　0169　0843　2133　0038

駕　騎　驗

 0855	 0635	 0213	 0046	 0013	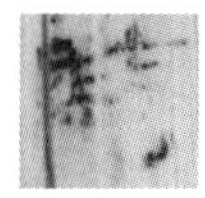 0642	 0012	 0040
 0985	 0657	 0387	 0048	 0013		 0609	
 1395	 0796	 0409	 0048	 0040		 0860	
 1455	 0839	 0519	 0100	 0046			
 1573	 0852	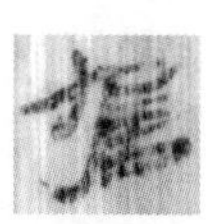 0560	 0173	 0046			

廌部	驫	騰	騶	駟	驂		
	 2046	 0238	 0682	 2035	 0059	 0344	 1736
	 2046	 0960	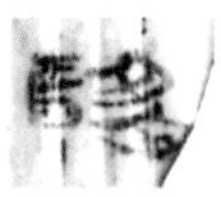 2039b			 0181	 0119
							 0316
							 0549
							 1795

狗		麐		鹿		法	薦

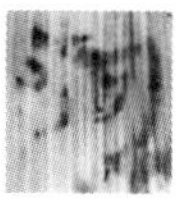 0868		 0017	 0003	 0019		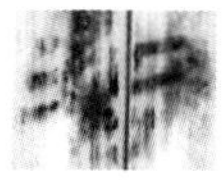 0551	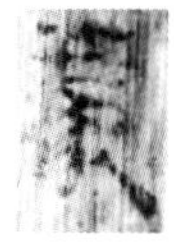 0422
 0892		 0077	 0003	 0021		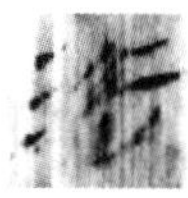 0563	
	 部	 0080	 0005	 0027	 部		
		 0105	 0005	 0026			
		 0123	 0016				

	獻	獲	獨	犯	狀		
1888	0047	0094	0004	0019	2123	0349	0004-1
	0180	0353		0026		0668	0049
	0296					0754	0051
	0395					1600	0196
	0661					2117	0335

㹜部

獄

0002

0010

0041

0057

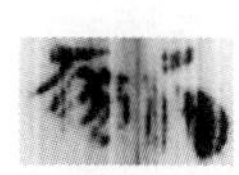
0034

0044

0048

0049

0057

0080

0085

0093

0117

0133

0133

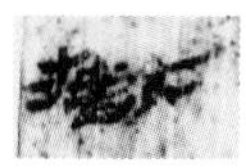
0166

0186

0194

㲋部

能

0102

0186

0238

0366

0457

0565

0634

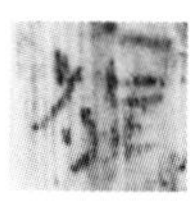
0805

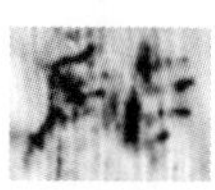
1599

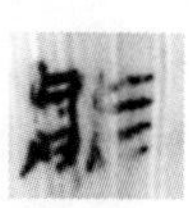
1721

烝	燔	火	
 0079	 0138	 0194	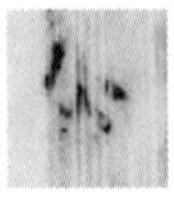 0138
 0175	 0181	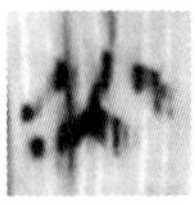 1148	 0181
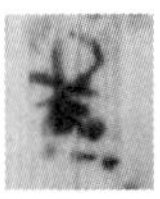 0547	 0194	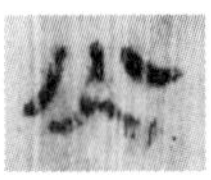 0451	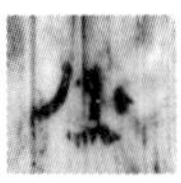 0192
 0669		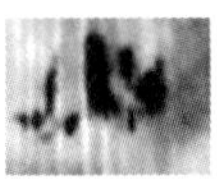 1148	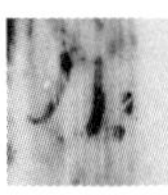 0192
 0669		 1517	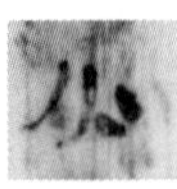 0194

火部

熊
 1510

熊部

能
 2130

尉					熹	炊	
0591	0421	0358	0205	0042	0584	0150	0763
0762	0481	0358	0253	0053	0054		1197
0797	0525	0383	0275	0115			1878
0814	0578	0400	0280	0118			0763
0943	0583	0403	0322	0132			0960

光　　燭

光	燭						
0040	0143	0856	1000	0042	2049b	1602	1069
0048		1005	0166	0286	2097	1744	1184
0048			0960	0406	2125	1796	1234
0142			0038	0633	2125	1812	1282
0943			0038	0861	2135	2017	1575

大部	黬	黑	炎部	烻*		炅	

	 0395	 0780		 1071	 0045	 0143	 1920
	 0943			 0181	 0133	 0475	
				 0221	 0158	 0057	
					 0194		
					 0886		

大

大

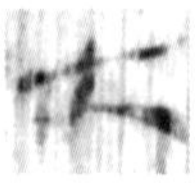 0501	 0402	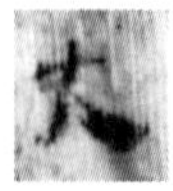 0367	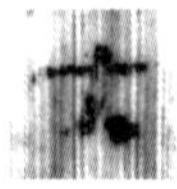 0209	 0154	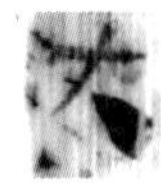 0102	 0027	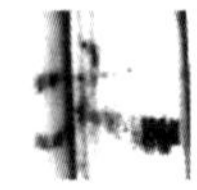 0004
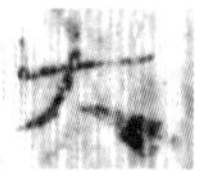 0501	 0403	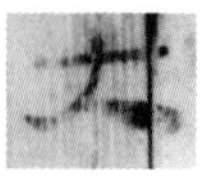 0370	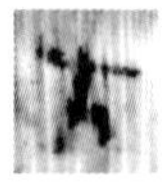 0215	 0162	 0118	 0029	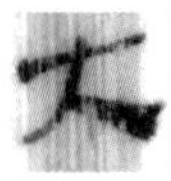 0004
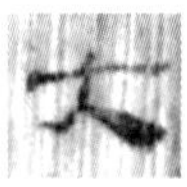 0504	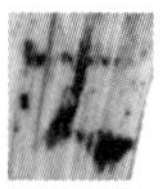 0443	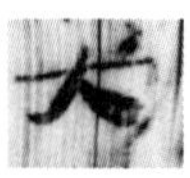 0373	 0229	 0187	 0125	 0040	 0005
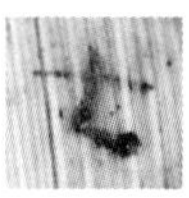 0518	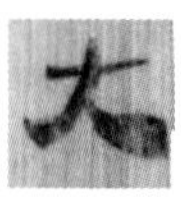 0458	 0379+0391	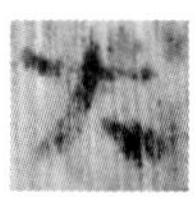 0316	 0208	 0125	 0088	 0005
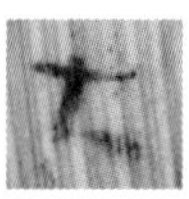 0518	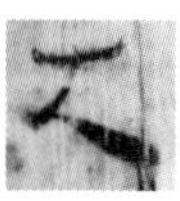 0489	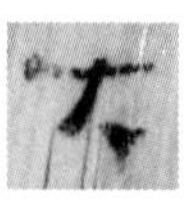 0393	 0346	 0208	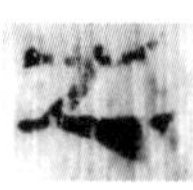 0130	 0094	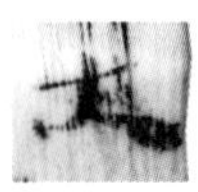 0011

	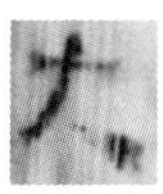			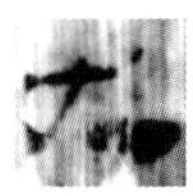		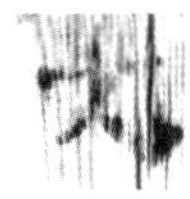	
2069	1611	1401	1365	1182	0799	0754	0520
		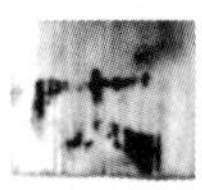			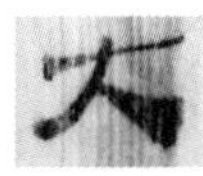		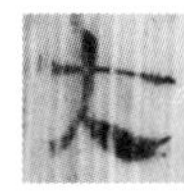
2070	1623	1412	1374	1195	0908	0787	0525
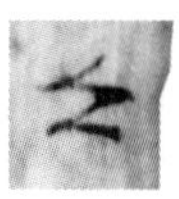							
2114	1674	1429	1382	1271	0922	0797	0538
					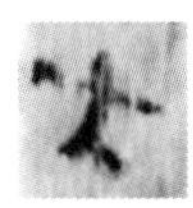	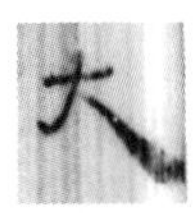	
2124	1678	1533	1395	1350	0980	0798	0559
	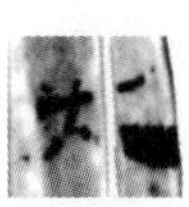			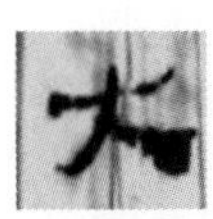		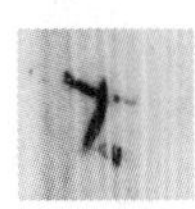	
2127	1934	1587	1396	1355	1117	0799	0667

夷

夷							
0003	2057	1597	0615	0508	0410	0232	2133
0052	2134	1655	0694	0524	0412	0243	2133
0056	1808	1659	1532	0559	0416	0254	0039
0069		1701	1556	0572	0452	0303	0185
0088		1710	1597	0574	0505	0399	0201

吳		大部	夾	亦	亦部		
 0277	 0004		 1441	 0093		 2116	 1002
 0441	 0049			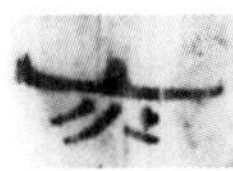 0558		 0017	 1314
 0475	 0093			 2126			 1390
 0528	 0205						 1516
 0535	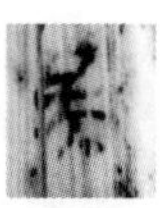 0213						 1797

壹

1515

壹部

交

0538

0538

交部

2116

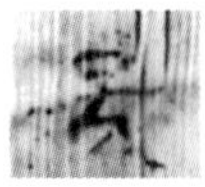
1473

1599

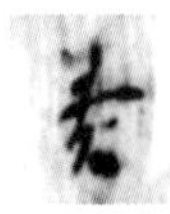
2116

2116

2116

0762

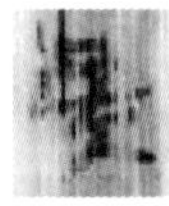
0771

0855

0987

1096

0581

0581

0585

0617

0651

㚔部

幸

㚔

2114

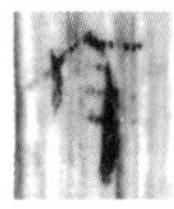
1951

2124

執

𡙁

0024

報

𡙈

0048

0086

0088

0100

0139

0340

0149

0170

0192

0217

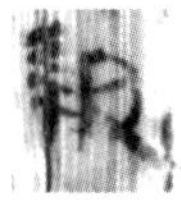
0276

0340

0347

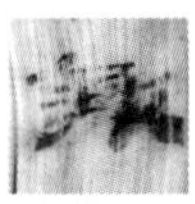
0373

0508

0508

0667

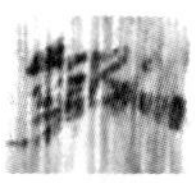
0397

0558

0706

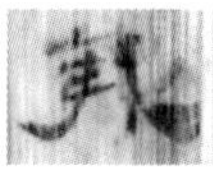
0861

2127

0879

1156

0147

鞫

0562

0649

0848

0848

1246

0318

0395

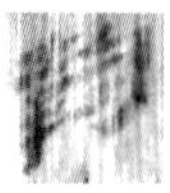
0400

0423

0560

0013

0013

0040

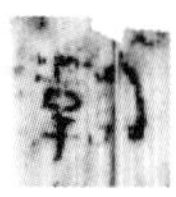
0128

0246

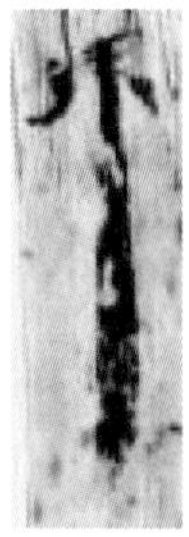
1491

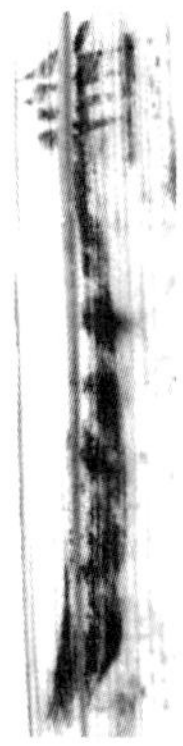
0286

0194

0386

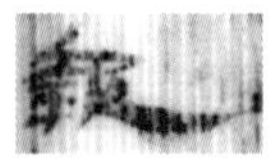
1808

1950

奢部

奢

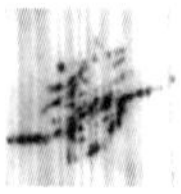
0007

0008

亢部

奏

0298

亣部

奚

0711

0711

1099

夲部

夫

0004

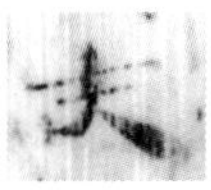
0011

0033

0040

0080

0084

0086

0090

0115

0118

0132

0185

0208

0211

0215

0232

0274

0275

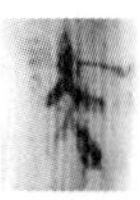
0327

0331

 1498	 1395	 1313	 1212	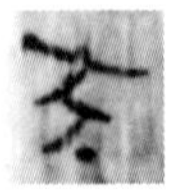 0980	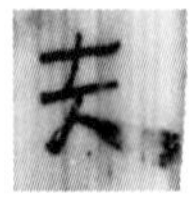 0798	 0508	 0344
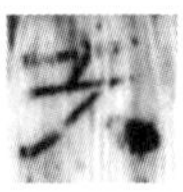 1512	 1429	 1326	 1238	 1004	 0799	 0721	 0346
 1532	 1445	 1329	 1240	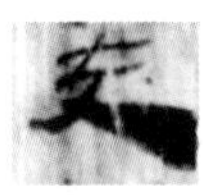 1010	 0859	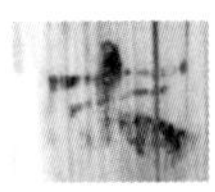 0754	 0370
 1556	 1483	 1350	 1271	 1065	 0943	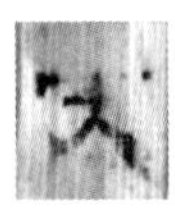 0788	 0481
 1659	 1483	 1367	 1274	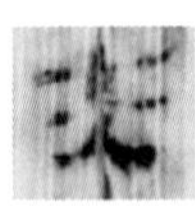 1117	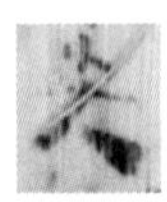 0970	 0797	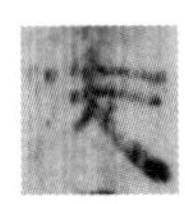 0503

端

0057

1004

立部

1808

0694

0368

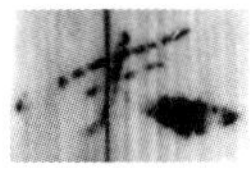
0008

2133

1855

2019

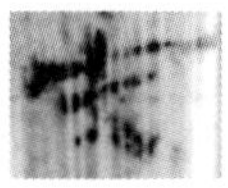
1143

0373

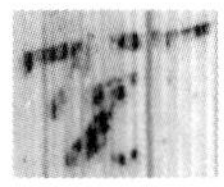
0031

2134

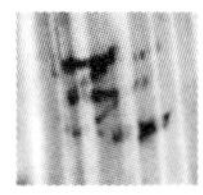
1868

2057

1490

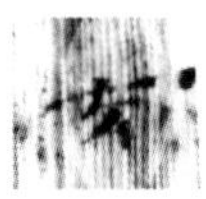
0374

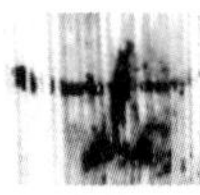
0136

0254

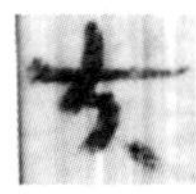
2019b

1805

0399

0221

0409

2127

1807

0414

0229

0410

2133

靖

0342

0595

1093

囟部

思

0177

0267

0370

0435

0475

0581

0647

0651

0807

0874

0874

0887

0887

1051

1332

2059

2125

2125

2125

2127

2127

心部

應		意			志	息	心
0226	0089	1444	0351	0024	0132	2123	0302
0252	0136		0373	0031	0129		0484
0482	0149		0540	0254	0886		
0505	0188		0620	0254	1537		
0563	0225		0997	0296			

恭	念	快	忠					
0386	0433	0090	0386	0552	0580	2124	0592
		0346	0547	0557	0598	0264	0596
		0346	0742	1575		0405	1014
		0346	1106	1807		0811	1176
		0347	2082	0057		1593	1871

惷

0867

忌

0883

2119

1653

惑

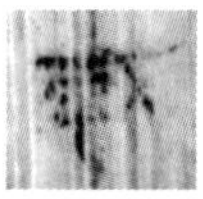
1949

忽

1383

急

0017

0651

1079

2114

2126

慶

0588

0888

0153

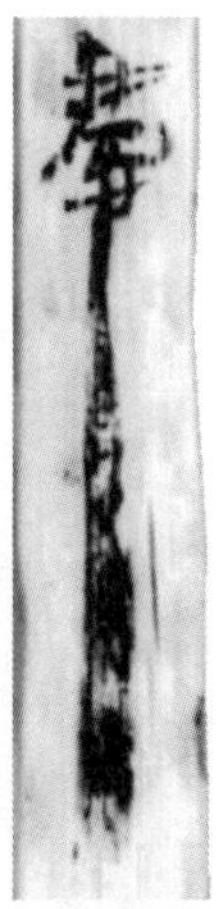
1667

1117

0992

0941

0253

0197

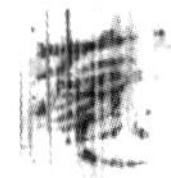
0286

0284

0358

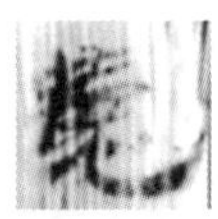
1147

2119

忍	恐	悲	惡

 0484	 1051	 0134	 0296

第十一卷 水部

字	編號
水	0869 0883 1008 1130
河	0277 0309 0416 0617 0769
	1004 1404 0736 1467 1550
	2127 0200
江	0033 0088
溫	0210 1007 2132 0479
沮	0088

湘			漢	沅			

 0201	 0132	 0002	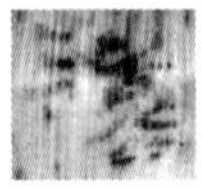 0555	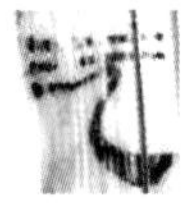 0100	 0040	 0107	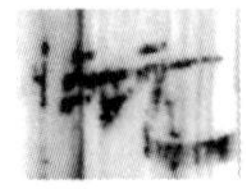 0004
 0222	 0133	 0056	 0069	 0426	 0040	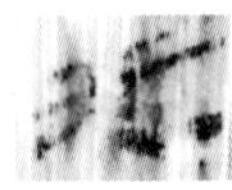 0406	 0006
 0243	 0134	 0088		 0081	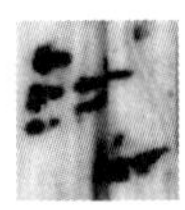 0040	 0744	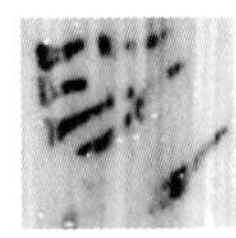 0017
 0256	 0134	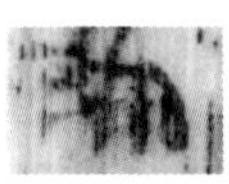 0102			 0048	 0004	 0095
 0268	 0201	 0103			 0087	 0006	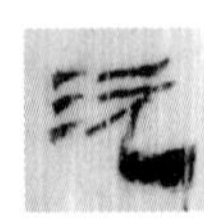 0095

0795	0633	0574	0525	0406	0395	0340	0275

0846	0659	0579	0535	0407	0397	0340	0281

0861	0667	0591	0540	0441	0398	0344	0303
				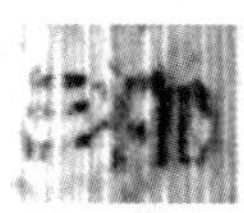			
0861	0758	0594	0545	0503	0399	0346	0313

0872	0771	0620	0552	0504	0399	0370	0322

 0501	 0364	 0250	 0187	 0129	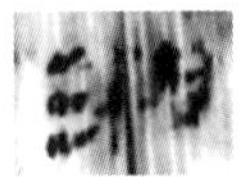 2109	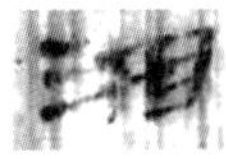 1807	 1577
 0505	 0421	 0266	 0191	 0143	 2123	 1808	 1649
 0508	 0428	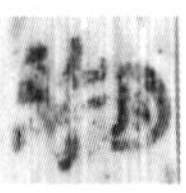 0275	 0205	 0172	 0086	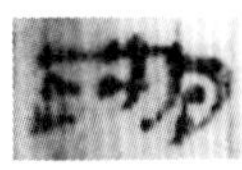 1808	 1658
 0508	 0479	 0327	 0232	 0175	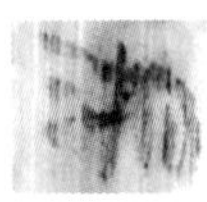 0102	 1812	 1805
 0516	 0500	 0341	 0232	 0185	 0107	 2019	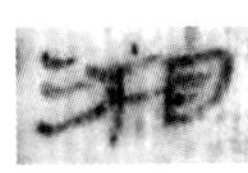 1805

1441	0115	1575	2132	0739	0597	0536	0516
		0402	2134	0745	0638	0538	0524
1706	0347	0547	2147	0797	0640	0557	0525
		1331	0583	1346	0706	0560	0528
2042	0504	1331	0682	1634	0721	0585	0534

淮

0256　0145　1449

治

0013　0079　0175　0186　0186

0222　0253　0264　0273　0318

0344　0401　0527　0550　0566

0589　0619　0633　0795　0589

0795　1000　1181　1205　1310

1573　1620　1796　2130　2136

0176

清	涌	浮	漻	溥	湞	沽	渚

 0781	 0003	 1812	 0441	 0605	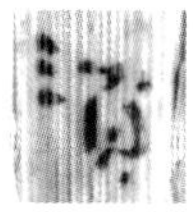 0595	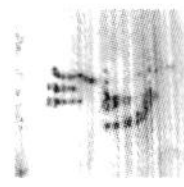 0158	 0364
 1627			 0477				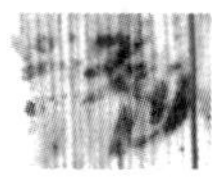 0686
			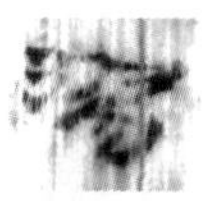 0584				

沙		淺	澤	滿			淵
 0015	 0261	 0095	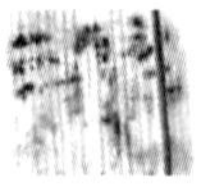 0686	 0796	 0849	 0057	 0553
 0015	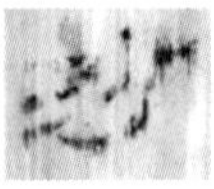 0633			 0892	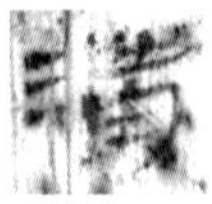 0876	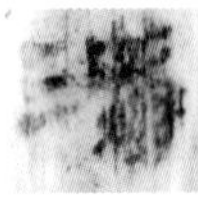 0132	
 0015	 0682			 0879	 0139	 0217	
 0046	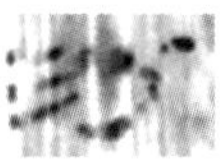 0932			 0973	 0181	 0586	
 0046	 1120				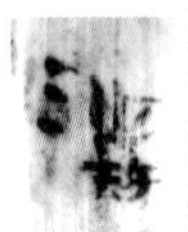 0192	 0657	

决　　池　　氾

 0542	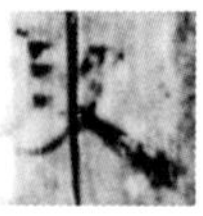 0057	 0659	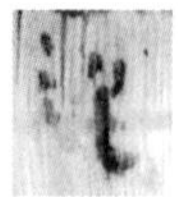 0364	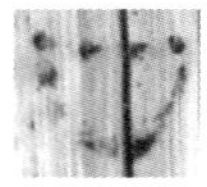 0667	 0372	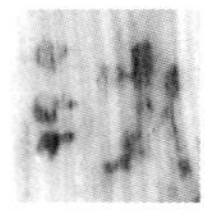 0867	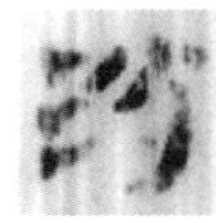 0047
 0723	 0264	 1019		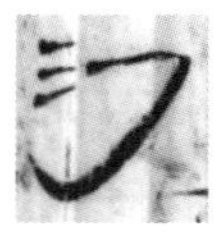 1942	 0500	 0047	 0079
 0883	 0416	 1021		 0121	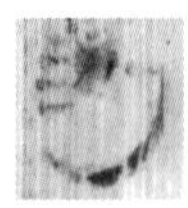 0503	 0057	 0084
 1448	 0416	 1325		 1334	 0503	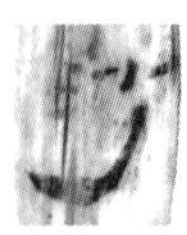 0126	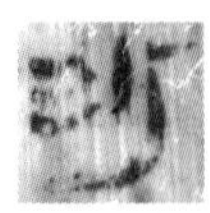 0261
	 0517			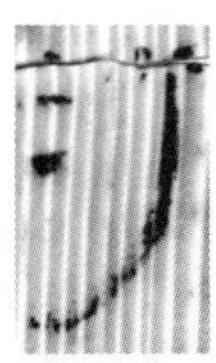 1809	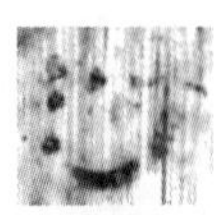 0667	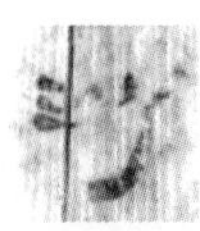 0334	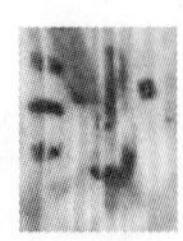 0520

漕	減	洗	沐	準	滯	洽	没

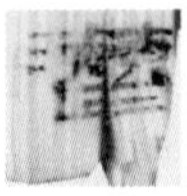 0100  0154	 1786	 2136	 2136	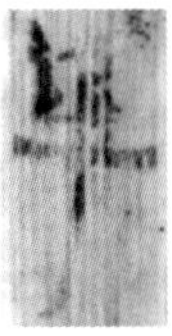 0669	 1574	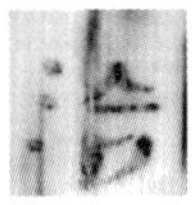 2044+2041	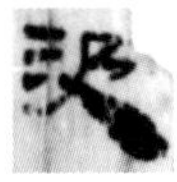 1176

州

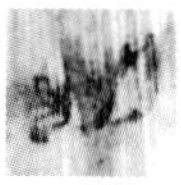
0536

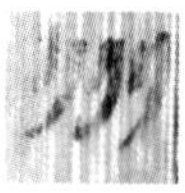
0668

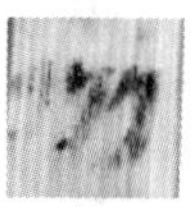
0679

0384

0395

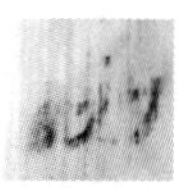
0397

0404

0408

川部

流

0995

沝部

瀁*

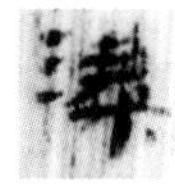
0016

0080

0080

溪*

0003

0080

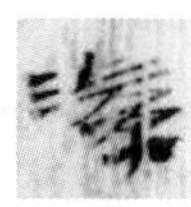
0080

潙*

0107

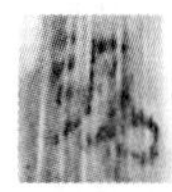
0447

0555

0620

0767

泉部

泉（泉）

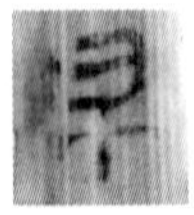
0327

0524

0525

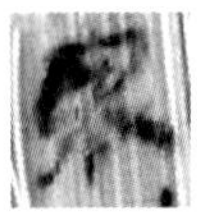
0594

0597

0814

0232

仌部

冬（冬）

2041b

雨部

雨（雨）

0142

零（零）

0088

0358

魚部

魚

魚

0553

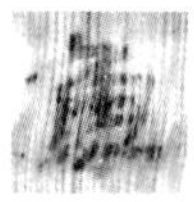
0553

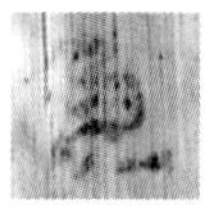
0565

1599

燕部

燕

燕

0246

0364

0364

0649

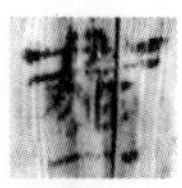
0852

0868

2123

2123

1653

龍部

龍

龍

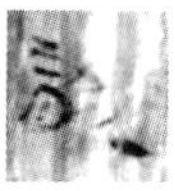
1953

非部

非

非				
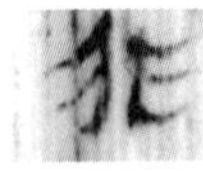 0001	 0017	 0083	 0090	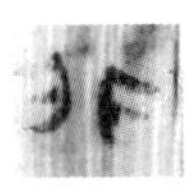 0138
 0174	 0176	 0196	 0225	 0253
 0346	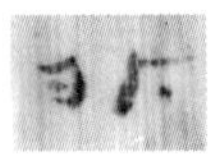 0347	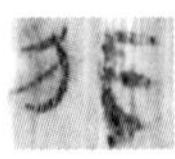 0396	 0401	 0451
 0617	 0848	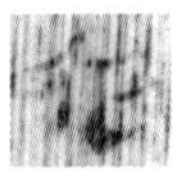 0875	 1017	 1251
 1744	 1920			

靡

靡				
 0532	 0588	 0593	 1031	 1171

第十二卷　丌部

不

丌

0001

0001

0001

0077

0077

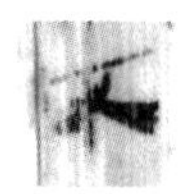
0011

0077

0080

0089

0089

0089

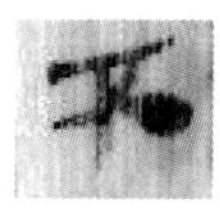
0105

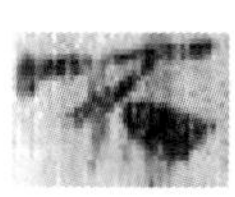
0769

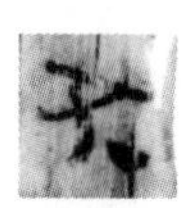
0181

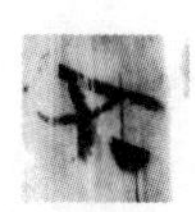
0181

0181

0003

0170

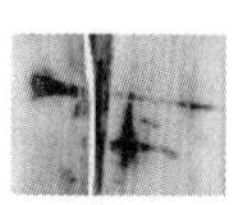
0192

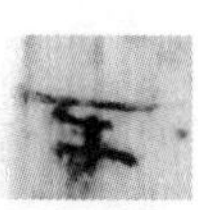
0194

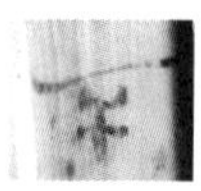
0350

0566

0808

0852

0879

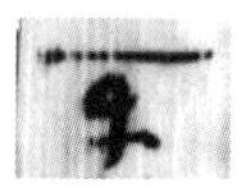
0964

0056

0192

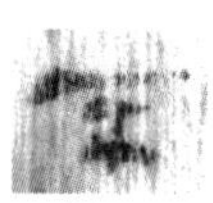
0340

0340

0588

0810

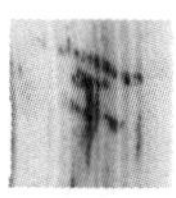
0799

0801

0810

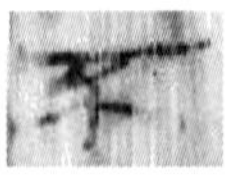 0439	 0620	 2019	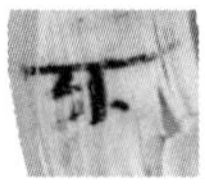 0835	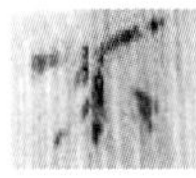 0425	 0168	 0013	 0888
 1081	 0019	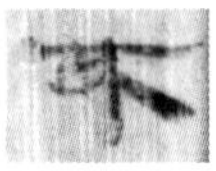 0505	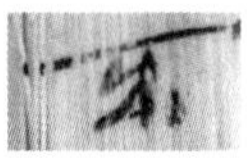 0861	 0657	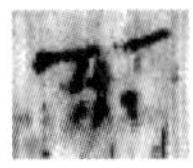 0202	 0032	 1170
 1597	 0025	 0562	 0861	 0795	 0256	 0032	 1789
 0020	 0045	 0976	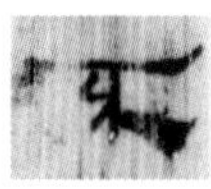 0902	 0795	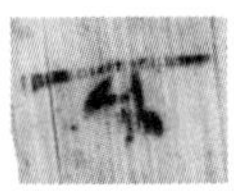 0373	 0048	 0003
 0021	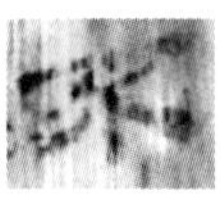 0400	 0976	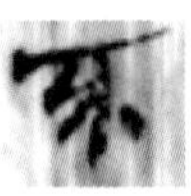 1717	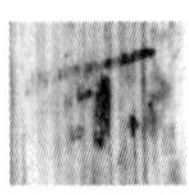 0795	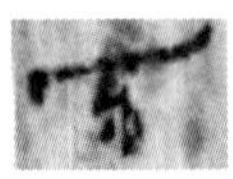 0387	 0078	 0013

 2079	 0225	 0022	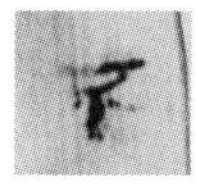 1303	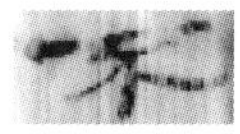 0225	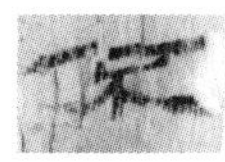 0661	 0395	 0023
 2128	 0188	 0024	 2077	 0401	 0798	 1008	 0026
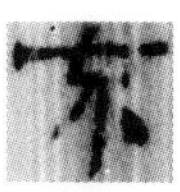 0029	 1014	 0027	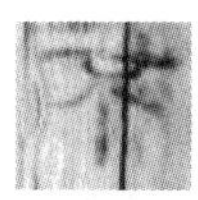 2114	 0562	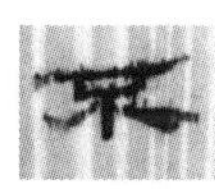 0982	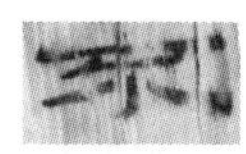 0264	 0079
 0056	 1033	 0028	 2132	 0584	 1941	 0273	 0079
 0207	 1302	 0036	 2132	 0848	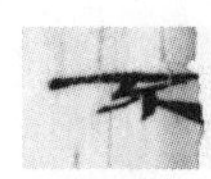 1986	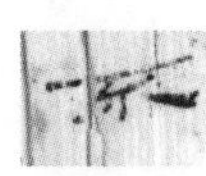 0524	 0189

					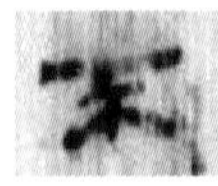		
0247	1407	1225	0565	0143	1460	0519	0229
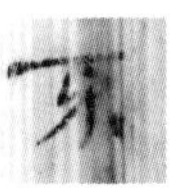		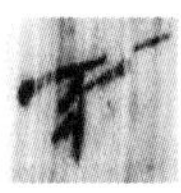	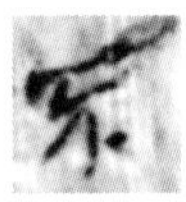			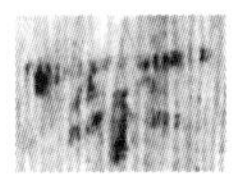	
0247	0125	0594	0057	0149	2126	0562	0234
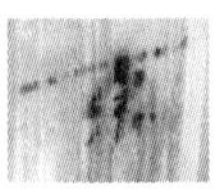		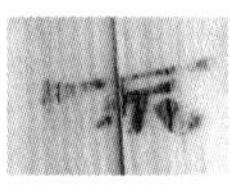				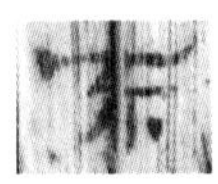	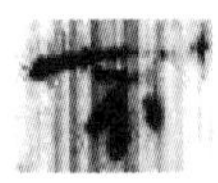
0384	0196	0348	0851	0149	0796	0590	0234
					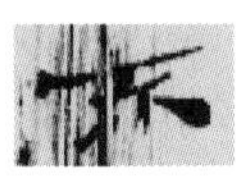	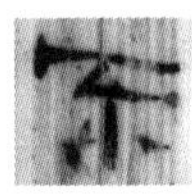	
1615	0103	0197	1051	0234	0117	0590	0263
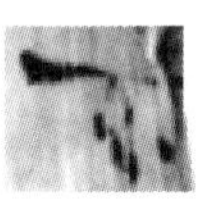			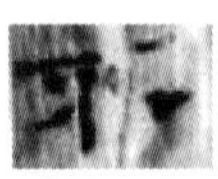	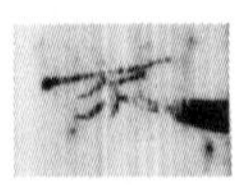	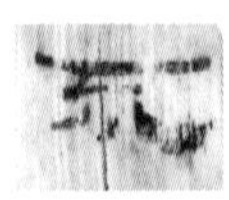	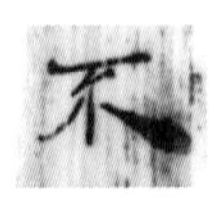	
1769	0150	0299	1177	0519	0335	0809	0484

至

至	至部						
 0026		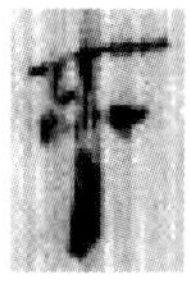 0003	 0560	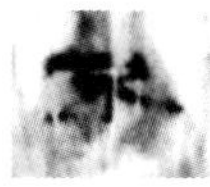 1931	 1333	 0207	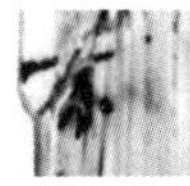 1275
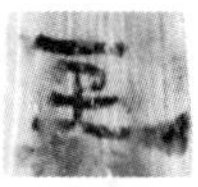 0335		 0256	 0546	 0299	 0443	 0558	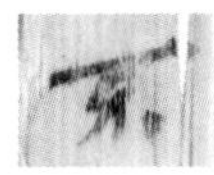 0668
 0623		 0332	 0617	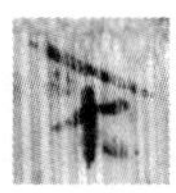 0883	 0621	 0707	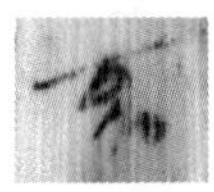 0777
 1712			 0592	 0217	 1449	 0497	 0090
 2014			 0150	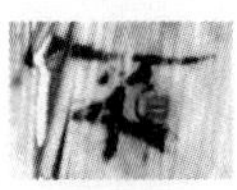 0217	 1453	 1019	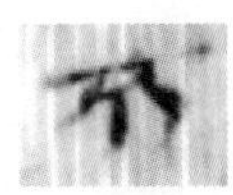 2122

到

 0347	 1008	 0129	 1812	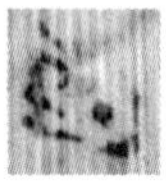 0883	 0260	 0003	 2023
 0861	 0617	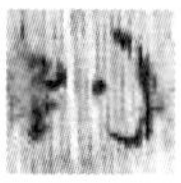 0425	 0077	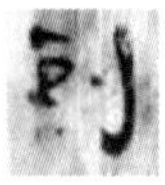 1165	 0088	 0057	
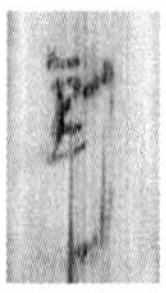 0816	 1150	 0435	 0077	 0712	 0516	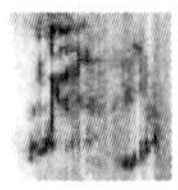 0513	
	 1801	 0143	 0217	 0868	 0528	 0532	
	 1856	 0682	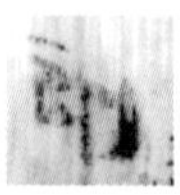 0121	 1791	 0989	 0545	

西部

西 棲

西

0019

0023

0027

0029

0045

2134

0021

0022

0028

0030

1882

1763

0874

0176

0197

0268

0281

0321

0332

1275

0259

0003

鹽部

鹽

鹽

0759

戶部

戶

0020

0023

0079

0027

0036

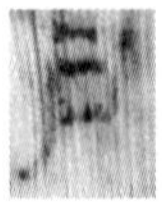
0266

1405

0346

1677

2043

1434

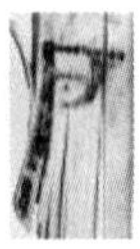
1369

扇

0023

0027

0036

0079

房

1729

門部

門

0020

0023

0213

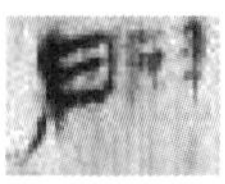
0769

2019-a

閒 開 閭

閒	開	閭					
1314	0397	0712	0195	0707	0281	0404	1801
1383	0630	2019	0079	1691	0630	2019	2103
	0404	2019	0712	0036	0944	0028	0222
	0712	1808	1119	2103	0310	0132	0248
				0711	0566	0268	0399

關

0187

0436
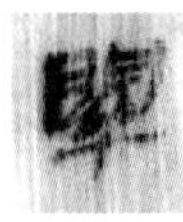
0256
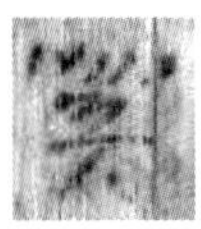
0526

0260

閱

0042

0085

耳部

聖

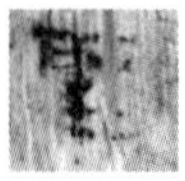
0615

聽

0117

0811

0166

0394

0226

0596

0516

0405

0545

0516

0529

0810

0546

0598

0815

1117

捧

0902

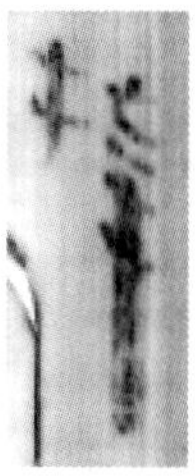
2044

2114

0321

0581

1866

1875

1989

0268

0278

0281

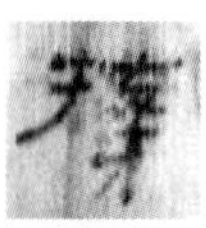
0581

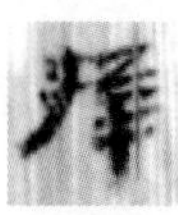
1717

手

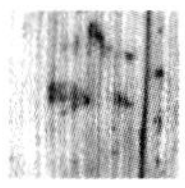
0805

手部

聶

0502

0505

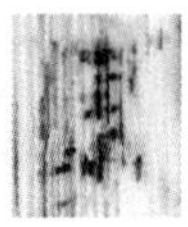
0203

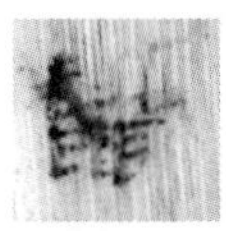
0638

聞

2146

0601

0624

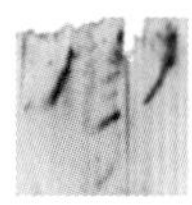
0651

0955

0682

按	揮	據	操	持	扶	排	
					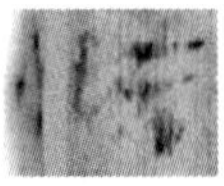		
0609	1717	0421	0189+0249	0093	1601+0858	0165	1952

		1975	0702	0110	0166		0254
			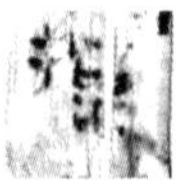				
		1512	1306				

			2128				

招	接	承	授	擇		掾	
招	接	承	授	擇		掾	
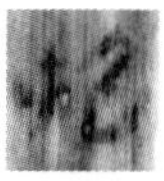 0553	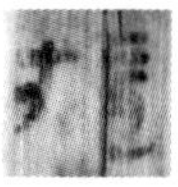 0565	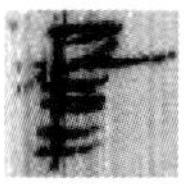 0020	 0897	 1839	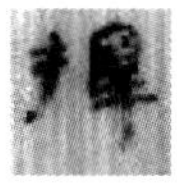 0003	 0756	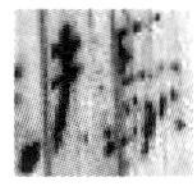 0024
		 0411		 1538	 0080	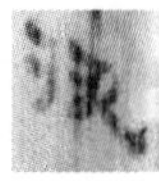 0333	 0253
		 0268			 1599	 1824	 0490
					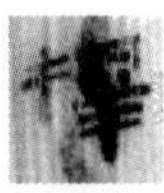 0003		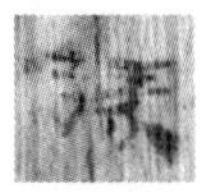 0615
					 0168		 0557b

撟　　舉 舉　　投

撟			舉				投
0080	0003	0001	0526	0424	0404	0589	0553
0080	0003	0001	0526	0519	0542	0780	0565
0080	0077	0017	1574	1807	1805	0809	0769
0089	0077	0017	1010	0223	0912	1929	0565
0077	0080	0003	1654	0275	0666	0847	

失		擅				揄	
1394	0179	0243	0194	0546	0117	0165	0077
	0273	0451	0529	0546	0213		0105
	0273	0566	0316	0803	0803		0003
	0761		0529	0804	0117		0003
	0661		0234	0810	0192		0052

捕			擊	捲	摩	援	拾
0605	0276	0040	0094	1879	0501	0015	0906
0344	0441	0047	0078			0015	0137
0556	0522	0545	0601			0015	
0556	0532	0545				0079	
0879	0558	1812					

女

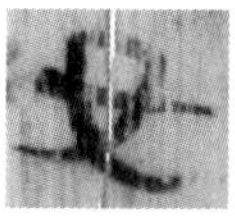
0535

0866

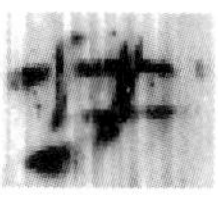
0243

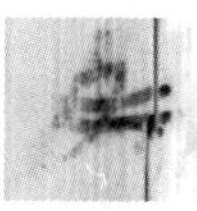
0370

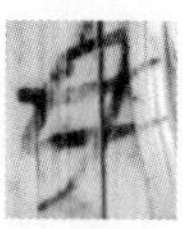
0651

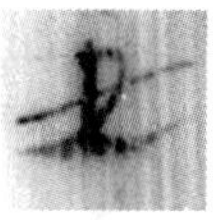
0005

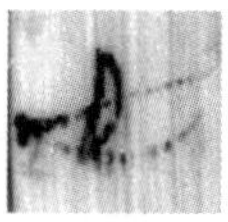
0005

0011

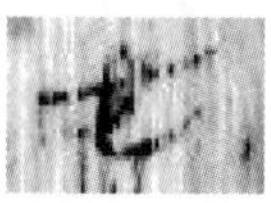
0011

0414

 部

擴*

0418

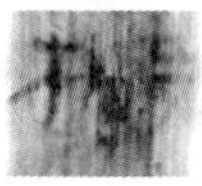
0513

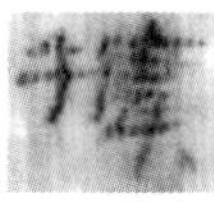
1801

0711

0507

搜*

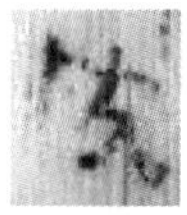
0739

扎*

0404

0404

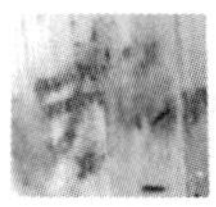
0630

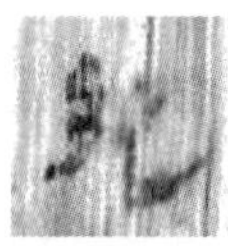
0668

0866

0895

1575

2125

0192

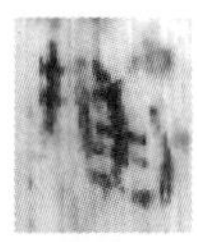
0736

0684

嫁　　媒　　姓

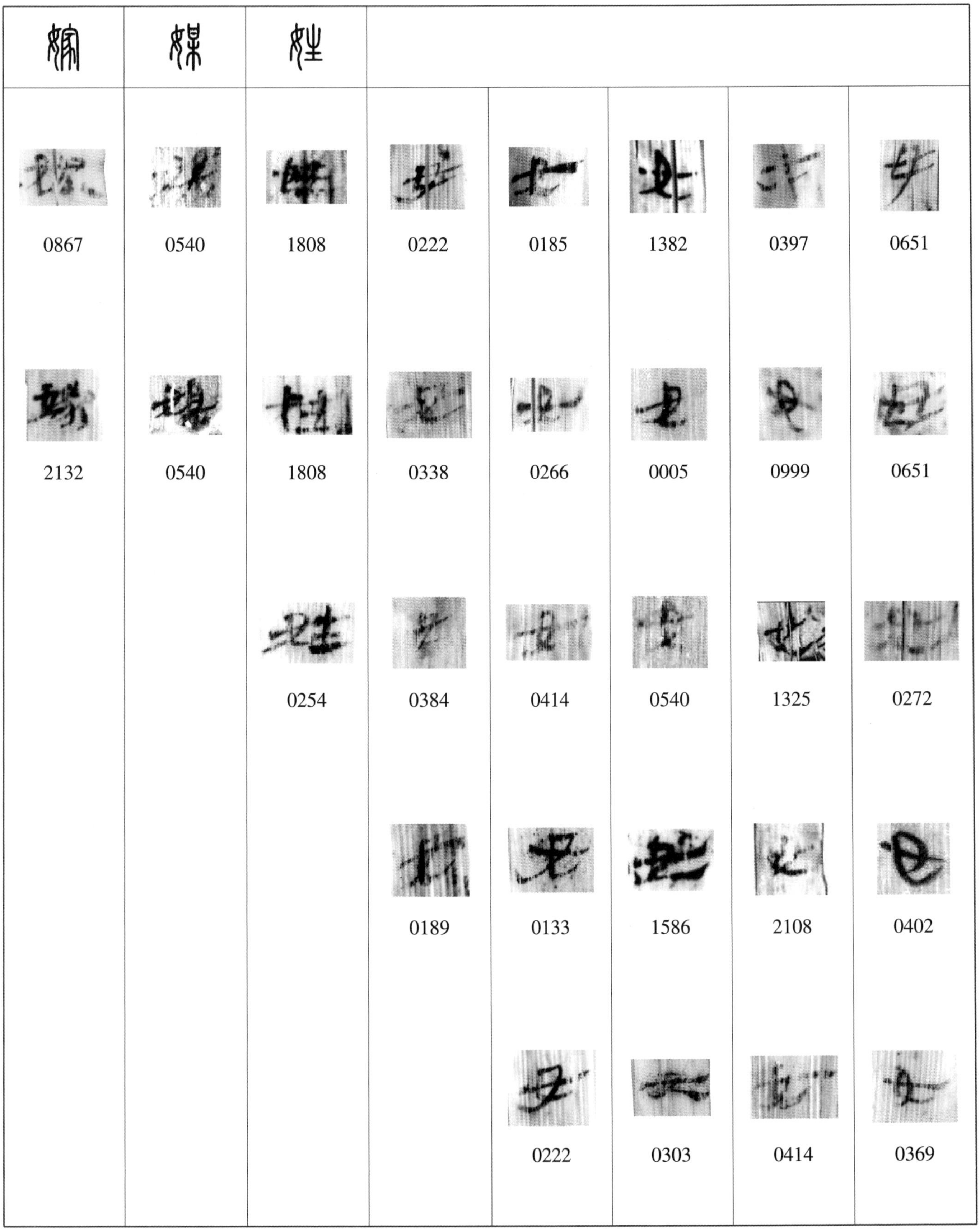

嫁：0867　2132

媒：0540　0540

姓：1808　0222　0185　1382　0397　0651
1808　0338　0266　0005　0999　0651
0254　0384　0414　0540　1325　0272
0189　0133　1586　2108　0402
0222　0303　0414　0369

妹	姊	嫗	母				妻
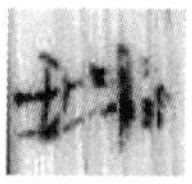 0005	 0095	 0911	 0867	 0736	 0007	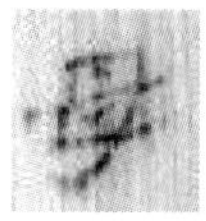 0005	 2132
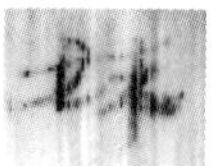 0011	 0109		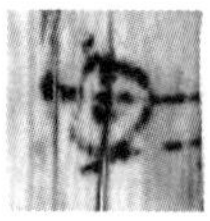 2124	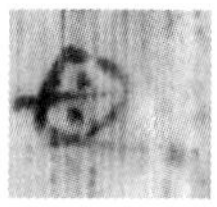 0516	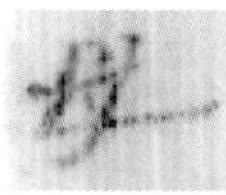 007	 0581	
 0011	 0741			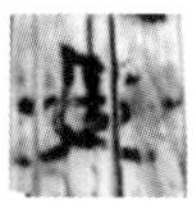 1382	 0011	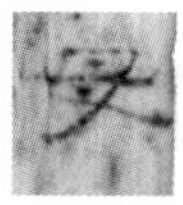 2114	
				 1402	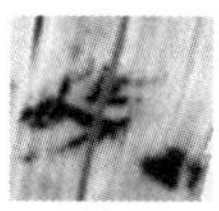 1578	 1672	
				 0306	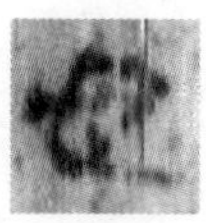 0279	 1374	

如			始		奴		婢
0349	0508	0001	0288	0802	1542	0365	0365
0353	0558	0010	0458	0077	1365	1031	0532
0504	0590	0010	0802	0089	1162	0532	0479
2035	0051	0105	0802	0175		0458	2132
0309	0343	0123		0694		0469	

嬰　嬗

嬰				嬗			
0535	2116	0651	0056	0663	0531	0238	0478
0585	2116	0760	0581		0558	0114	0550
1887	2116	0760	0976			0609	0121
	1744	1001	0213			0667	0227
	2125	2116	0648			2122	0886

婢	姦		妻				安

 0484	 0769	 1280	 0738	 0119	 0549	 0119	 1195
	 0860	 0165	 0984	 0127	 0549	 0226	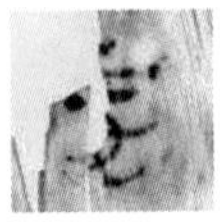 1306
	 2122	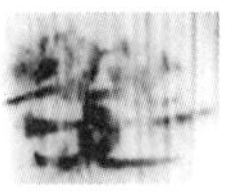 0254	 1036	 0197	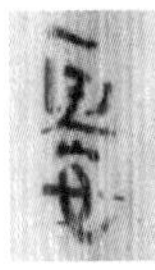 0559	 0402	 1919
		 0254	 0980	 0274	 0585	 0535	
		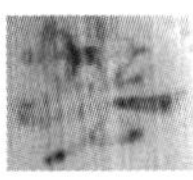 0753		 0593	 0888	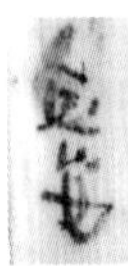 0547	

毋				孅*	婥*	娧*	娊*
毋			毌部				
0312	0060	1013		2132	0484	0867	1261
0335	0092	0196		2132		0867	
0349	0261	0745				0867	
0404	0846	0014					
0480	0296	0051					

	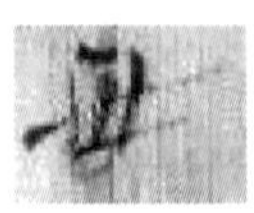			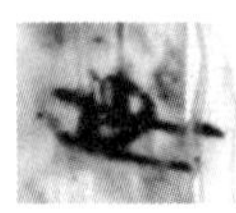			
0630	0309	0048	1789	1423	2117	0179	0957
		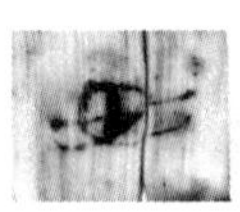	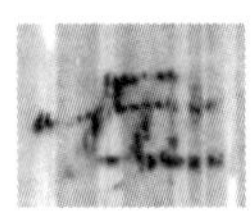	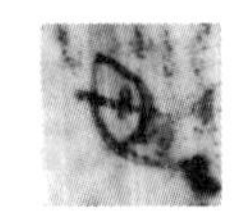	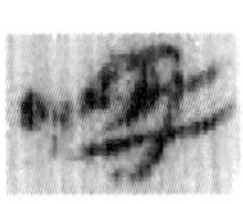		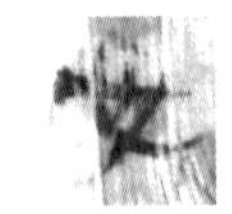
0647	0509	0146	1806	0139	0042	1383	0979
			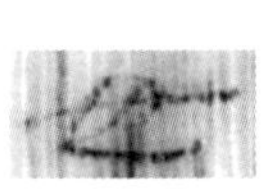	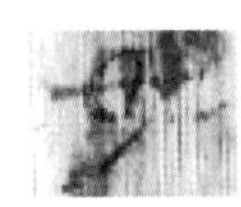	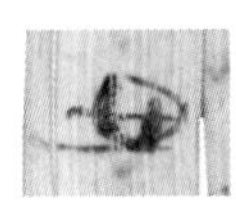		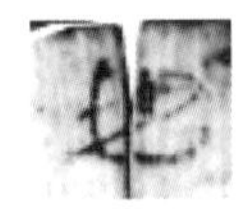
0661	1331	0216	1808	0419	0516	1394	1025
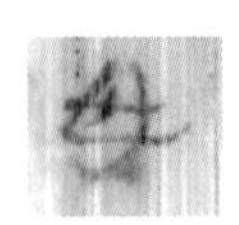	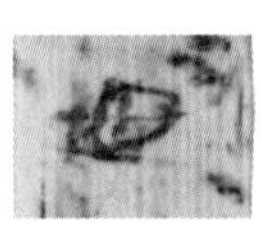						
0170	0516	0247	1598	1304	0079	1578	1466
		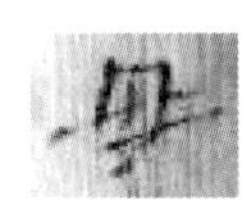	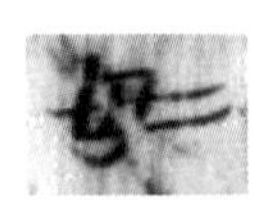		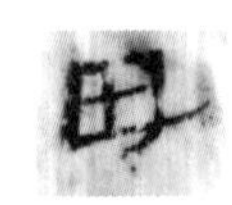		
1789	0445	0309	2122	0859	0122	1497	0032

弗

民

弗			丿部	民	民部		
 0299	 0458	 0001		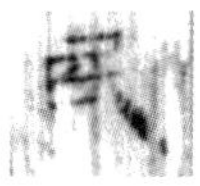 1402		 0563	 2122
 0815	 0519	 0005		 2130		 0563	 2130
 0405	 0809	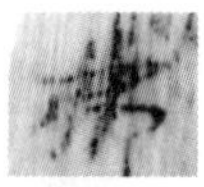 0012		 0056		 0165	 1747
 0463	 0102	 0105		 0017			 0188
 0988	 0234	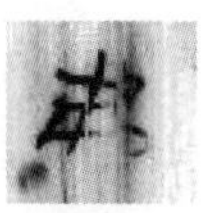 0207		 0469			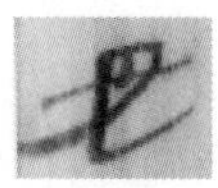 0558

1009

1014

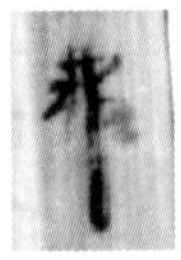
0053

乁部

也

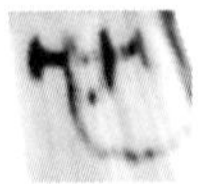
1069

1699

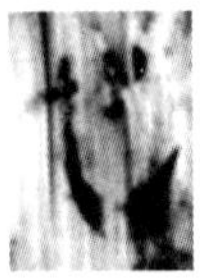
2126

1548

1717

氏部

氏

1402

2079

2079

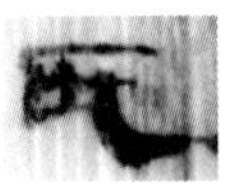
1808

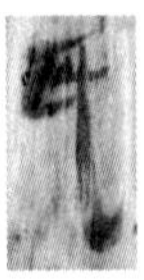
0961

氐部

氐

0069

戈部

武		或	戍			賊	戎
 0117	 0046	 0682	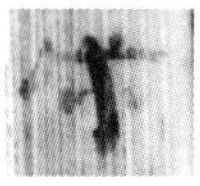 0795	 1458	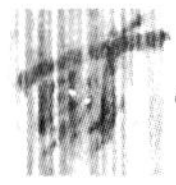 0414	 0250	 0072
 0173	 0046	 1564	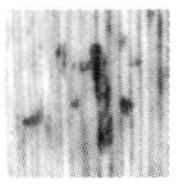 0795	 0401	 0630	 0404	 1747
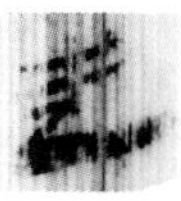 0179	 0117	 1578			 0406	 0189	
 0524	 0117				 0621		
 0524	 0117				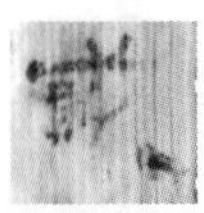 0761		

 0125	 0118	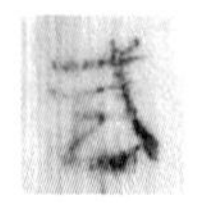 0803	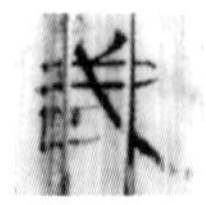 0208	 0519	 0798	 0524	 0232
 0207	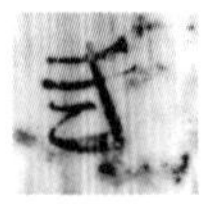 0207	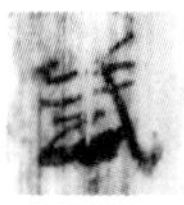 0803	 0368	 0546	 0803	 0546	 0234
 0125	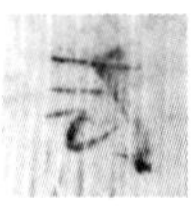 0573	 0804	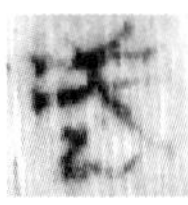 0663	 0518	 0117	 0594	 0808
 0128	 0589	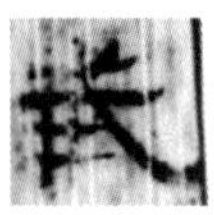 1144	 0529	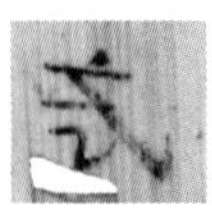 0518	 0208	 0798	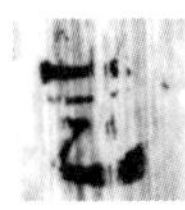 0809
 0546	 0594	 1525	 0663	 0519	 0208	 0798	 0810

戉 我

2122

0594

0803

0809

0229

0810

0529

0529

0590

0804

0546

0546

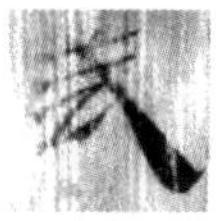
0309

0309

戉部

戉

1073

我部

我

0302

0385

0581

0941

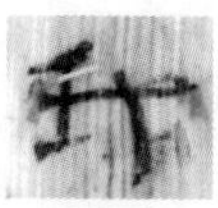
1001

0867

1252

義

義

0006　0037　0048　0081　0353

0056　2134

乚部

直

直

0001　0037　0037　0037　0081

0081　0081　0037　0579　0197

0202　0049　0099　0349　0394

0675+1555　0390　0119　0549　0585

0259

匕部

匕

 0040	 0217	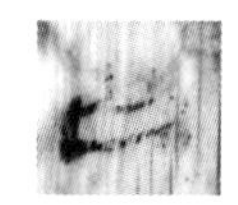 0796	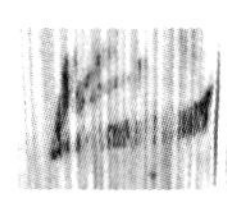 0668	 0620	 0397	 0048
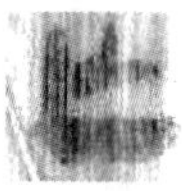 0102	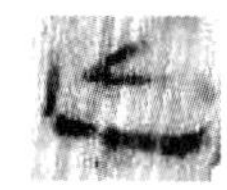 0217	 1656	 0558	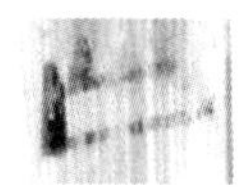 0624	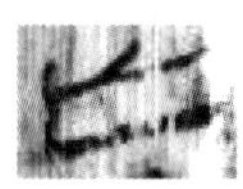 0408	 0133
 0181	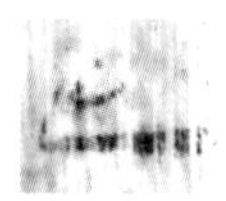 0384	 1791	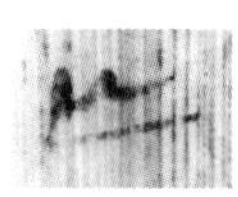 0795	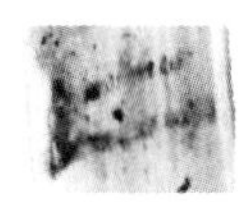 0630	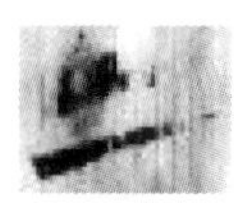 0408	 0185
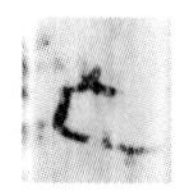 0192	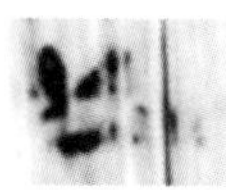 1646	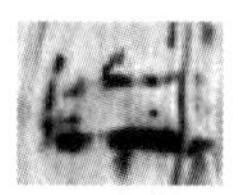 2116	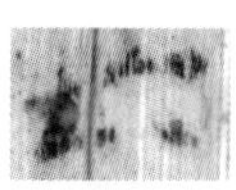 0876	 0649-a	 0414	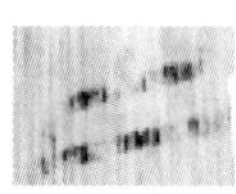 0352
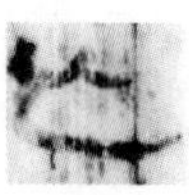 0194	 1573	 0143	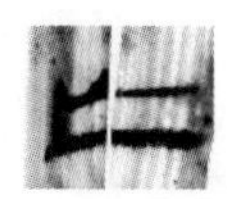 0190	 0657	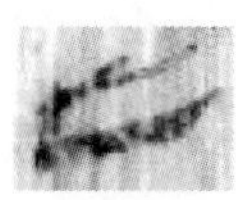 0414	 0395

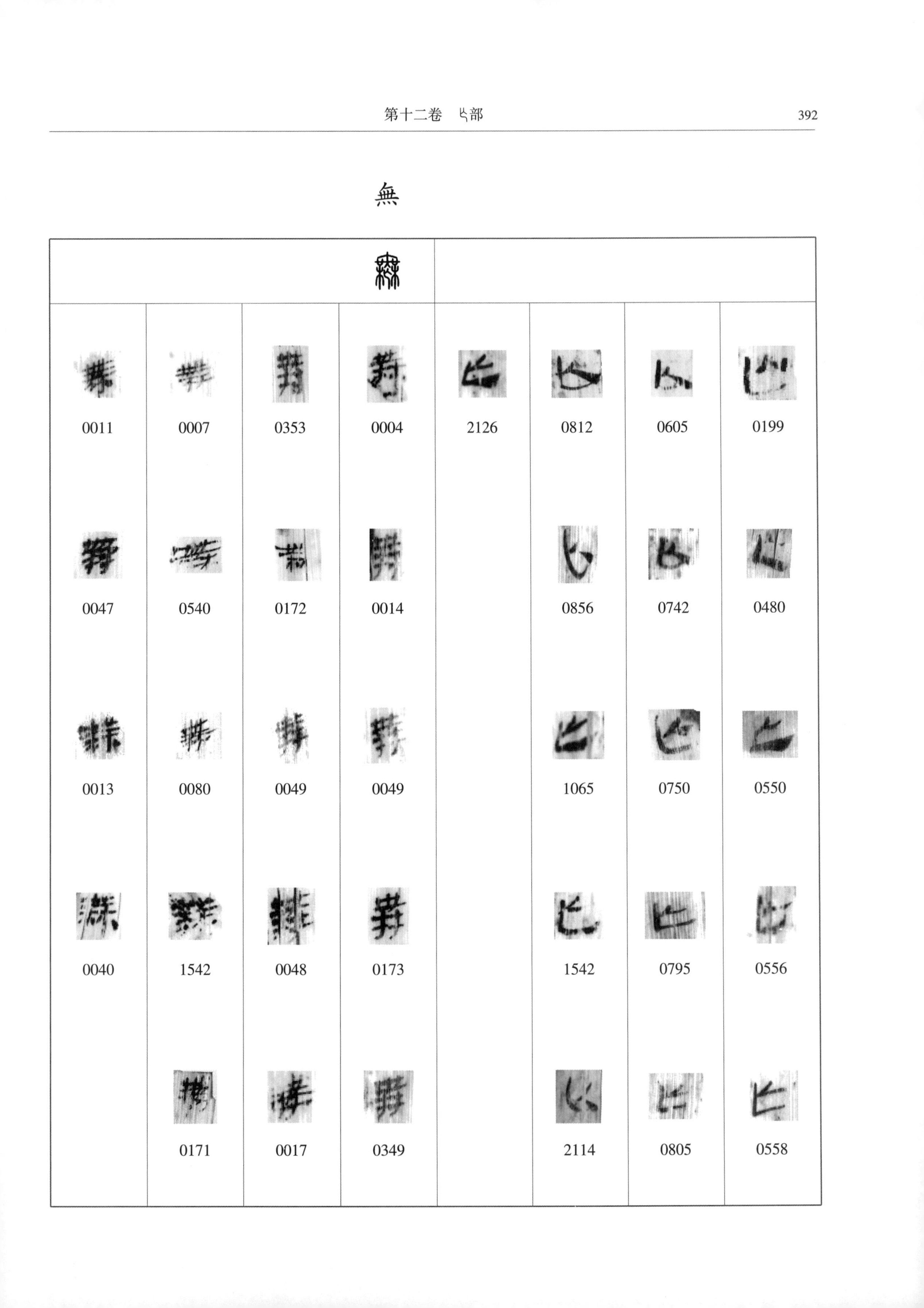

無

0011	0007	0353	0004	2126	0812	0605	0199
0047	0540	0172	0014		0856	0742	0480
0013	0080	0049	0049		1065	0750	0550
0040	1542	0048	0173		1542	0795	0556
	0171	0017	0349		2114	0805	0558

匚部

匠	匹			匿	
 1701	 0037	 0349	 0037	 1518	 0166
	 0168	 0049	 0081	 0306	 0647
	 0168	 0049	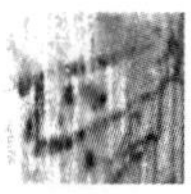 0081	 0538	 0704
	 0274	 0296	 0099	 0858	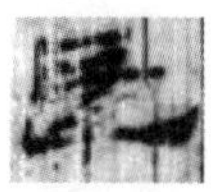 1081
		 1066	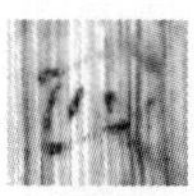 0342		 2125

ㄣ部

匡

0717

2126

2126

2126

部

瓦

0027

0019

0027

0027

0036

0025

0029

0029

0029

0029

0030

0045

0030

0079

部

張

0416

0867

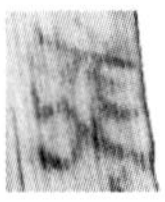
0949

1043

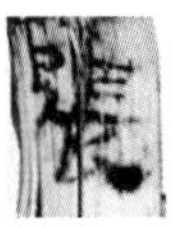
1369

1436

0773

1294

引	發	弜部	粥*	系部	孫	繇
引	發				孫	繇
 0268	 0238		 0210		 0177	 0253
 0281	 0926		 0380			 0275
 0463	 0346					 0528
	 2080					
	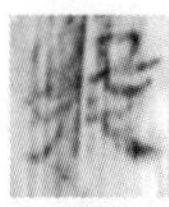 1008					

第十三卷　糸部

繼	給	織	經	紇	緒	
繼	給	織	經	紇	緒	
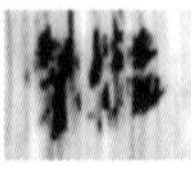 2130	 0584	 0130	 0031	 0474	 0274	 0259
		 0331	 0483		 0587	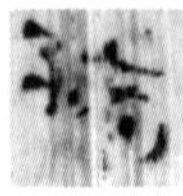 0587
		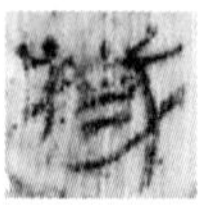 0443				 0274
						 0588
						 0888

終		給	縛	繞	纏	約	級
終		給	縛	繞	纏	約	級
 0503	 0457	 0005	 2125	 0165	 0129	 0859	 0067
	 1241	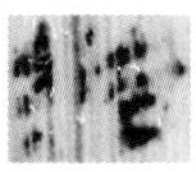 0024			 0165	 1512	
		 0056			 0531		
		 0238			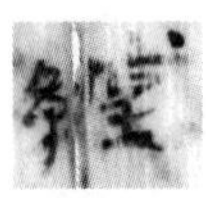 0870		
		 0376			 1862		

紬	練	縑	綺	繒			
紬	練	縑	綺	繒			
 0609	 0197	 0130	 0261	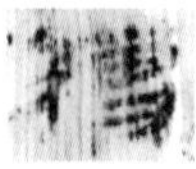 0398	 0081	 0049	 0004
 0609	 0259	 0331		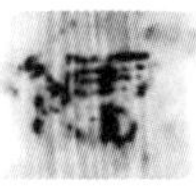 1268	 0081	 0049	 0006
	 2092	 0443			 0092	 0049	 0037
		 0523			 0189	 0081	 0037
		 0527			 0349	 0081	 0037

縱	絝	纂	綬	繟	緹	纁	

 0040	 0153	 0514	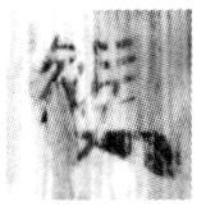 0460	 0657	 0037	 0373	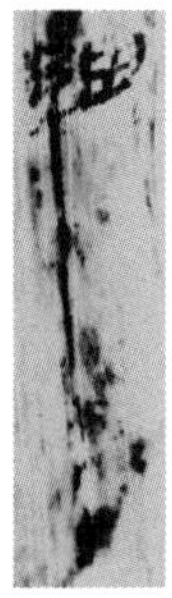 0442
 0046	 0259	 0480	 0480		 0049	 0469	
 0046					 0081	 1325	
 0048					 0349	 1779	
 0076							

編　縢　緘　累　繕

 0293	 1670	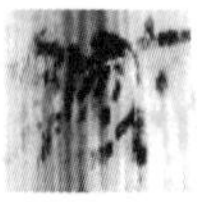 0165	 0651	 0079	 1148	 0348	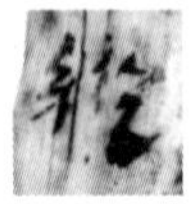 0176
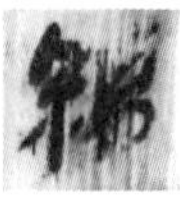 0403					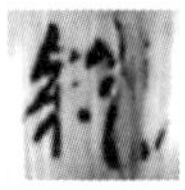 1517	 0519	 0181
 0609					 0046	 0809	 0207
 0666						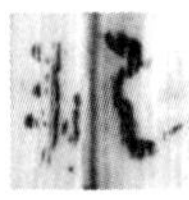 0810	 0234
 1037						 0815	 0238

結*	絣		繆		紨	繫	纏
 0196	 0657	 0037	 0356	 0188	 1031	 1011	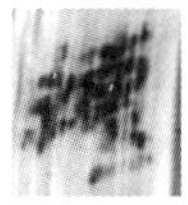 1007
 0458		 0049	 0389	 0191		 1592	
 0584		 0081	 0502	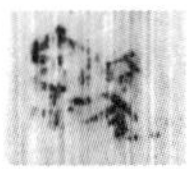 0209		 1657	
 0584		 0168		 0216			
 1330		 0217		 0334			

絲		緩	素			繯*	綩*

 0153		 1792+0017	 1628	 0037		 0165	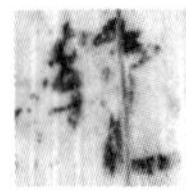 0329
 0197				 0049		 0165	 0443
 0259	 部			 0081	 部		
 0587				 0092			
				 0302			

蜀		強		⿱聿虫	虫部	率	率部
0756	0069	0077	0003	0479		0056	
0843	0484	0077	0003			0379+0391	
1407	1034	0080	0003			0970	
	1038	0105	0005				
	1332	0123	0016				

虹

0084

部

風

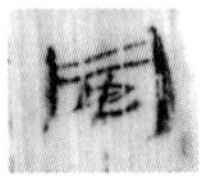

0005

0005

0011

0011

0011

0011

0012

0012

0151

部

它

0010

0012

0032

0051

0051

0079

0129

0133

0133

0196

0227

0245

0260

0280

0325

 2122	 1956	 1600	 0881	 0657	 0592	 0508	 0349
 2124	 2110	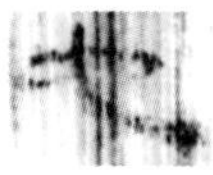 1808	 0994	 0661	 0593	 0509	 0404
 2145	 2117	 1931	 1171	 0682	 0593	 0577	 0404
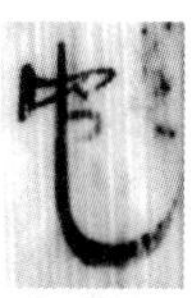 0001	 2117	 1931	 1176	 0808	 0598	 0584	 0444
 0041	 2119	 1949	 1271	 0868	 0630	 0588	 0445

卯部

卯

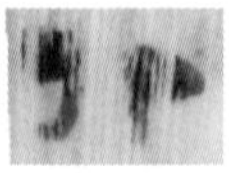 0851	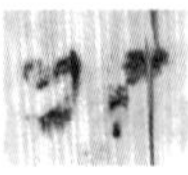 0505	 0141
 0893	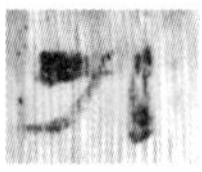 0506	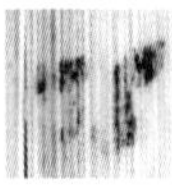 0203
 0905	 0508	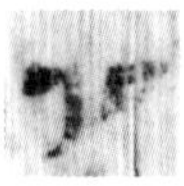 0326
 1127	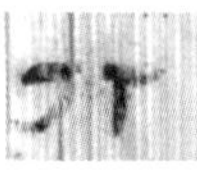 0521	 0371
 1660	 0618	 0502

蛇

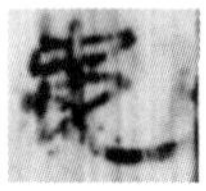 1599	 1601	 0219	 0086
		 0219	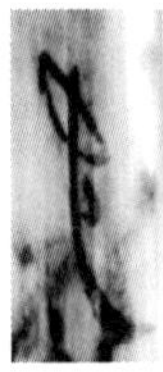 0174
		 0343	 0134

二

二部

二

0081	0056	0056	0040	0030	0015	0001
0081	0056	0056	0042	0031	0021	0006
0085	0056	0056	0042	0036	0021	0006
0085	0078	0056	0049	0037	0027	0006
0090	0080	0056	0049	0037	0028	0011

 0505	 0435	 0353	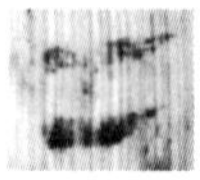 0304	 0259	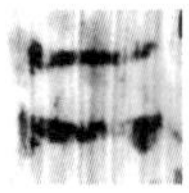 0168	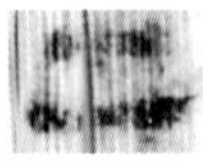 0130	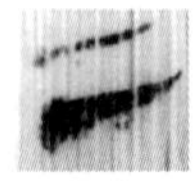 0108
 0505	 0442	 0379+0391	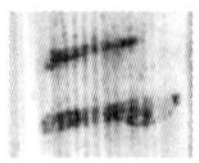 0311	 0271	 0173	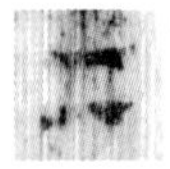 0141	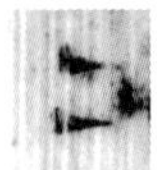 0115
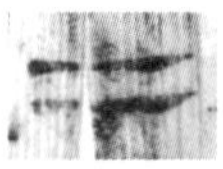 0523	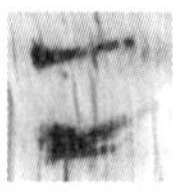 0443	 0409	 0334	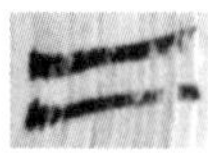 0273	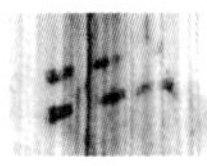 0179	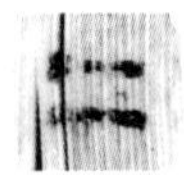 0141	 0124
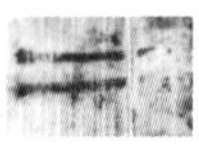 0523	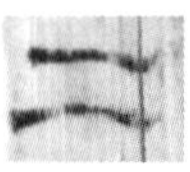 0503	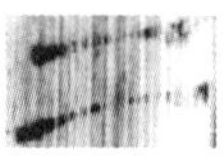 0412	 0349	 0283	 0197	 0151	 0128
 0534	 0504	 0426	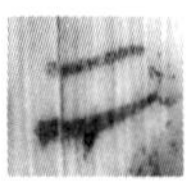 0349	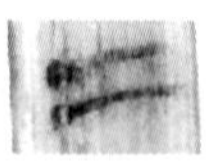 0303	 0216	 0153	 0130

	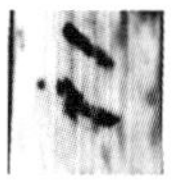			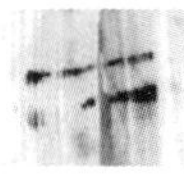	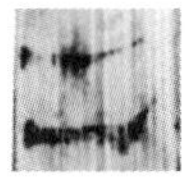		
1723	1386	1178	0995	0807	0623	0559	0535
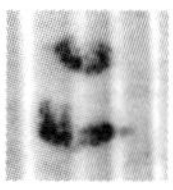				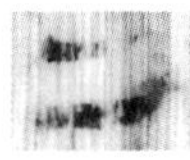	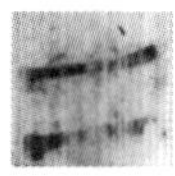		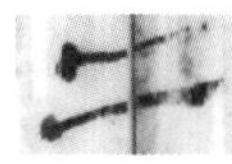
1802	1532	1179	0998	0861	0626	0587	0545
		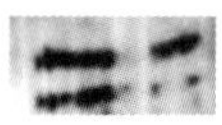					
1998	1536	1246	1019	0908	0648	0588	0547
					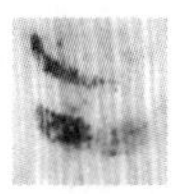		
2125	1536	1304	1081	0963	0650	0588	0549
							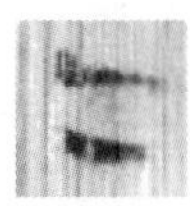
2125	1557	1370	1171	0980	0729	0593	0552

基	均	地	土		凡		
0195	0004	0007	0101		1192	0011	2125
0195	0040	0007	0103		2136	0016	2126
0195		0008	0254	土部		0056	2127
		2024	0868			0080	2128
						0481	2132

垣

𡊨

0020　0023　0027　0028　0029

0030　0079

在

𡉋

0007　0032　0041　0077　0077

0080　0084　0093　0136　0149

0150　0150　0196　0209　0238

0297　0332　0340　0340　0352

0395　0396　0408　0566　0579

0605　0624　0639　0776　0777

坐

㘴							
0704	0578	0309	0243	0196	0101	2079	0897
0798	0584	0475	0260	0212	0125	2125	0962
0887	0589	0524	0294	0215	0129	2132	0962
1013	0594	0555	0299	0229	0166		1804
1117	0651	0557	0306	0241	0193		1957

城 墨 封

城				墨	封		
 0409	 0234	 0132	 0013	 0403	 0165	 1808	 1236
 0482	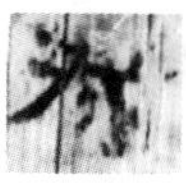 0263	 0202	 0013	 0403	 0165	 2123	 1271
 0490	 0277	 0207	 0048	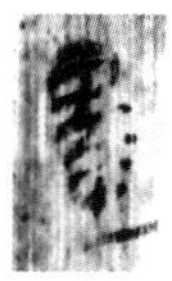 0481	 0531		 1282
 0519	 0365	 0207	 0118	 2064	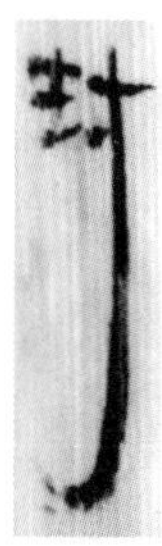 0344		 1329
 0524	 0409	 0232	 0127	 1734			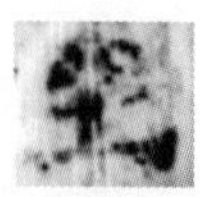 1577

塞　　增

塞	增						
 1244	 1786	 0514	 1573	 0809	 0684	 0590	 0544
		 1509	 1573	 0810	 0797	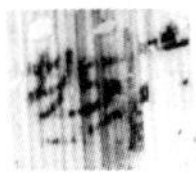 0594	 0547
		 2125	 1679	 0811	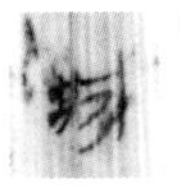 0798	 0596	 0547
			 2125	 0812	 0799	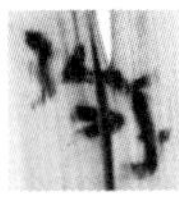 0596	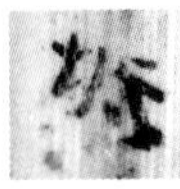 0582
			 0501	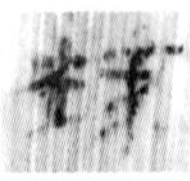 0869	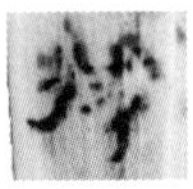 0807	 0623	 0583

毁

0180

0028

壞

0079

0019

0021

0026

0026

0079

垚部

堯

1367

里部

里

0006

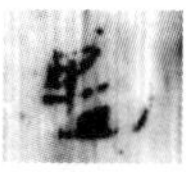
0008

0011

0011

0040

0078

0080

0101

0115

0115

 0410	 0370	 0346	 0243	 0208	 0185	 0129	 0118
 0416	 0373	 0346	 0260	 0229	 0196	 0133	 0125
 0445	 0380	 0346	 0327	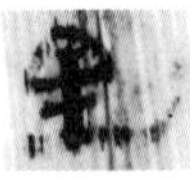 0229	 0208	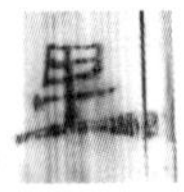 0158	 0125
 0445	 0406	 0364	 0337	 0232	 0208	 0166	 0125
 0458	 0406	 0364	 0342	 0243	 0208	 0174	 0125

 1463	 1285	 0858	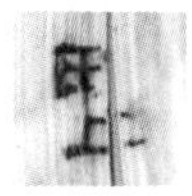 0796	 0693	 0587	 0555	 0507
 1597	 1326	 0861	 0798	 0712	 0594	 0559	 0524
 1597	 1329	 0868	 0798	 0752	 0594	 0559	 0524
 1670	 1329	 1016	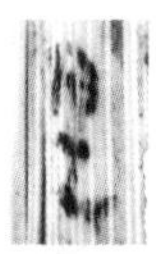 0799	 0754	 0594	 0559	 0524
 1671	 1392	 1271	 0799	 0795	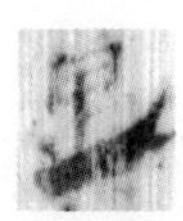 0682	 0584	 0540

田

0014	0003
0037	0004
0049	0004
0049	0004
0056	0006

田部

野

2123	0046	2132	2026	1792+0017
0575	0048	2132	2043	1808
	0078	2134	2115	1808
	0078	2134	2123	1817
	0348		2123	1858

界畍 畸

畍	畸						
0475	0346	1812	1564	0353	0076	0056	0056
0648		2123	1564	0370	0094	0056	0056
2059			1596	0456	0162	0064	0056
0004			1724	0579	0167	0064	0056
0084			1749	0795	0173	0075	0056

當

 0335	 0226	 0132	 0057	 0008	 0003	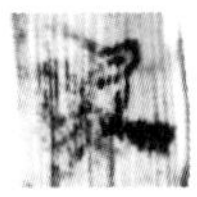 0536	 0340
 0365	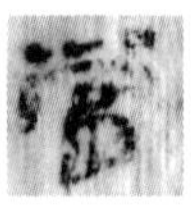 0238	 0174	 0057	 0010	 0003	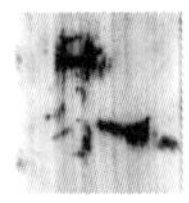 0556	 0340
 0381	 0254	 0174	 0077	 0010	 0003	 1608	 0384
 0400	 0256	 0186	 0080	 0016	 0005	 2126	 0384
 0407	 0296	 0196	 0122	 0052	 0007		 0536

留

0042	1974	1596	1489	0666	0596	0532	0440
0122	2056	1609	1542	0796	0609	0532	0457
0170	2063	1786	1554	0811	0649	0563	0479
0241		1786	1573	0852	0661	0584	0482
0264		1792+0017	1590	1251	0662	0592	0531

畝

黄部						
 0056	 0056	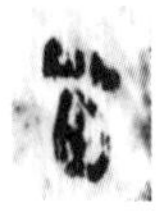 1423	 0848	 0558	 0401	 0269
 0056	 0056	 1466	 0848	 0562	 0405	 0335
 0056	 0056	 1510	 0883	 0562	 0472	 0337
 0368	 0056	 1656	 1271	 0796	 0475	 0386
	 0056		 1338	 0846	 0531	 0386

黄

黄

0153

0215
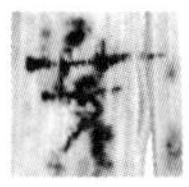
0259

0267

0442

0448

0445

0587

0609

1101

1599

1866

男部

男

男

0040

0057
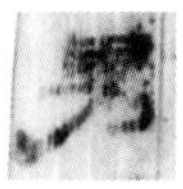
0132

0166

0233

0254

0256

0370

0406

0410

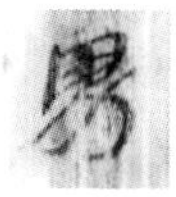
0452

0458

0522

0572

0648

0795

1021

1185

1264

1396

勝	助	功		力			

 0024	 0094	 1184	 0403	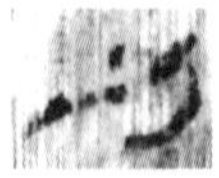 0411	 力部	 1645	 1561
 0033		 1734	 0481			 1792+0017	 1567
 0079		 1807	 0552			 1938	 1588
 0083		 1915	 0666			 2123	 1597
 0085			 1010			 2123	 1603

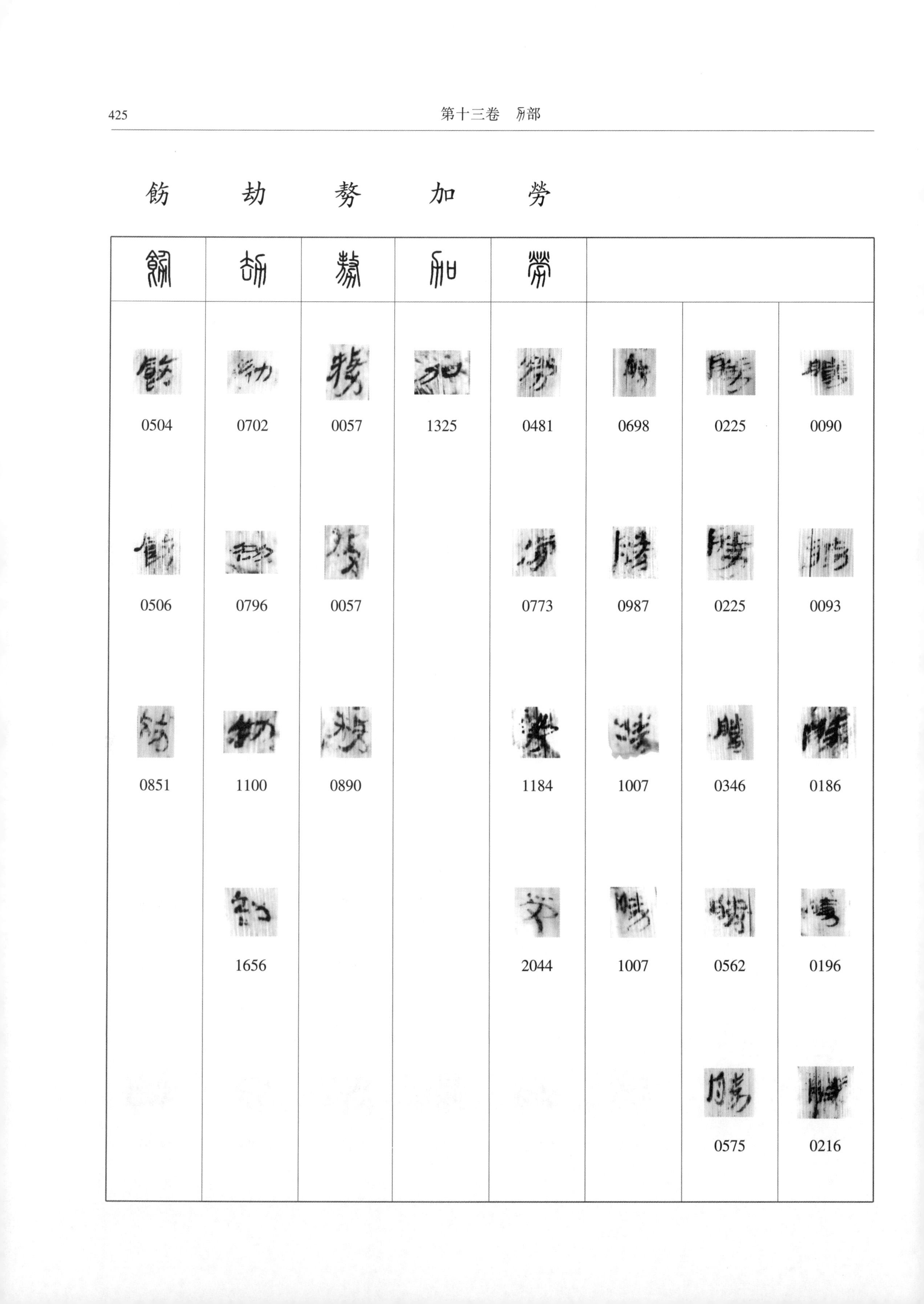

飭	劫	勢	加	勞			
0504	0702	0057	1325	0481	0698	0225	0090
0506	0796	0057		0773	0987	0225	0093
0851	1100	0890		1184	1007	0346	0186
	1656			2044	1007	0562	0196
						0575	0216

劾

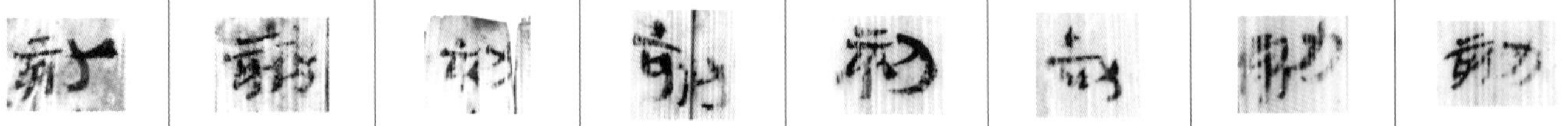

0649	0517	0369	0276	0133	0084	0047	0001

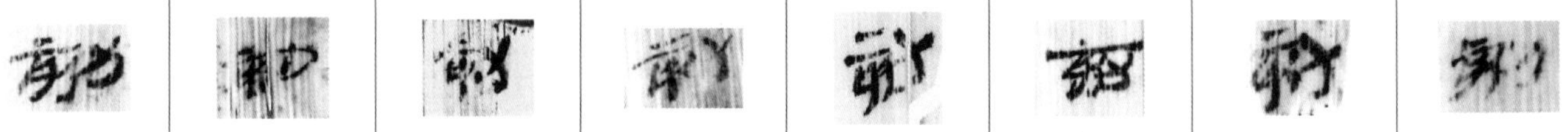

0657	0519	0374	0302	0173	0085	0048	0008

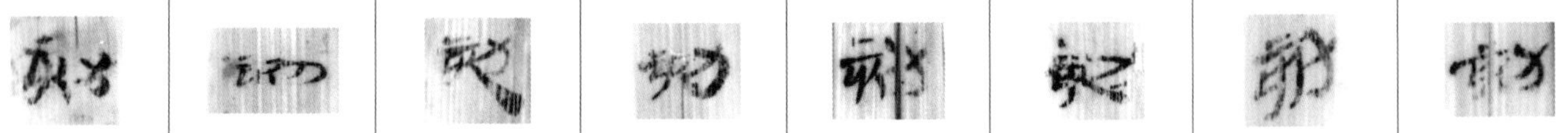

0699	0519	0397	0348	0184	0087	0048	0013

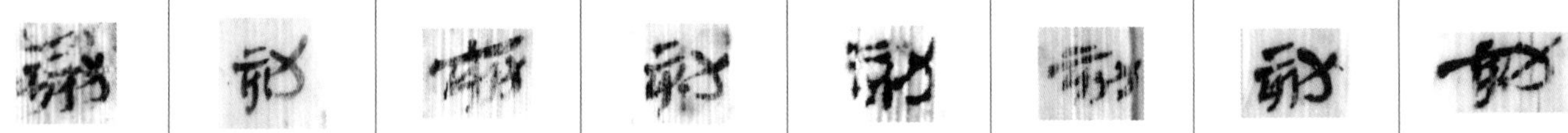

0723	0557	0401	0349	0234	0088	0048	0040

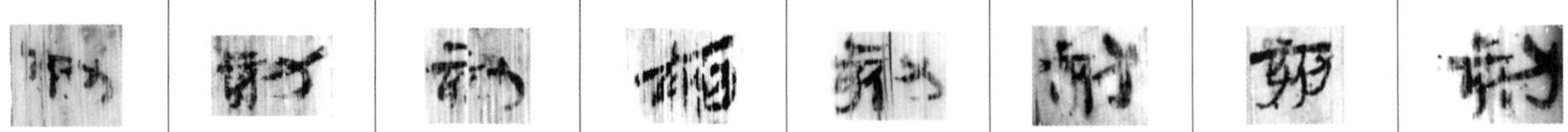

0738	0560	0425	0351	0245	0132	0079	0046

劦

劦

0555

1463

劦部

募

募

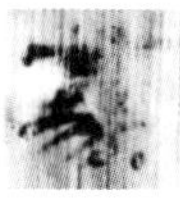
0565

1598

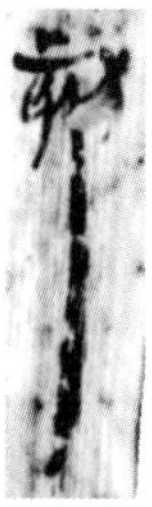
1600

2117

0054

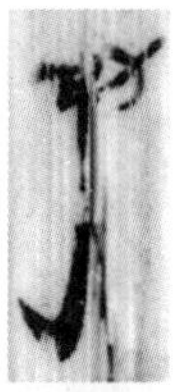
0006

0095

1807

1875

2119

2127

2135

0815

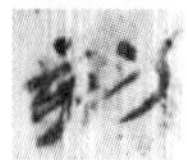
0906

0950

1282

1476

0747

0779

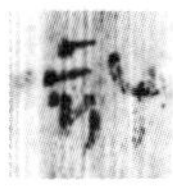
0802

0809

0810

第十四卷　金部

金			銅		鐵	
金			銅		鐵	
 0102	 0885	 1455	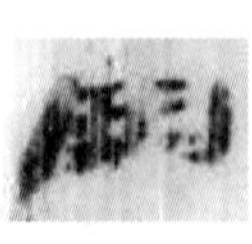 0135	 0339	 0001	 0557
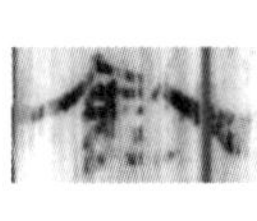 0245	 0890	 1455	 0169	 0197	 0011	 1010
 0425	 0970	 1860	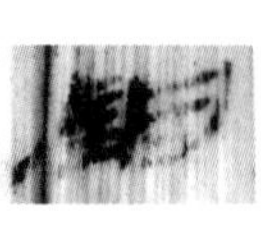 0175	 0535	 0011	 1805
 0473	 0975	 1948	 0217	 0585	 0011	 1807
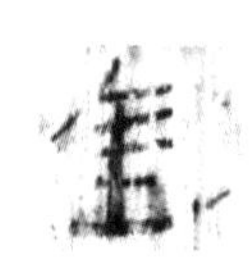 0852	 1177	 2147	 0256	 0620	 0324	 0005

錢				釘	錄		鍇
錢				釘	錄		鍇
0037	2128	0008	0001	0399	1029	0245	0458
0037	1620	0008	0005	0633	1037	0273	2132
0037	0004	0017	0005	1337	0596	0709	2132
0037	0004	0151	0005		0823	0779	
0078	0004	0151	0007			1009	

鉗

鉗

0660	0519	0207	0013	0549	0197	0006	0081
0684	0525	0277	0013	0557	0202	0013	0081
0809	0547	0402	0048	0559	0226	0037	0173
0815	0583	0409	0119	0702	0274	0078	0911
1202	0591	0409	0127	0917	0332	0081	1065

鉚*	鈃*	劉	鐔	鈁	鈞	鈦	
		鐂	鐔	鈁	鈞	鈦	
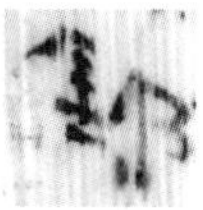 0197	 0535	 0013	 0004	 0217	 0859	 0549	 0013
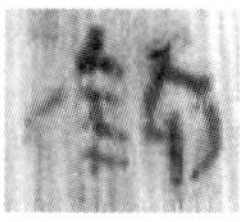 0339	 0585		 0040	 0256	 1139	 0592	 0048
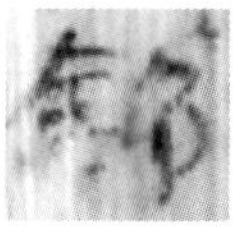 0339	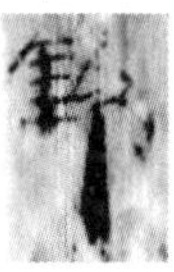 0301		 0048	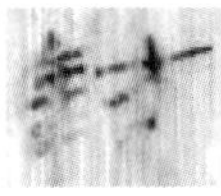 0381	 1512	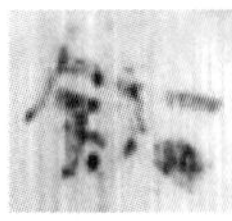 0815	 0202
			 0154	 0387		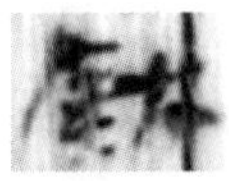 2125	 0207
			 0040	 1363		 2125	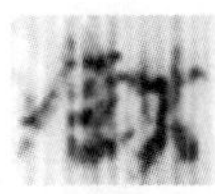 0519

斤部

斤

0077

0003

0080

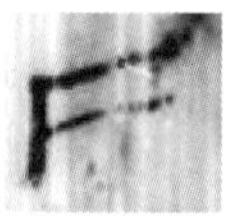
0010

0080

0017

0130

0017

0157

0017

且部

且

0579

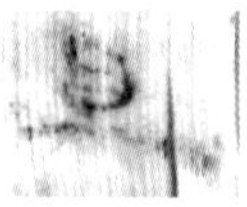
0663

几部

處

0526

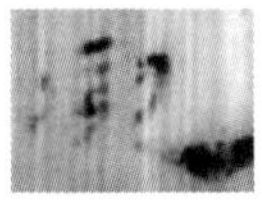
0179

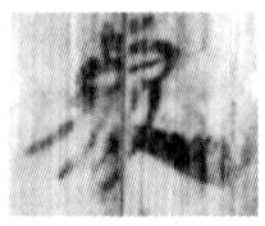
0769

0188

0505

0271

0136

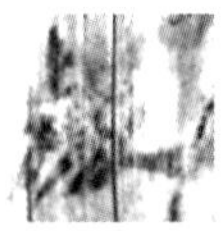
0272

0520

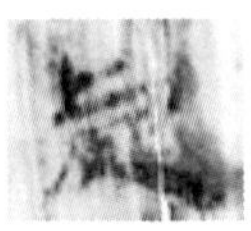
0378

所

0077	0027	0017	0001	0016	0077	0527	0245
0077	0029	0017	0005	0527	0098	0638	0350
0092	0030	0021	0008	0600	0130	0786	0443
0093	0030	0022	0011	0859	0618	1113	0521
0077	0076	0023	0014	1635	0975	0016	0521

 0843	 0630	 0185	 0077	 0309	 0667	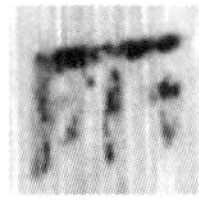 0504	 0094
 1036	 0635	 0173	 0077	 0394	 0811	 0508	 0099
 0041	 0121	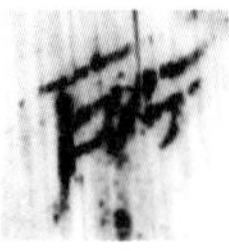 0188	 0080	 0504	 1556	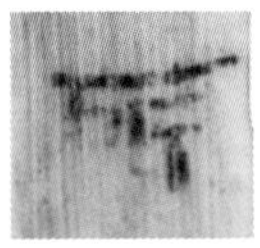 0521	 0179
	 0125	 0247	 0078	 0750	 1611	 0551	 0208
	 0596	 0253	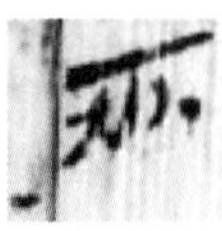 0078	 1217	 2135	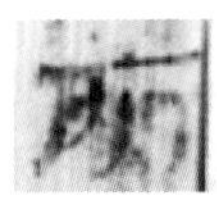 0619	 0404

斯

1815

斷

0166

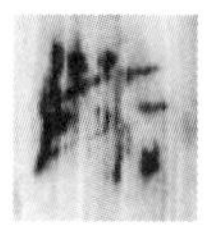
0167

0815

1574

2135

新

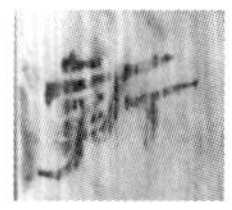
0338

0352

0398

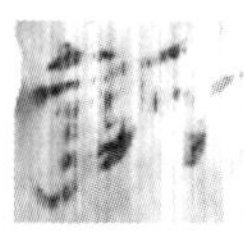
0408

0560

0609

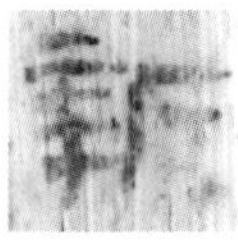
0647

0775

0784

1436

2116

1812

斗部

斗

0013

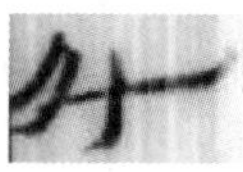
0005

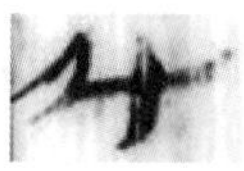
0005

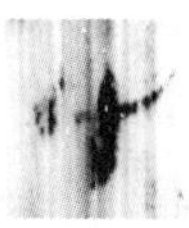
0008

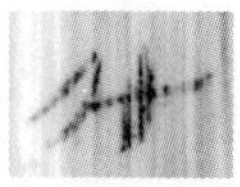
0010

0011

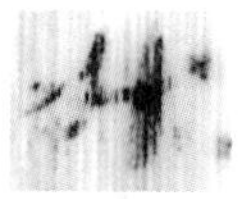
0011

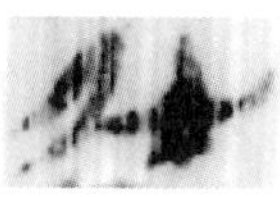
0017

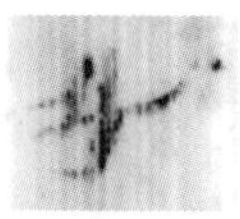
0001

0080

車

車

0021

0059

0267

0267

0324

車部

矛

矛

0189

0301

矛部

升

升

0056

0056

0368

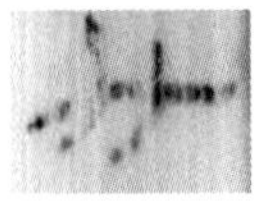
0013

0056

0056

0056

0056

1274

0701

1805

1805

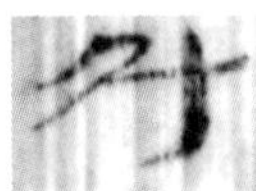
1807

0077

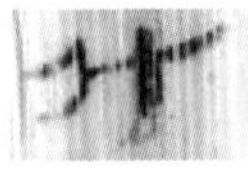
0157

0078

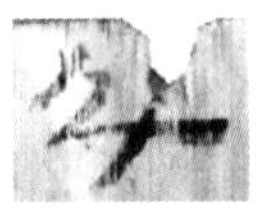
0411

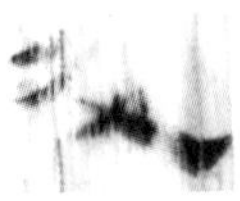
0535

轅 軫 軓 輕 軺

轅	軫	軓	輕	軺			
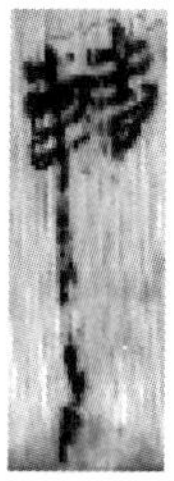 0762	 2132	 0043	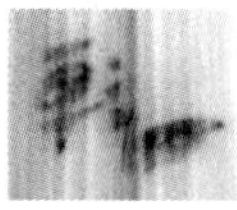 0003	 0422	 0027	 2035	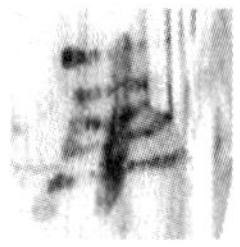 0332
			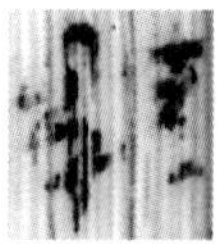 0031		 1176	 2035	 0581
			 0080			 2128	 0581
			 0080			 2035	 0581
			 0093			 0026	 0874

	斬	輸		軍		載	
	斬	輸		軍		載	
𠂤部	 0259	 0508	 0187	 1797	 0079	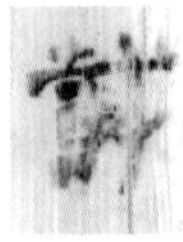 0380	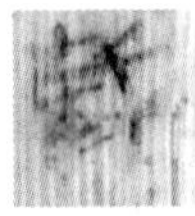 0254
	 1219	 1656	 0239		 0093	 0839	 0254
			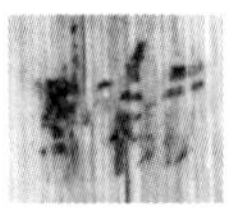 0326		 0210		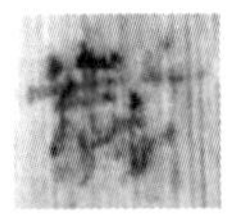 0324
			 0331		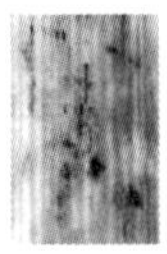 0325		 0332
			 0506		 1002		 0364

官

		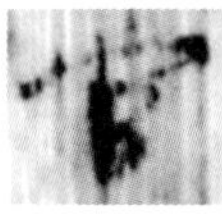	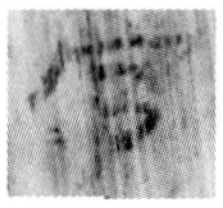				
0125	0773	1723	0667	0557	0416	0324	0017
	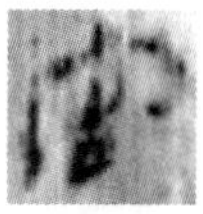	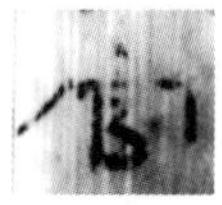			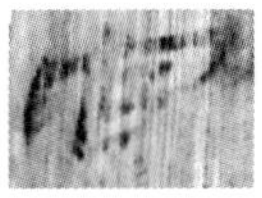		
0136	1659	1412	0649	0557	0423	0338	0081
			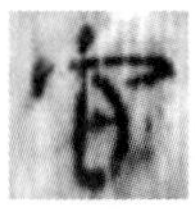			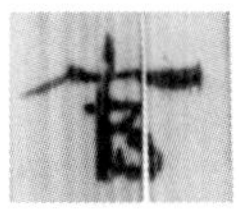	
0416	2130	1875	1165	0574	0504	0346	0187
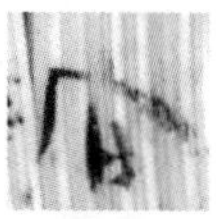							
0518	0175	1805	1176	0594	0509	0407	0201
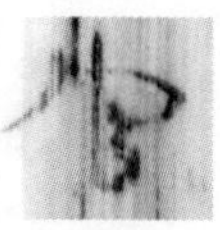				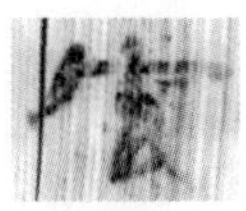	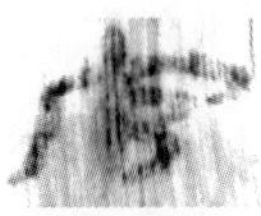		
0556	0128	1807	1692	0667	0553	0407	0256

陵

陵

 0340	 0100	 0088	 0048	 0006
 0353	 0107	 0094	 0076	 0033
 0530	 0133	 0095	 0081	 0033
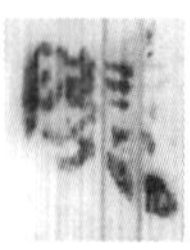 0739	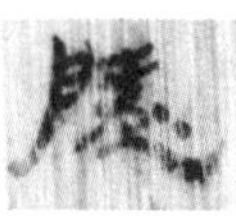 0175	 0095	 0084	 0037
 1736	 0176	 0095	 0088	 0046

𨸏部

 0208	 0799
 2149	 0815
	 1121
	 2081
	 0187

陽

							陽
 0594	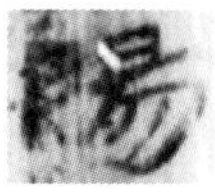 0524	 0188	 0079	 0047	 0014	 0006	 1797
 0594	 0525	 0353	 0107	 0048	 0017	 0006	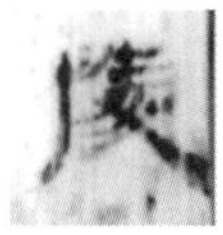 2123
 0597	 0575	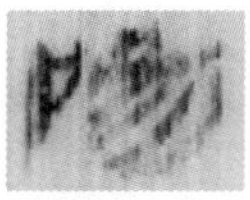 0426	 0173	 0048	 0040	 0007	 2134
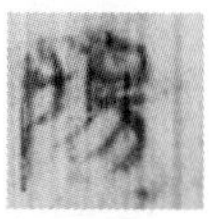 0597	 0583	 0441	 0175	 0048	 0040	 0011	
 0669	 0591	 0477	 0175	 0076	 0040	 0013	

隃

隃							
 0024	 1335	 0796	 0208	 0107	 2019	 1150	 0762
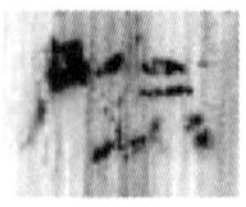 0148	 1768	 0814	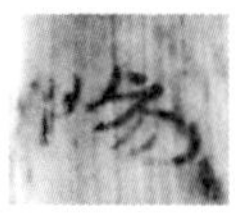 0350	 0107	 2134	 1155	 0763
	 1878	 0815	 0491	 0125	 0559	 1175	 0763
	 2126	 1225	 0525	 0125	 0049	 1556	 0798
		 1225	 0556	 0208	 0080	 1879	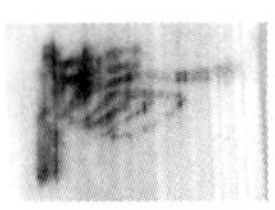 0960

陳

1875

2114

2114
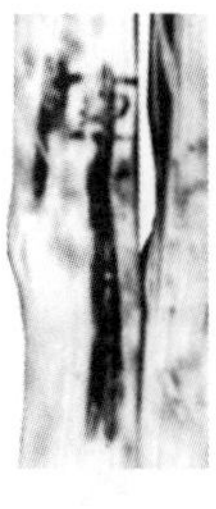
2114

除

0225

0649
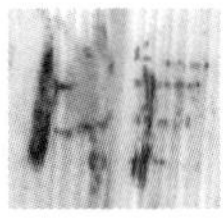
0852

0943

0857

1388

1416

四部

四

0001

0005

0006

0011

0013

0017

0020

0021

0022

0022

0023

0023

0023

0023

0024

0026

0029

0036

0037

0037

 0081	 0026	 1599	 0908	 0505	 0187	 0085	 0052
 0297	 0046	 2134	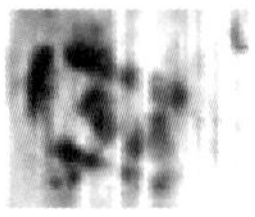 0914	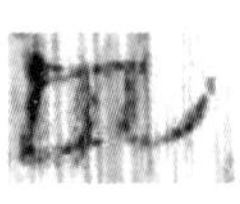 0506	 0189	 0085	 0056
 0339	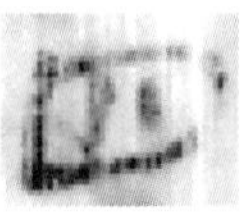 0049	 0006	 1099	 0530	 0243	 0085	 0059
 0585	 0049	 0011	 1408	 0584	 0268	 0102	 0078
 0964	 0081	 0020	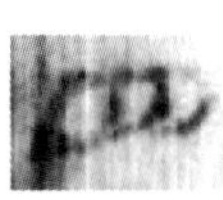 1447	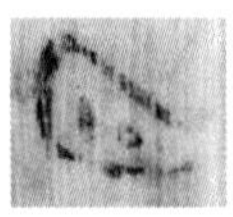 0865	 0385	 0173	 0081

五

㐅				㐅部			
 0017	 0017	 0010	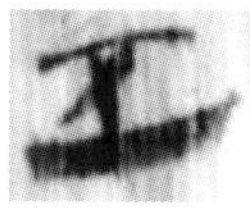 0002		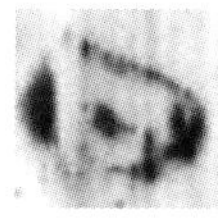 0535	 0177	 0027
 0017	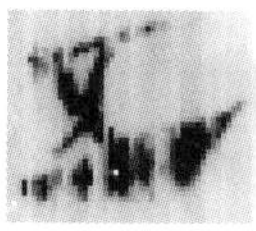 0017	 0010	 0005		 0856	 0201	 0042
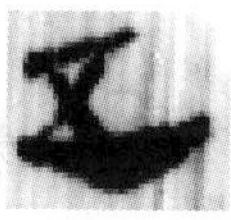 0017	 0017	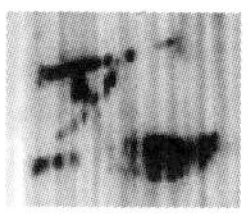 0010	 0005		 1455	 0324	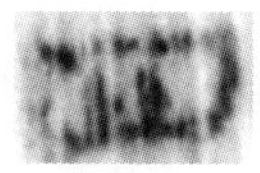 0042
 0037	 0017	 0010	 0005			 0660	 0056
 0042	 0017	 0011	 0008			 0283	 0124

0722	0368	0177	0133	0080	0077	0056	0047
0859	0368	0205	0152	0080	0077	0056	0048
0859	0368	0232	0152	0085	0079	0056	0052
1792	0513	0256	0152	0107	0080	0077	0052
1808	0722	0261	0157	0132	0080	0077	0056

1799

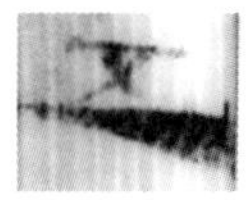
1808

0021

0020

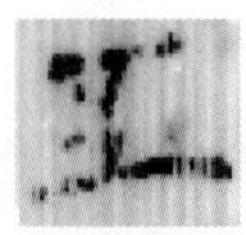
0022

0026

0029

0029

0030

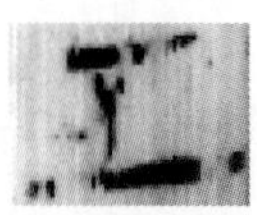
0045

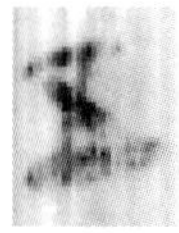
0003

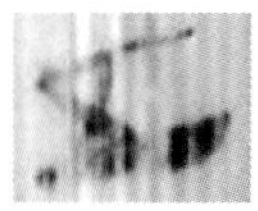
0003

0016

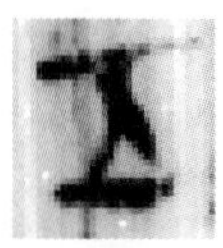
0016

0081

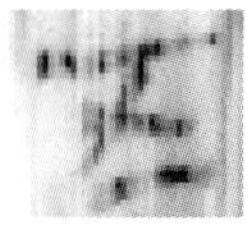
0049

0078

0084

0092

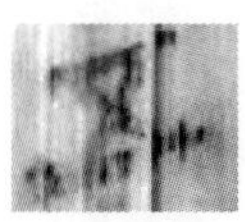
0092

0161

0173

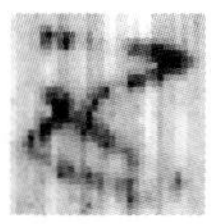
0223

0349

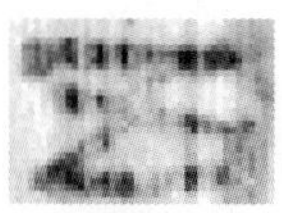
0418

六部

六

0046

0187

0202

0133

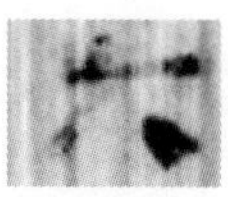
0203

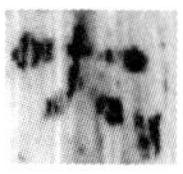
0229

0368

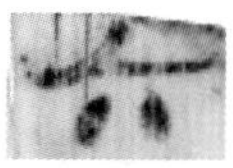
0373

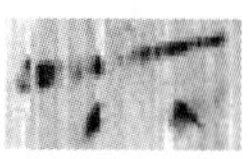
0425

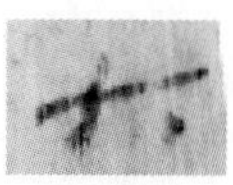
0481

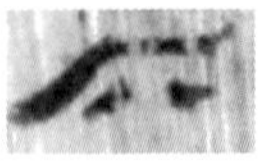 0334	 0081	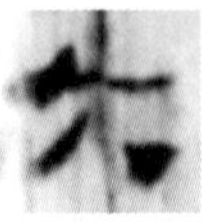 0056	 1130	 1528	 0908	 0527	 0502
 0535	 0117	 0056	 0546	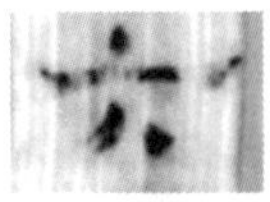 1721	 1020	 0528	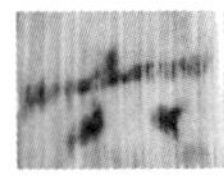 0502
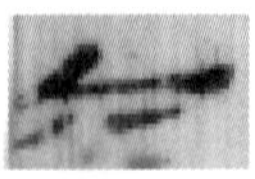 0656	 0119	 0057	 0056	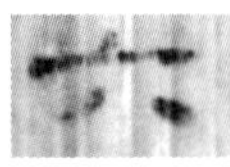 1807	 1483	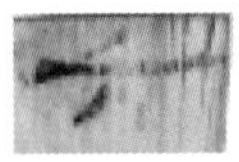 0528	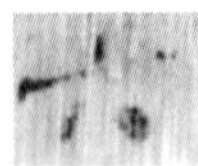 0504
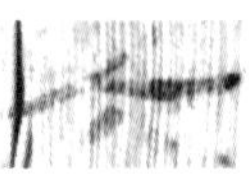 0667	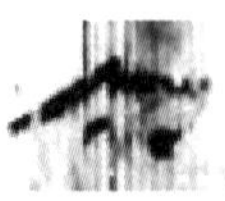 0141	 0078	 0056	 1920	 1609	 0648	 0508
 0859	 0275	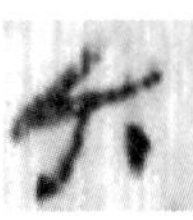 0081	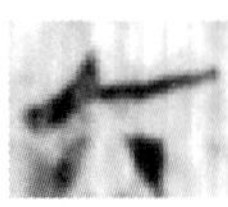 0056	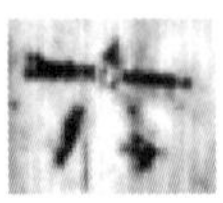 1936	 1657	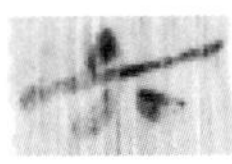 0657	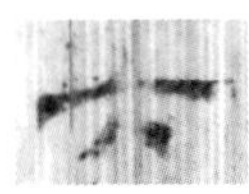 0508

七

七				七部			
 0042	 0795	 0056	 0010		 2134	 1395	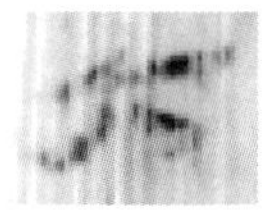 1139
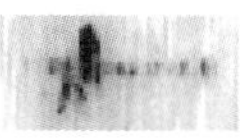 0231	 1564	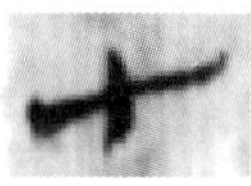 0056	 0037		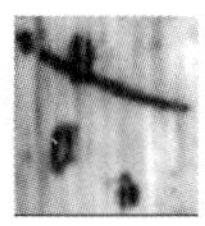 0402	 1736	 1031
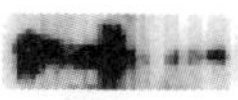 0243	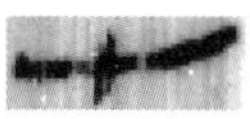 0036	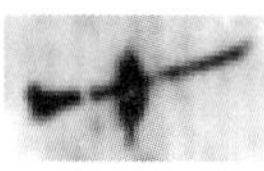 0056	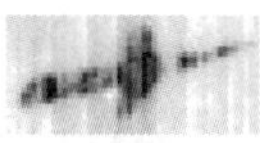 0037		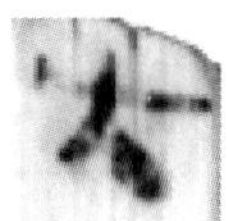 1159	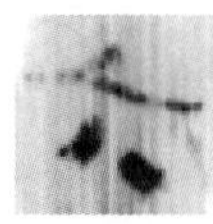 1893	 1065
 0246	 0441	 0081	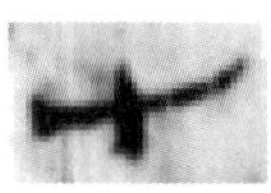 0056		 1665	 1967	 1178
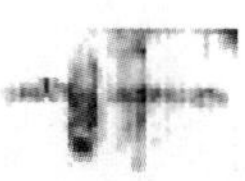 0257	 0013	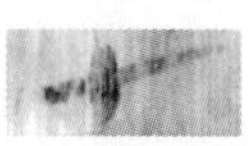 0424	 0056		 0804	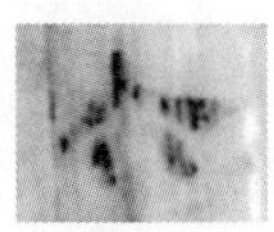 2001	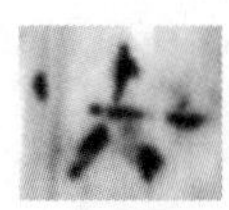 1272

九

九

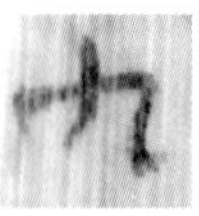 0099	 0049	 0037	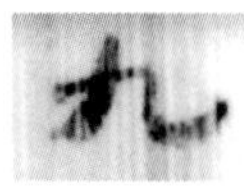 0002
 0099	 0056	 0037	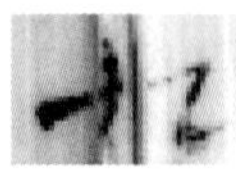 0004
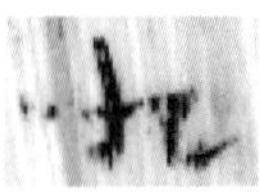 0134	 0057	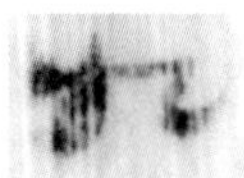 0042	 0021
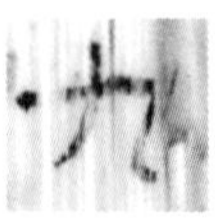 0154	 0081	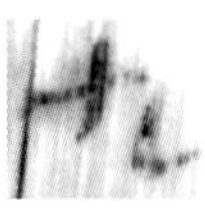 0049	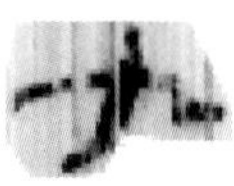 0031
 0177	 0085	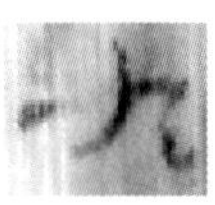 0049	 0037

九部

 1031	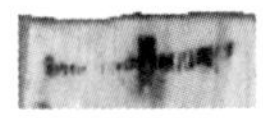 0769	 0334
	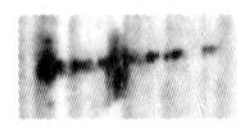 1807	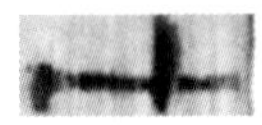 0439
	 2019	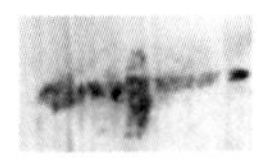 0481
	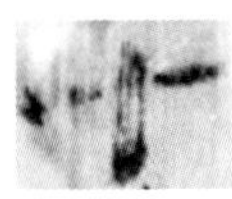 0542	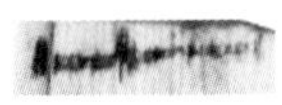 0509
	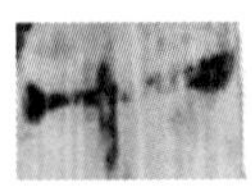 0807	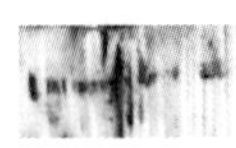 0645

 1295	 0015	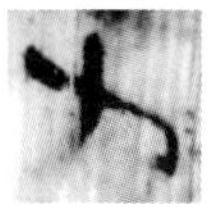 0127	 0226	 1798	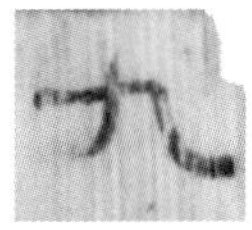 0814	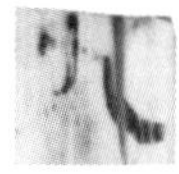 0534	 0341
 1593	 0056	 0197	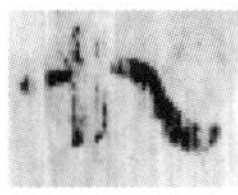 0317	 1805	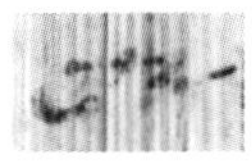 0859	 0557	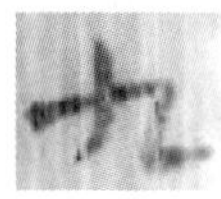 0349
	 0132	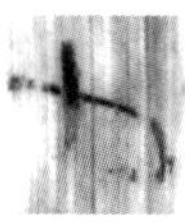 0482	 0797	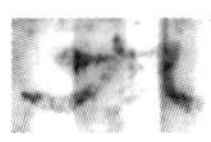 2037	 1333	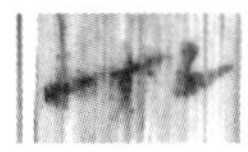 0583	 0368
	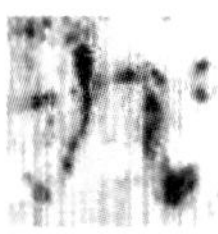 0626	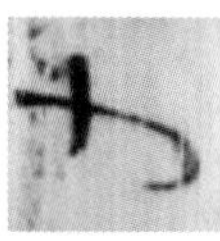 0547	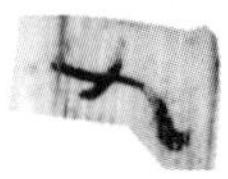 0118	 2057	 1455	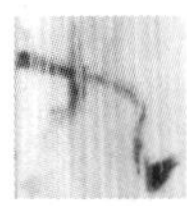 0596	 0492
	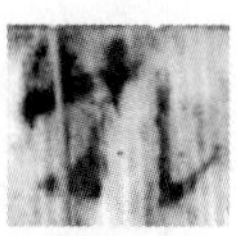 0660	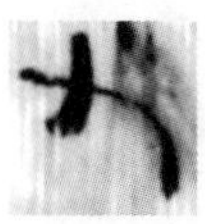 1557	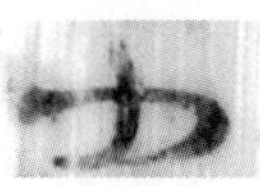 0102	 2134	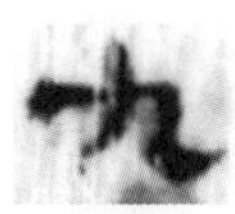 1455	 0597	 0525

禸部

萬

0056　0078　0148　0197　0507

0585　0663　1031　1112　1130

1112　1130　2128　0031　0539

0033

甲部

甲

0040　0057　0175　0347　0368

0448　0513　0574　0682　0848

乙

1246

1310

1483

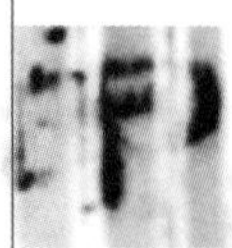
1868

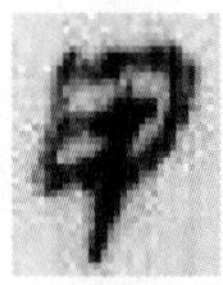
0046

0048

0057

0094

0547

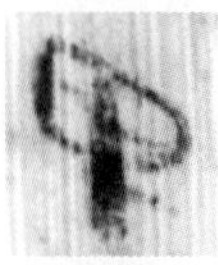
0725

0890

1069

1798

0127

0341

0372

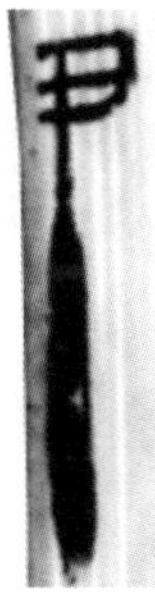
1799

乙部

乙

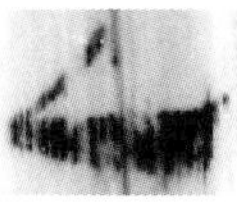
0042

0118

0132

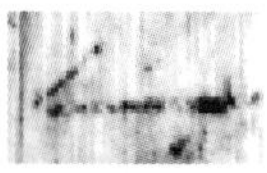
0166

0187

0201

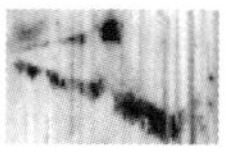
0223

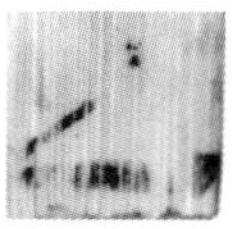
0231

0235

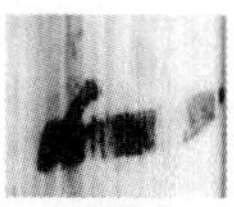
0256

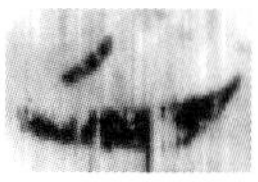
0261

0324

0334

0399

0492

	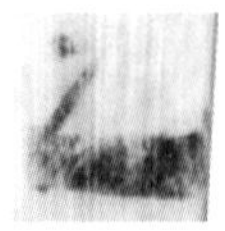		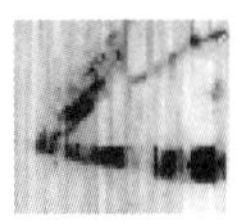	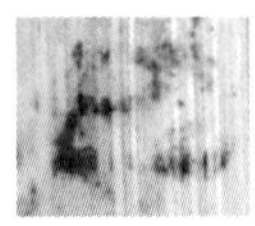		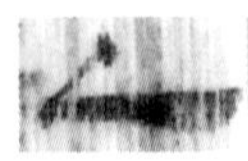	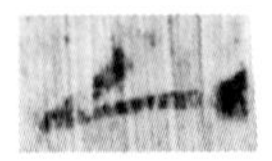
2123	0896	0797	0115	0503	1008	0597	0507
	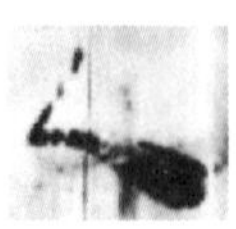	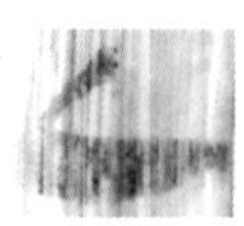		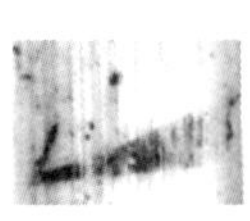			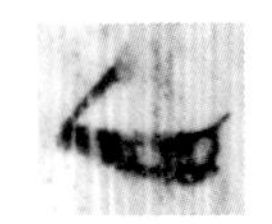
0006	1272	0312	0133	0583	1145	0633	0525
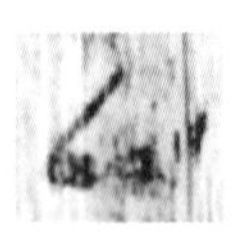		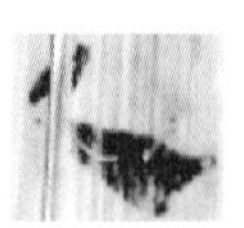					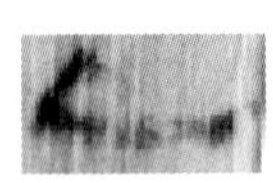
0078	1406	0317	0191	0780	1657	0645	0538
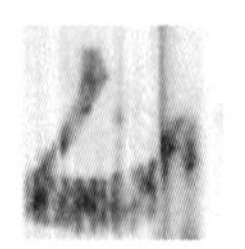		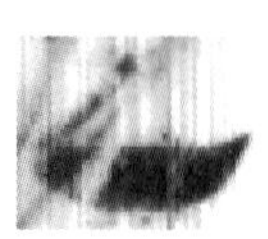	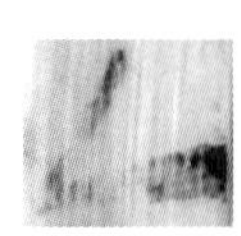	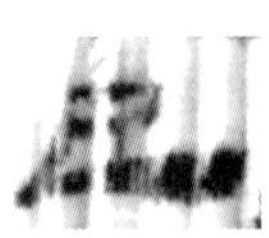		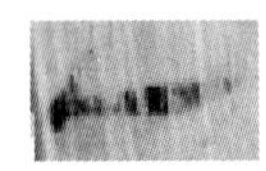	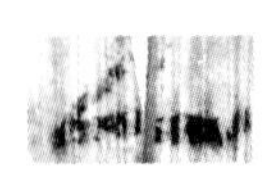
0081	2063	0509	0257	2009	1973	0768	0559
	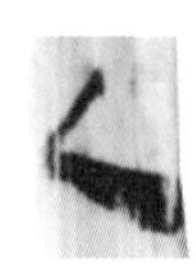	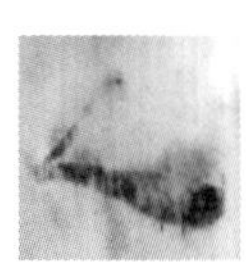				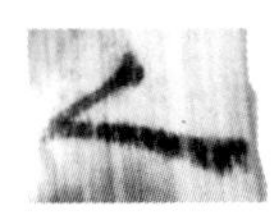	
0232	2079	0688	0258	2009	2046b	0868	0591

丙

丙

						丙部	
0092	1807	0882	0513	0210	0006		0233
0205	0046	1006	0557	0277	0015		0815
0341	0041	1197	0619	0347	0085		1572
0575	0081	1520	0744	0418	0107		
0575	0081	1806	0771	0503	0134		

0084

0102

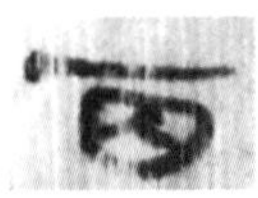
0358

0418

0534

0547

0967

1545

2019

0127

丁部

丁

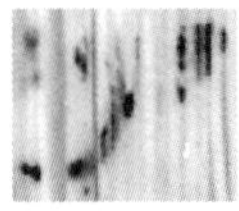
0024

0038

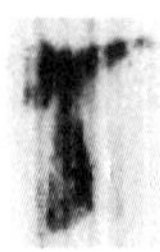
0041

0102

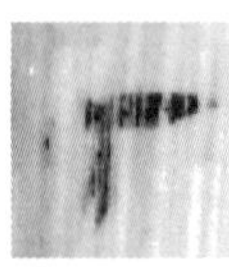
0107

0118

0158

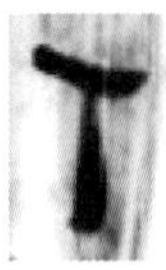
0176

0194

0010

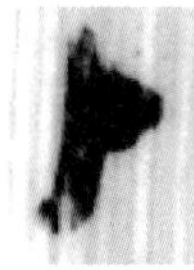
0047

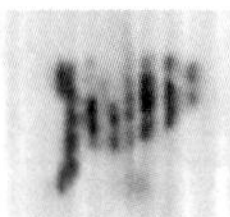
0054

0084

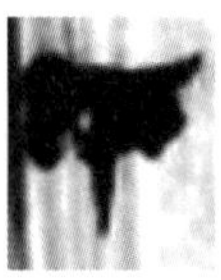
0086

0088

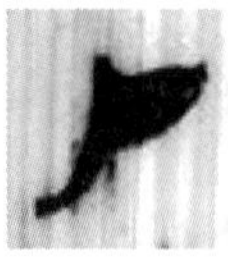
0152

戊部

己部

戊

戊

0006

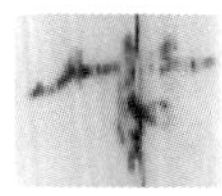
0042

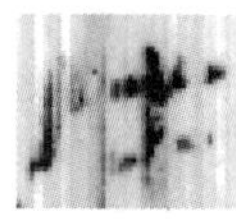
0044

0088

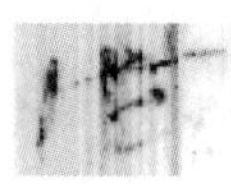
0177

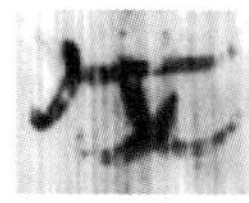
0373

0441

0465

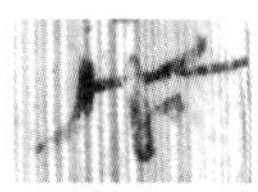
0504

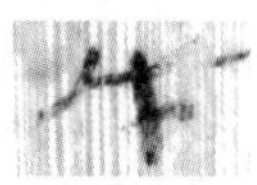
0504

0576

0666

0817

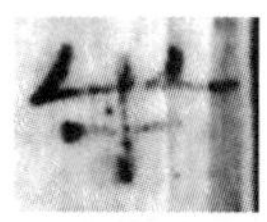
1807

1875

成

成

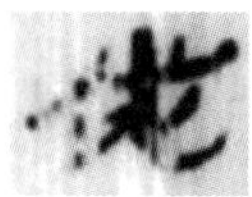
0006

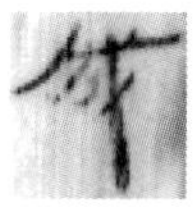
0040

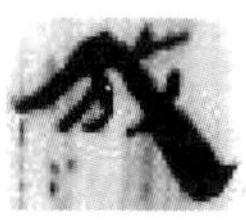
0040

0048

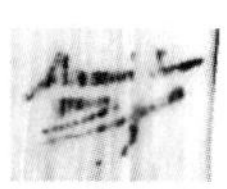
0154

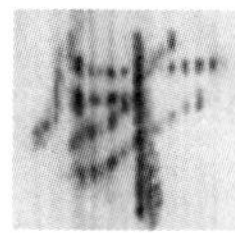
0158

0323

0342

0342

0346

0559

0559

1192

1483

1532

1611

1670

2071

2134

己

己

0004 0047 0049 0054 0054

0246 0257 0293 0392 0407

0608 0628 0752 0868 1144

1004 1282 1466 0534 1389

1852 2015

巴部

巴

巴

0002 0017 0121

𢀖部

庚

庚

		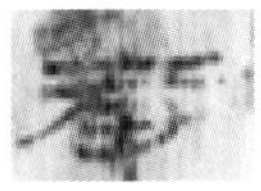		
0009	0166	0335	0578	1326

0010	0173	0403	0722	0160
		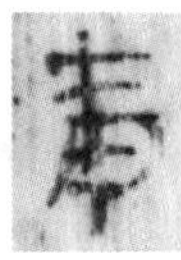		
0011	0268	0428	0807	1408
		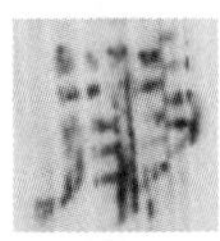		
0046	0273	0555	0985	

0080	0334	0574	1006	

辛部

辛

辛

	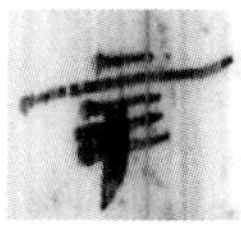
0002	0545
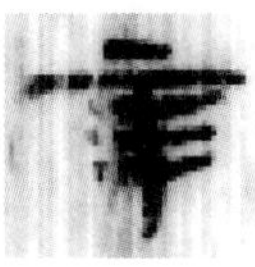	
0133	0557

0137	0795

0222	1010

0399	0796

辤　　辜

辤				辜			
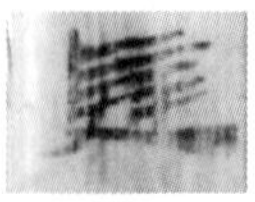 0661	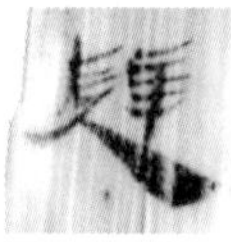 0105	 0011	 0007	 0221	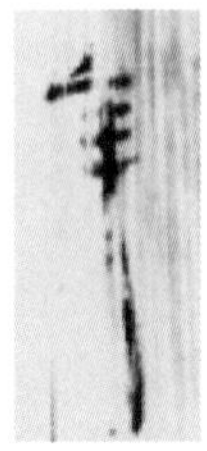 0247	 0008	 1150
 0795	 0133	 0012	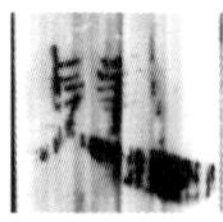 0010	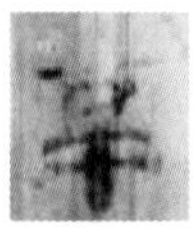 0572		 0682	 0406
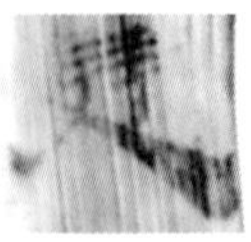 1553	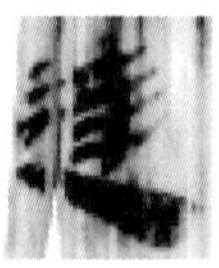 0186	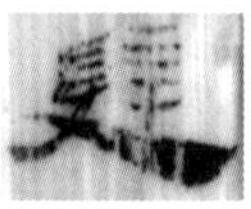 1792+0017	 0010	 0572	 0298	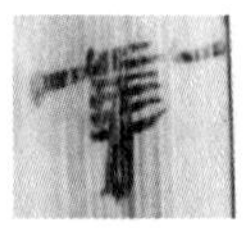 0908	 0416
 0399	 0210	 0051	 0010	 0170		 1335	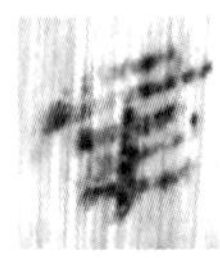 0528
 0049	 0441	 0080	 0011			 0655	 0530

壬

壬

0189

0189

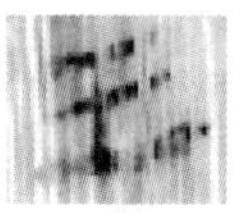
0401

0351

0408

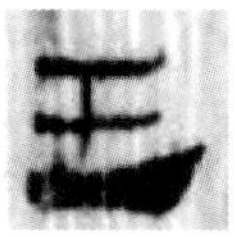
0085

0256

1575

1640

0185

壬部

辯

辯

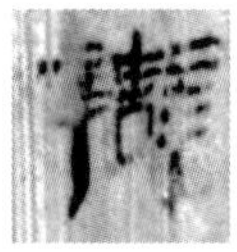
0079

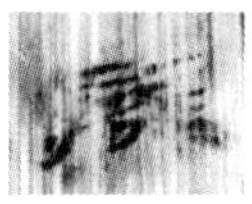
0250

0399

0861

辡部

2123

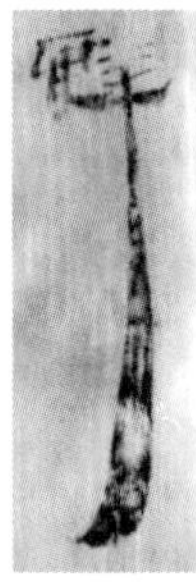
0309

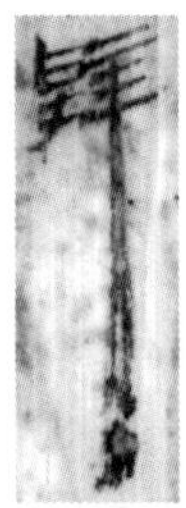
0691

0861

0001

0161+0003

0122

0350

0424

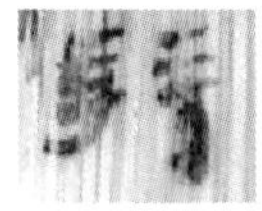
0161+0003

0161+0003

0004

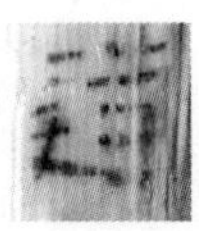
0156

 1282	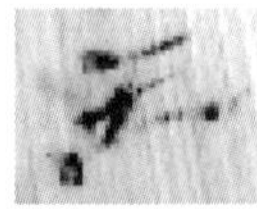 0218	 0421	 0408
 1500	 0324	 0562	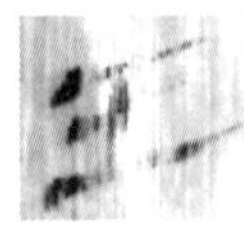 0408
	 0467	 1009	 0409
	 0795	 2019	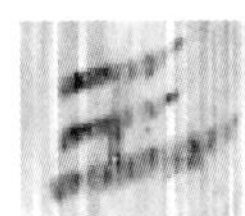 0414
	 1008	 0187	 0281

部

癸

 0481	 0275	 0135
 0481	 0453	 0137
 2019	 0507	 0145
 2127	 0824	 0194
 0042	 1920	 0205

子

子						子部		
0210	0046	0346	0795	0007			0079	0383
0406	0057	0503	0835	0080			0079	0622
0414	0132	0504	0083	0256				0856
0484	0158	0504	0083	0479				1609
0133	0187	0011	0090	0702				0015

字

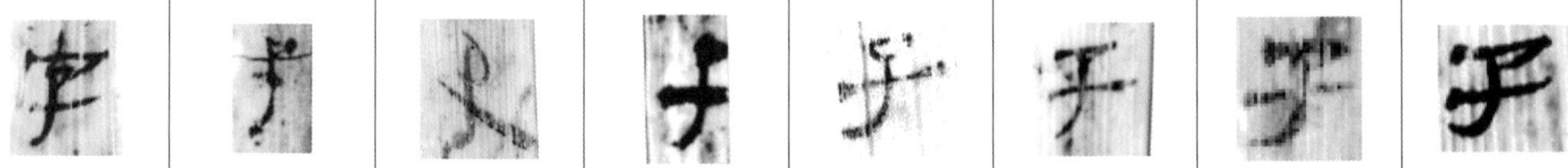

0213	1044	0725	1373	0323	2125	0769	0222

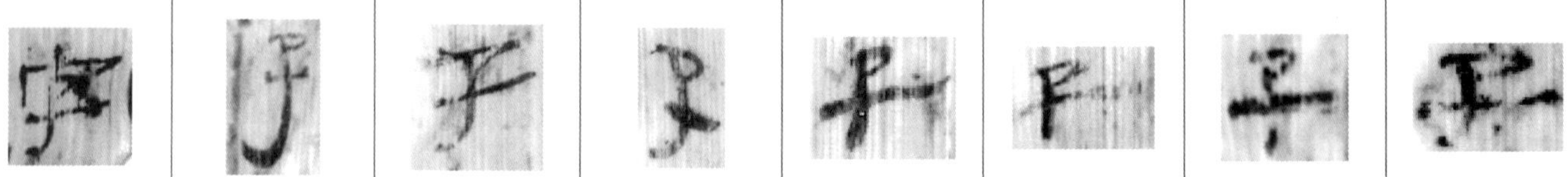

0213	2114	0581	0648	0403	0574	1006	0243

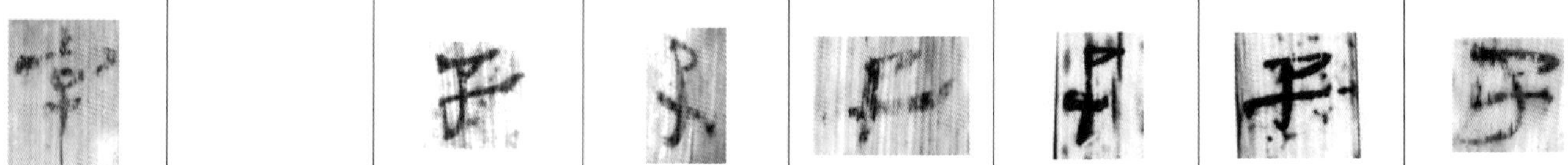

0411		0581	0989	0414	2133	1483	0261

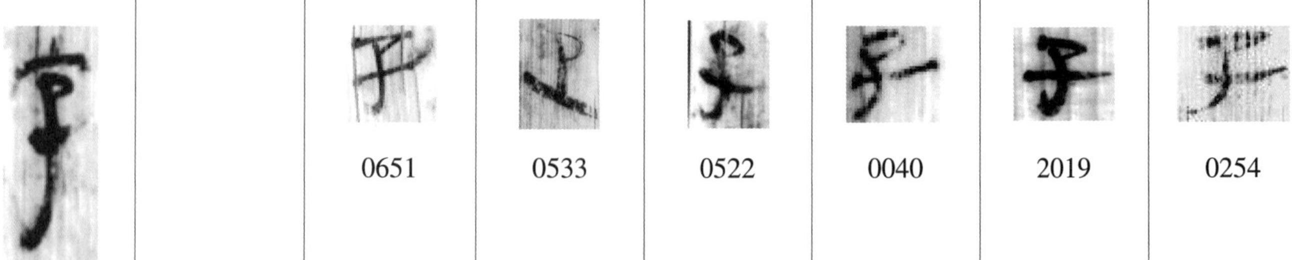

1521		0651	0533	0522	0040	2019	0254

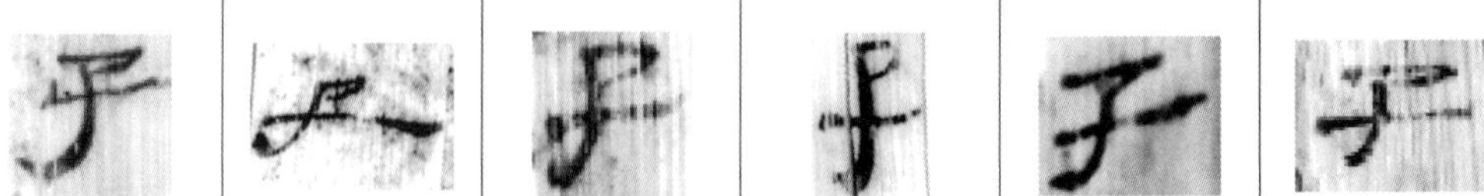

		0682	0166	0513	0225	2116	0752

丑		育		疑	孳	季	孺

 0078		 1356		 0702	 0279	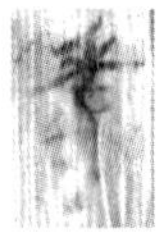 0288	 0641
 0081		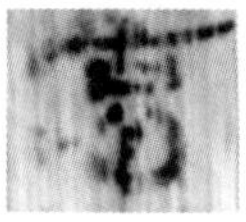 2134		 1257	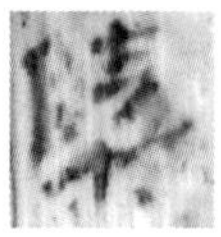 0279	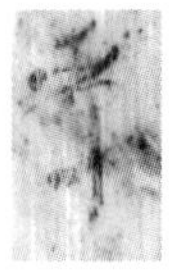 0658	 0657
 0133	 部		 部				 0945
 0194							
 0222							

 0135	 1609	 0666	 0352
 0283	 2097	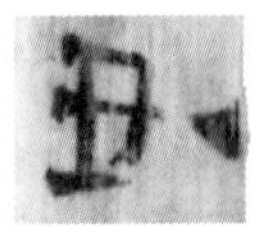 0856	 0399
	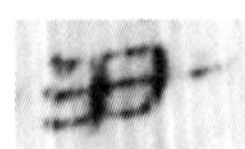 2122	 0908	 0399
	 2123	 1144	 0406
	 0084	 1150	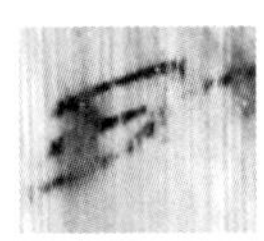 0408

寅部

寅

寅		
 1014	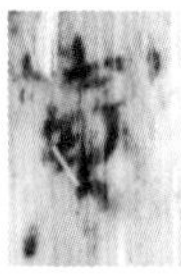 0575	 0046
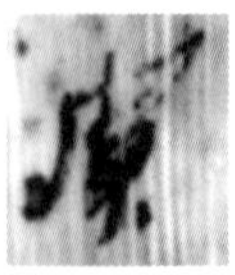 1015	 0177	 0134
 1575	 0177	 0173
 0176	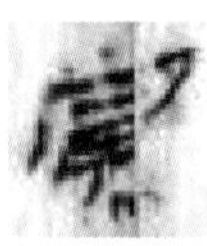 0191	 0428
 0293	 0575	 0528

卯

0376

0534

0547

1476

卯部

0004

0004

0006

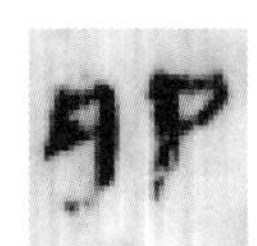
0006

0010

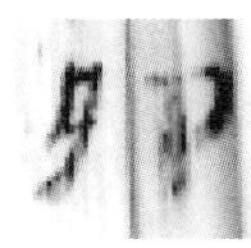
0011

0013

0013

0014

0014

0032

0032

0035

0040

0040

0040

0048

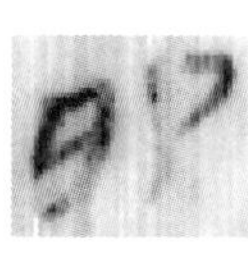
0048

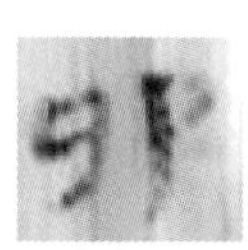
0076

0079

0086

0094

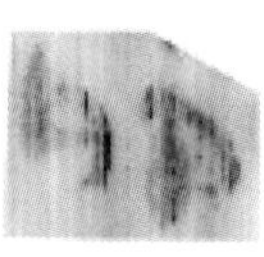
0102

0134

0137

0152

0173

0187

0201

0257

辰

辰			
 0407	 0256	 0076	 0040
 0428	 0268	 0084	 0040
 0501	 0297	 0085	 0046
 0556	 0324	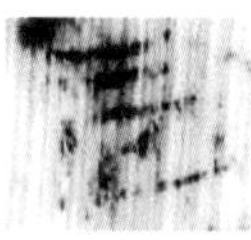 0134	 0046
 0562	 0368	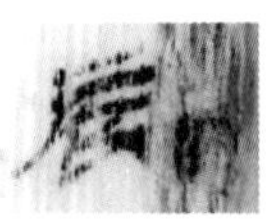 0205	 0048

辰部

 0682	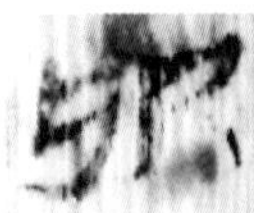 0406	 0293
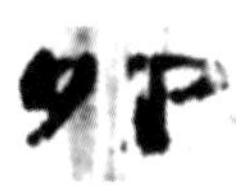 1010	 0426	 0324
 1335	 0507	 0349
	 0530	 0353
	 0633	 0368

巳

§							
0008	0769	0005		1803	0726	0848	0576
0011	1414	0008			0852	0852	0649
0057	1792	0015	§部		1500	0852	0649
0077	1798	0079			1775	2019	0666
0143	0007	1282			1769	0041	0707

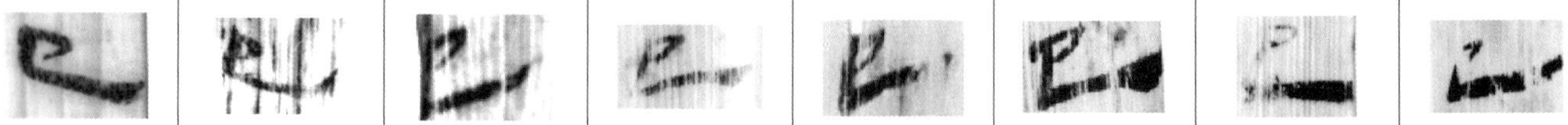

2019 2044 1516 0887 0421 0404 0246 0143

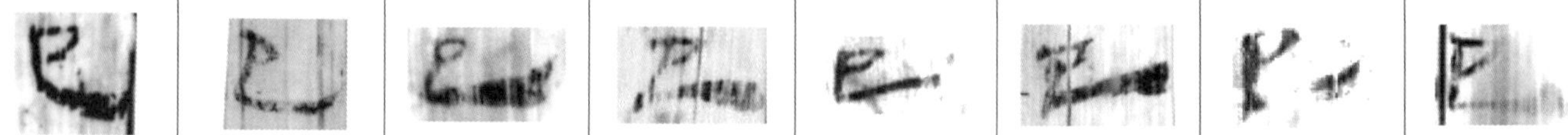

1132 2044 1585 1035 0475 0404 0279 0164

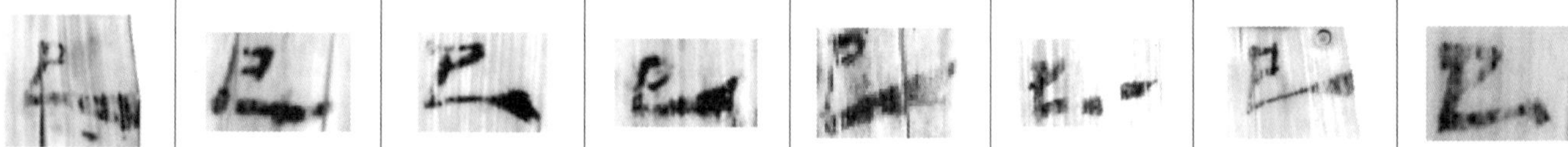

1324 2116 1611 1271 0513 0414 0343 0173

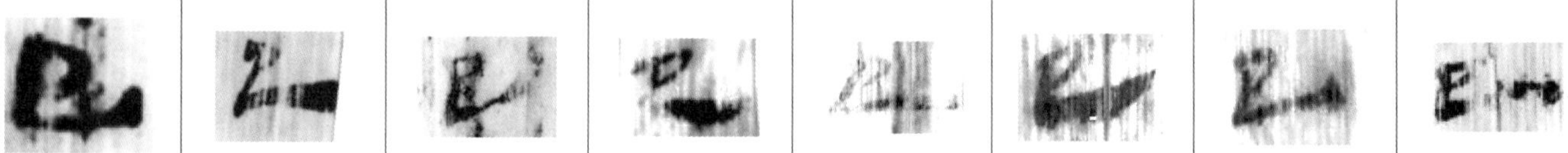

0115 2124 2016 1421 0686 0416 0349 0185

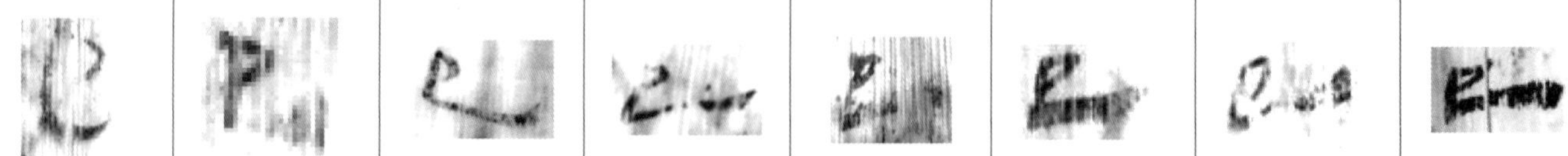

0533 0669 2044 1463 0767 0416 0384 0185

以

0079	0047	0008	0003	0777	0881	0556	0508
0079	0048	0008	0003	1743	0588	0669	0082
0088	0048	0011	0006		0164	1183	0606
0089	0054	0011	0006		0404	1495	0293
0089	0072	0013	0008		0630	1360	1031

 0412	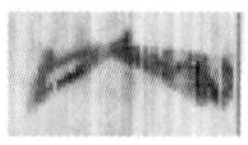 0401	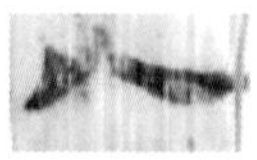 0380	 0328	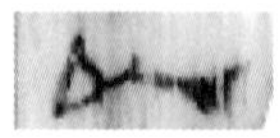 0196	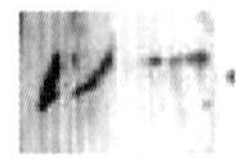 0207	 0086	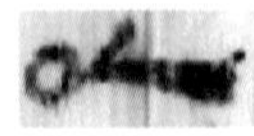 0099
 0458	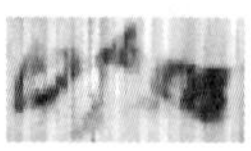 0401	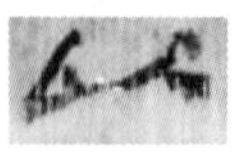 0397	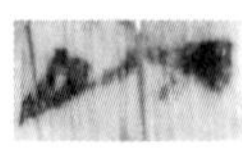 0332	 0260	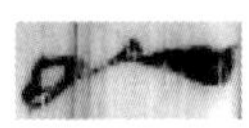 0225	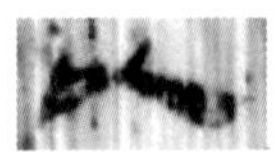 0186	 0117
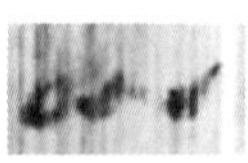 0481	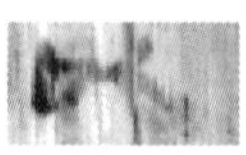 0409	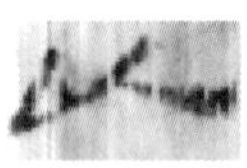 0399	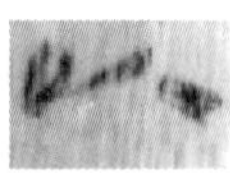 0344	 0260	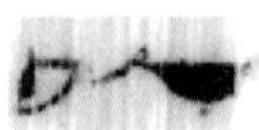 0225	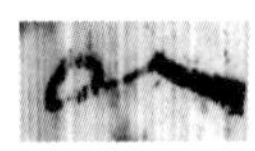 0187	 0133
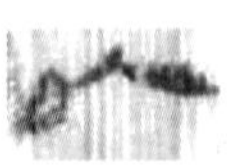 0504	 0409	 0399	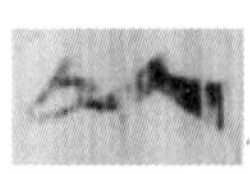 0373	 0264	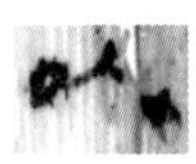 0229	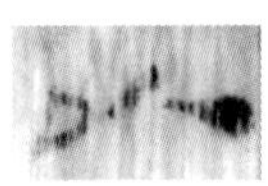 0195	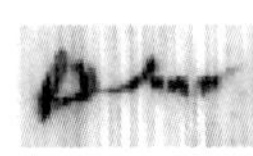 0133
 0504	 0411	 0400	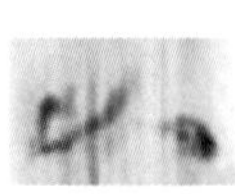 0375	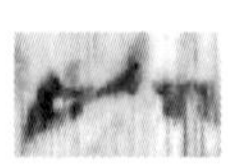 0277	 0245	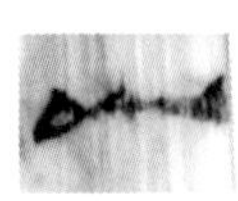 0196	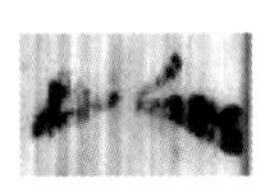 0154

 1176	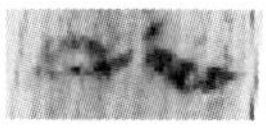 0994	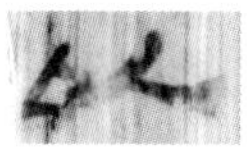 0861	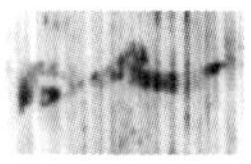 0795	 0626	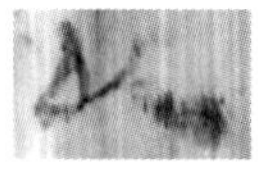 0617	 0555	 0529
 1812	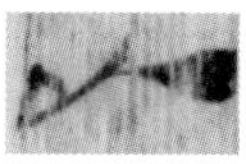 0995	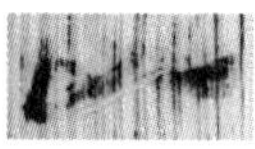 0875	 0803	 0649	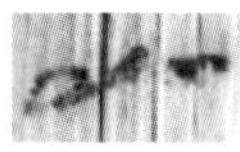 0618	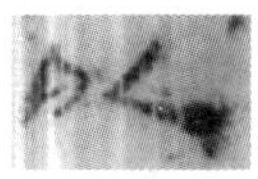 0557b	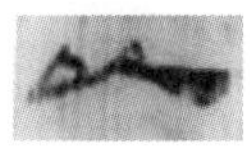 0532
 1812	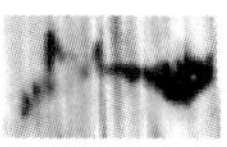 1009	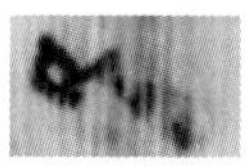 0914	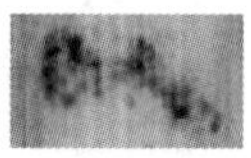 0804	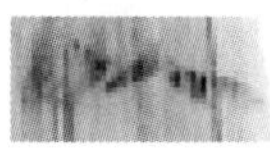 0669	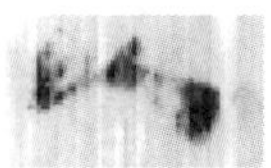 0620	 0562	 0532
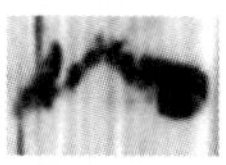 2121	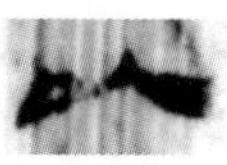 1017	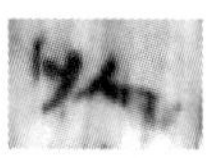 0943	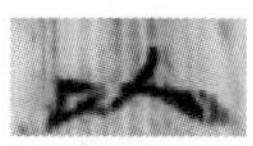 0809	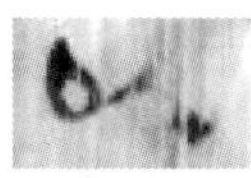 0751	 0620	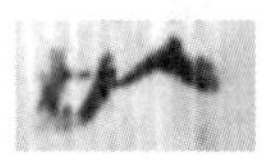 0577	 0545
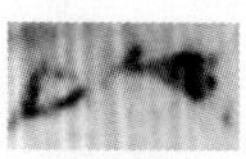 2122	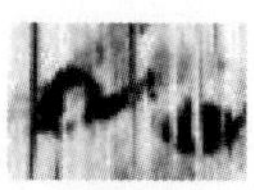 1033	 0950	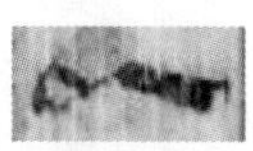 0821	 0780	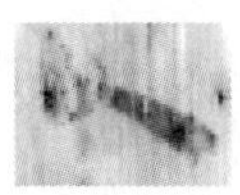 0621	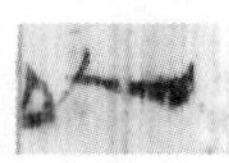 0584	 0551

午

午

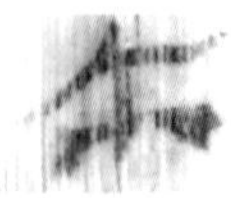 0448	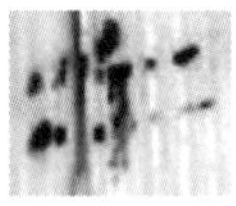 0006
 0513	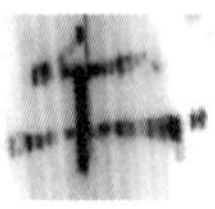 0042
 0555	 0281
 0574	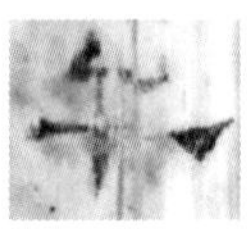 0324
 1088	 0358

午部

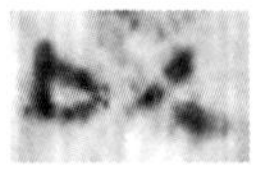 0316	 1575	 0508	 0032	 0011
 0588	 1801	 0518	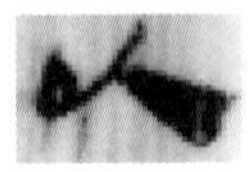 0040	 0077
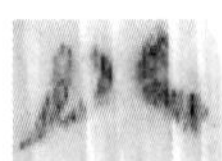 0654	 2126	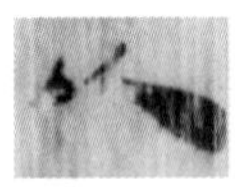 0768	 0056	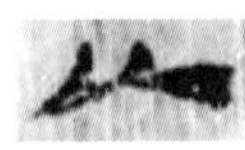 0077
 0660	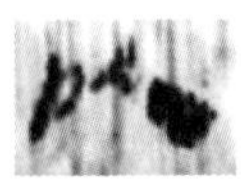 2130	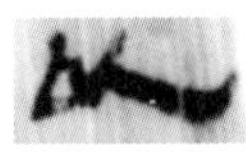 1575	 0057	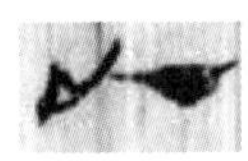 0080
 0976	 0174	 1801	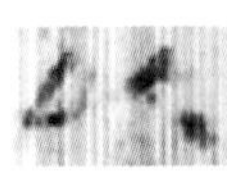 0507	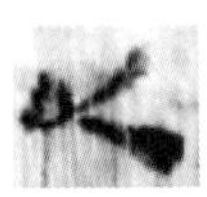 0004

未

 0768	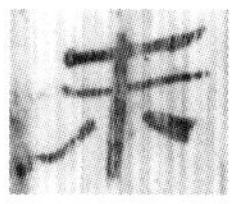 0591	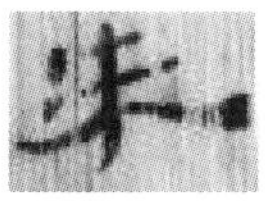 0404	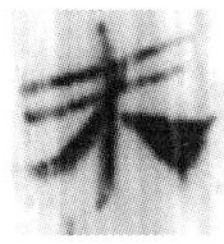 0005	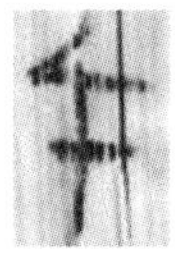 0107	 0078	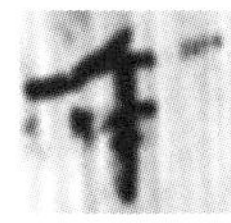 1326
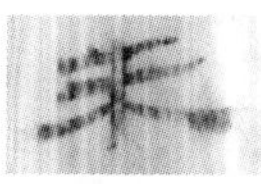 0866	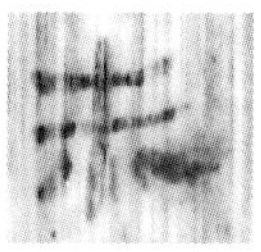 0591	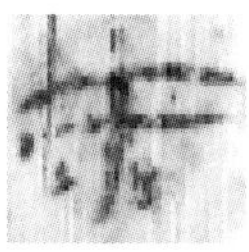 0418	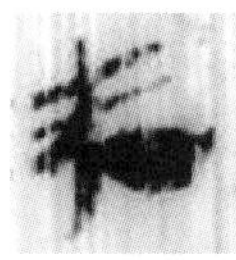 0007	 0353	 0078	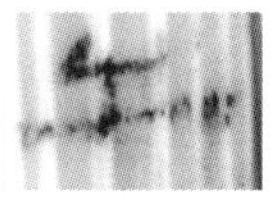 1868
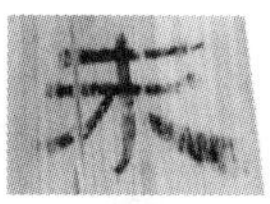 0868	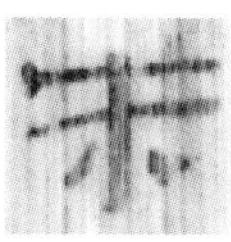 0597	 0441	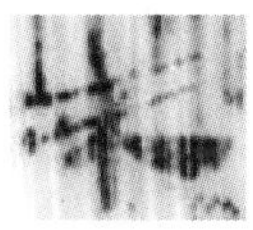 0011	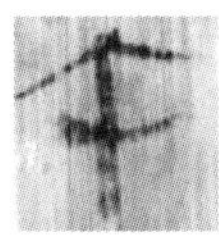 0578	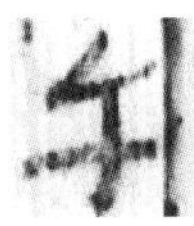 0081	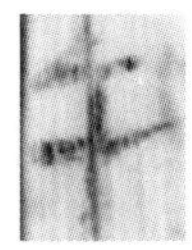 0014
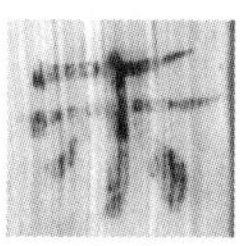 0896	 0597	 0583	 0077	 0766	 0086	 0015
 1628	 0660	 0620	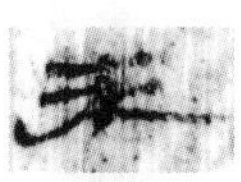 0166		 0094	 0043

部

甲部						
 0797	 0777	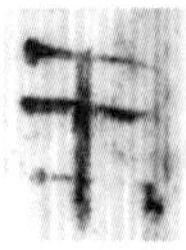 0525	 0233	 0078	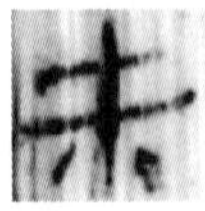 0038	 1801
 0797	 0815	 0528	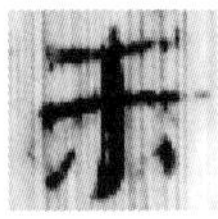 0246	 0132	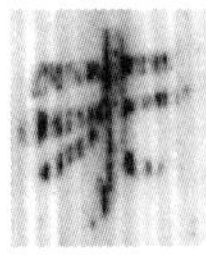 0047	 0189
	 2135	 0537	 0260	 0143	 0048	 0190
	 0118	 0559	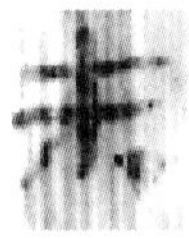 0312	 0158	 0049	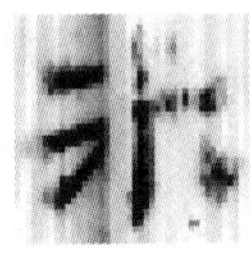 0232
	 0194	 0581	 0488	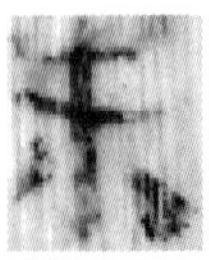 0223	 0052	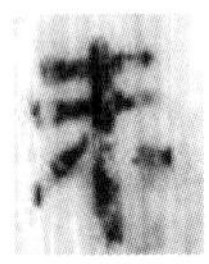 0014

申

0006

0046

0085

0088

0092

0175

0233

0421

0547

0557

0619

0722

0795

0858

1246

1310

0115

臾

0077

0080

0080

0185

0414

1642

2116

 部

酉

0002

0033

0038

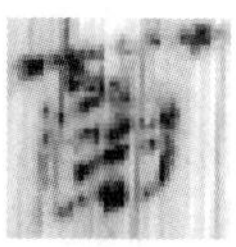
0039

0040

醫　醉　醴　酒

醫		醉	醴	酒			
0667	0130	0158	0175	0158	0824	0416	0054
0893	0209	1243	0175	2114	1692	0500	0093
	0521		0447		1805	0555	0132
	0523		0759		1867	0557	0235
	0527		0176			0633	0379+0391

醬

醬

0759

酋部

尊

尊

0180

0591

0814

0201

0682

0840

0232

0525

1204

0395

0689

2127

0583

0797

2127

戌部

戌

戌

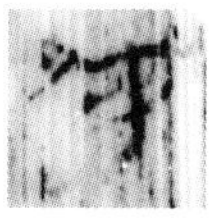
0009

0441

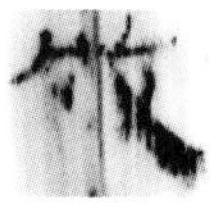
0034

1043

0057

0173

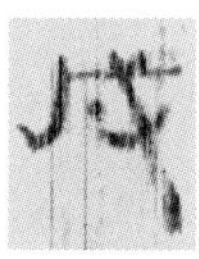
0347

1069

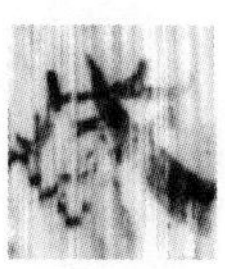
0373

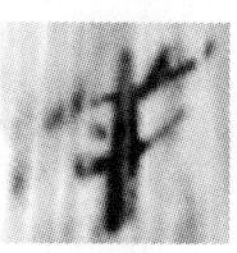
1333

亥

亥			亥部	
 2097	 0275	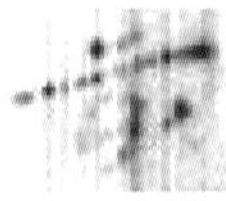 0054		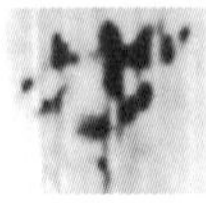 1875
 0088	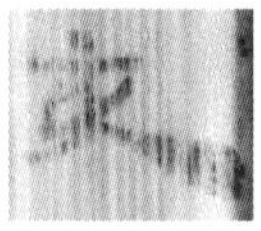 0322	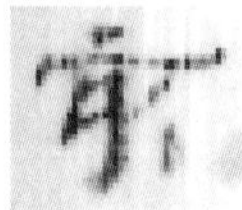 0107		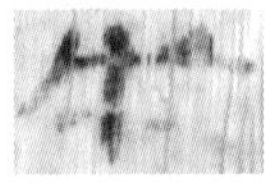 0277
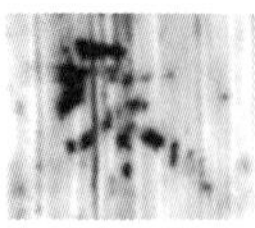 1145	 0507	 0137		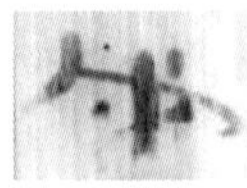 0379+0391
 1337	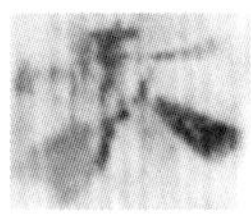 1008	 0205		 0421
 2015	 2009	 0243		

□

未識字

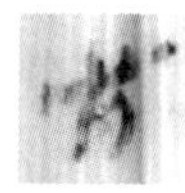 0003	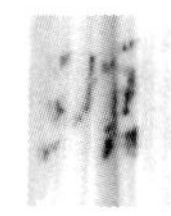 0003	 0014	 0024	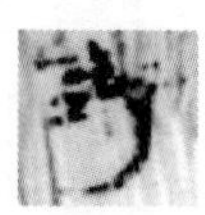 0032
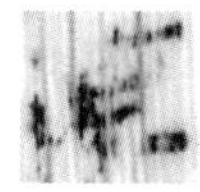 0039	 0042	 0056	 0071	 0076
 0087	 0160-1	 0168	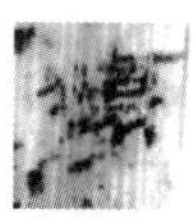 0168	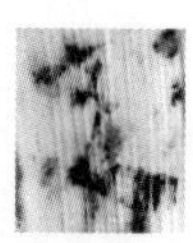 0218
 0254	 0255	 0271	 0306	 0307
 0344	 0364	 0364	 0393	 0395
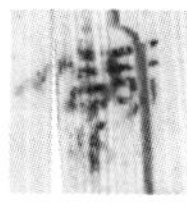 0461	 0477	 0537	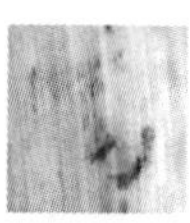 0563	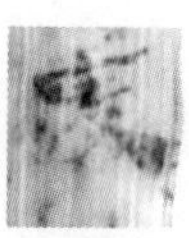 0579
 0634	 0641	 0678	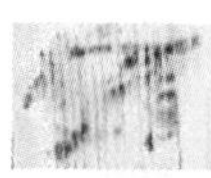 0686	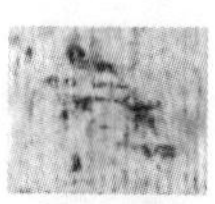 0689

 1186	 1152	 1066	 1052	 1021	 0919	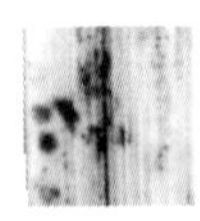 0808	 0702
 1239	 1168	 1101	 1053	 1022	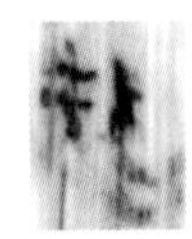 0959	 0843	 0711
 1259	 1173	 1113+1702	 1059	 1027	 0998	 0859	 0733
 1271	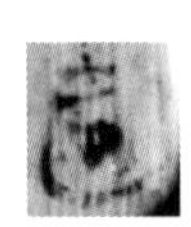 1175	 1141	 1065	 1033	 1001	 0872	 0759
 1280	 1178	 1143	 1066	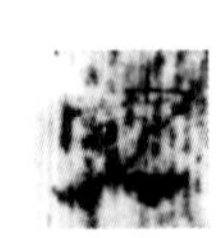 1045	 1021	 0892	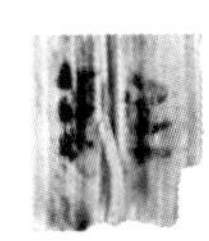 0765

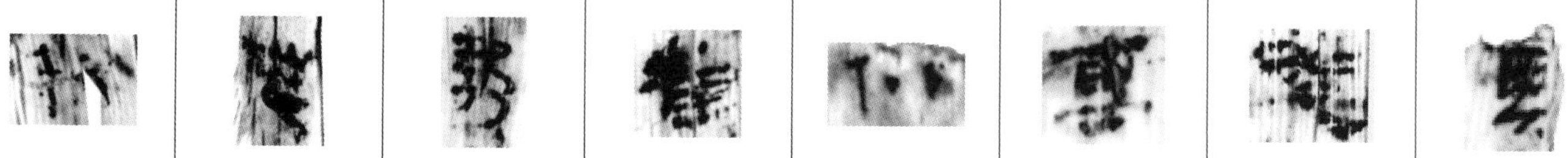

1843	1748	1721	1672	1622	1576	1490	1468

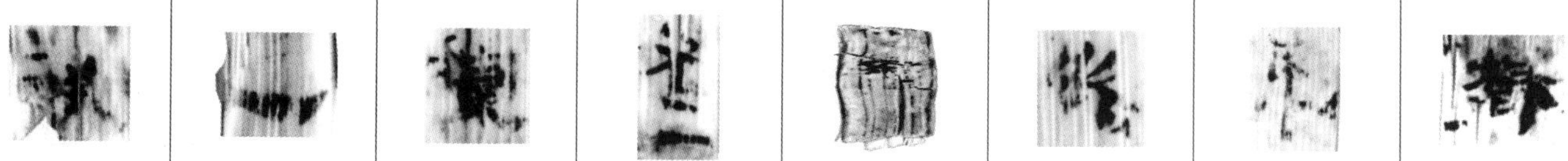

1843	1754	1723	1688	1622	1581	1494	1479

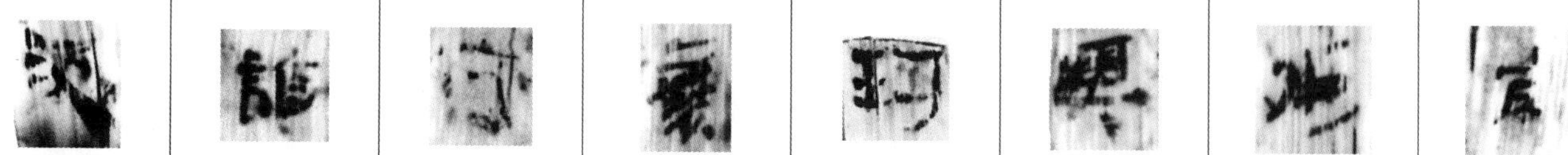

1862	1777	1726	1717	1624	1597	1510	1480

1888	1787	1726	1718	1629	1610	1546	1482

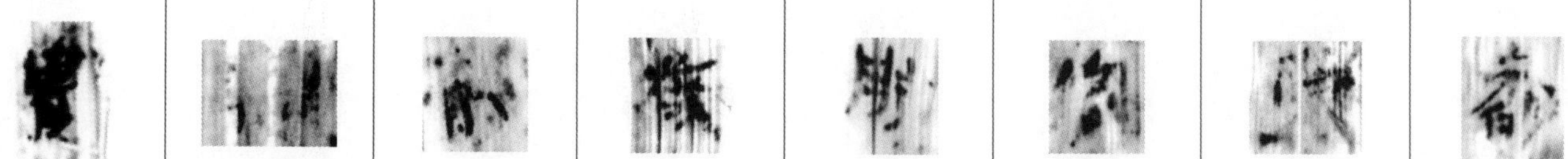

1898	1819	1726	1718	1639	1615	1562	1489

 2109	 2065	 2041	 1990	 1900
 2120	 2065	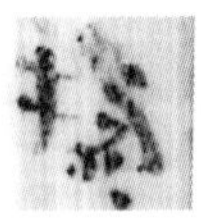 2044	 1995	 1946
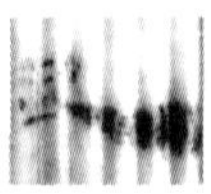 2155	 2066	 2044	 1997	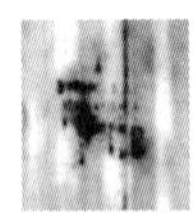 1951
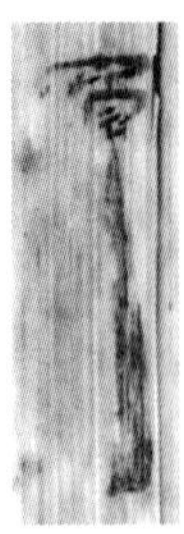 0576	 2088	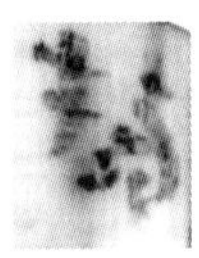 2044	 1997	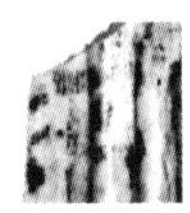 1958
	 2089	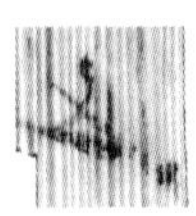 2055b	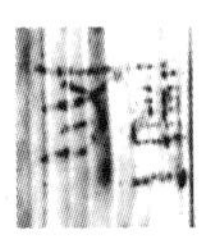 2011	 1990

十月	十一	正月		八月	八十	三月	合文
 0817	 0277	 0298	 0964	 0044	 0056	 0047	
 0317	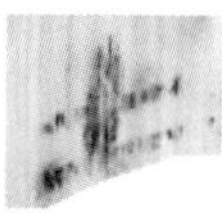 0403	 0351	 2116	 0088	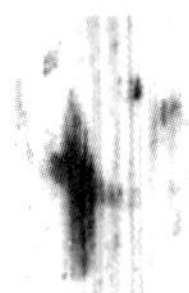 0535	 0078	
	 0441	 1875		 0158		 0081	
	 1805			 0322		 0176	
				 0955			

五十	四月			二月	大夫	十七	十二
 0081	 1920	 0666	 0081	 0341	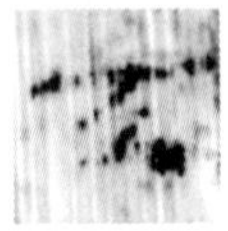 0059	 1258	 0043
 0883		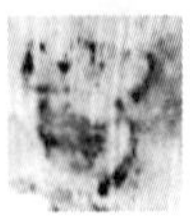 0697	 0092	 0575			
		 0970	 0501	 1008			
		 1561	 0504	 1169			
		 1575	 0507				

六月　六十　五月　五寸

0574	0408	0166	0056	0814	0561	0166	0495
1004	0506	0179	1010	1009	0572	0167	
0094	0507	0222	1529		0576	0467	
0133	0508	0292	1536		0583	0500	
0145	0555	0406			0591	0503	

七月

七十

0079	1139	0080	0045	0016	0078	1225	0335
0152		0081	0049	0017	0037	1270	0399
0399		0085	0056	0026	0368		0578
0406		0157	0056	0028	0099		0633
0500		0298	0056	0042	0859		1006

九月　九十

 0041	 0042	 0339	 1936	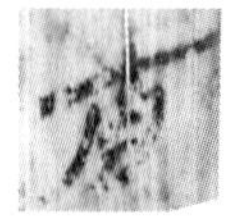 0559
 0084	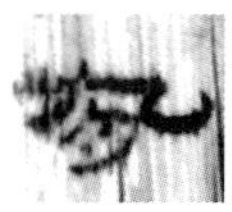 0085		 0334	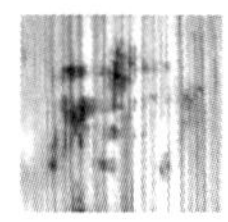 0752
	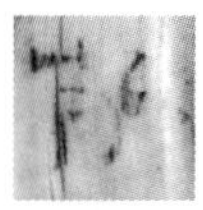 0699			 0774
	 1807			 1394
	 0086			 1730

ノ		㇄	=		•	符號
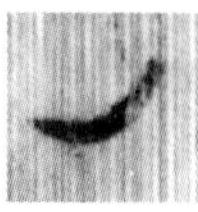 0507	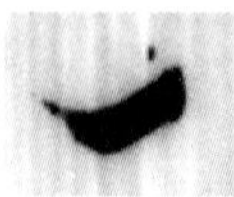 0015	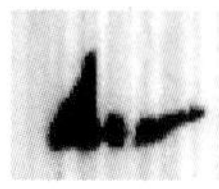 0020	 1573	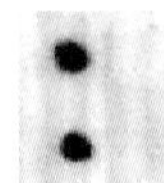 0101	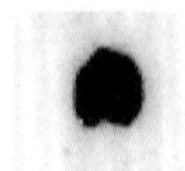 0015	
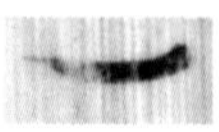 0530	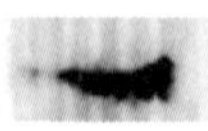 0015	 0435	 1596	 0048	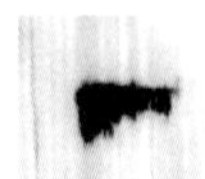 0101	
 0588	 0015	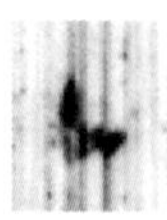 0592		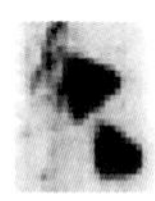 0232	 0245	
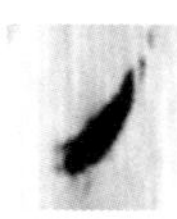 1864	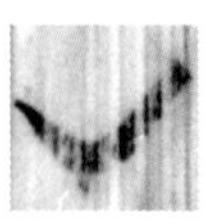 0047			 0469	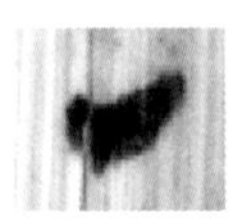 0395	
	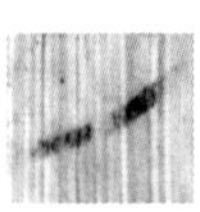 0295			 0633	 0642	

拼音檢索表

筆畫檢索表

一畫

二畫

三畫

四畫

五畫

六畫

十畫

十一畫

圖書在版編目(CIP)數據

長沙走馬樓西漢簡牘文字編 / 陳松長、謝偉斌、周俊卿主編; --長沙:岳麓書社, 2025.6. --ISBN978-7-5538-2286-0
Ⅰ. K877.54
中國國家版本館CIP資料核字第2025NN1778號

CHANGSHA ZOUMALOU XIHAN JIANDU WENZI BIAN

長沙走馬樓西漢簡牘文字編

陳松長　謝偉斌　周俊卿　主編

出 版 人　崔　燦
出版統籌　王文西
責任編輯　邱建明　魯雲雲　包文放　奉懿梓
助理編輯　龐若溪
責任校對　廖　丁
裝幀設計　幀藝坊文化

出版發行　岳麓書社
地　　址　湖南省長沙市愛民路47號
直銷電話　0731-88804152　0731-88885616
郵　　編　410006
印　　刷　湖南省眾鑫印務有限公司
版　　次　2025年6月第1版
印　　次　2025年6月第1次印刷
開　　本　640 mm × 960 mm　1 / 8
印　　張　64
字　　數　400千字
書　　號　ISBN 978-7-5538-2286-0
定　　價　360.00 圓

如有印裝質量問題，請與本社印務部聯繫
電　　話　0731-88884129

圖書在版編目(CIP)數據

長沙走馬樓西漢簡牘文字編 / 陳松長、謝偉斌、周俊卿主编; --長沙:岳麓書社, 2025.6. --ISBN978-7-5538-2286-0

Ⅰ. K877.54

中國國家版本館CIP資料核字第2025NN1778號

CHANGSHA ZOUMALOU XIHAN JIANDU WENZI BIAN

長沙走馬樓西漢簡牘文字編

陳松長　謝偉斌　周俊卿　主编

出 版 人　崔　燦
出版統籌　王文西
責任編輯　邱建明　魯雲雲　包文放　奉懿梓
助理編輯　龐若溪
責任校對　廖　丁
裝幀設計　幀藝坊文化

出版發行　岳麓書社
地　　址　湖南省長沙市愛民路47號
直銷電話　0731-88804152　0731-88885616
郵　　編　410006
印　　刷　湖南省眾鑫印務有限公司
版　　次　2025年6月第1版
印　　次　2025年6月第1次印刷
開　　本　640 mm × 960 mm　1 / 8
印　　張　64
字　　數　400千字
書　　號　ISBN 978-7-5538-2286-0
定　　價　360.00 圓

如有印裝質量問題，請與本社印務部聯繫
電　　話　0731-88884129